GAOXIAO YUYINGLI HUNNINGTU KONGXIN BANQIAO
YANJIU YU SHIJIAN

高效预应力混凝土空心板桥研究与实践

李长永 王慧 任甲蕴 赵顺波 著

中国电力出版社
CHINA ELECTRIC POWER PRESS

内 容 提 要

本书所述高效预应力混凝土空心板的主体材料为 C80 高强混凝土和高强低松弛 1860 级预应力钢绞线，内容共分 4 章，介绍了高效预应力混凝土空心板桥的研究背景以及高性能混凝土和高强低松弛预应力钢绞线的发展趋势，总结了 C80 高强混凝土配制技术、跨径 13～25m 高效预应力混凝土空心板的标准化设计、跨径 16m 高效预应力混凝土空心板的静载受力性能试验、跨径 16m 和 20m 高效预应力混凝土空心板桥建造及跨径 20m 实桥静动载检测成果。

本书可作为土木工程桥梁专业技术人员的参考用书，也可供相关专业在校学生参考。

图书在版编目（CIP）数据

高效预应力混凝土空心板桥研究与实践 / 李长永等著 . —北京：中国电力出版社，2017.9
ISBN 978-7-5198-1125-9

Ⅰ. ①高…　Ⅱ. ①李…　Ⅲ. ①预应力混凝土–混凝土空心板–桥面板–研究　Ⅳ. ①U443.32

中国版本图书馆 CIP 数据核字（2017）第 219458 号

出版发行：中国电力出版社
地　　址：北京市东城区北京站西街 19 号（邮政编码 100005）
网　　址：http://www.cepp.sgcc.com.cn
责任编辑：王晓蕾
责任校对：李　楠
装帧设计：张俊霞
责任印制：杨晓东

印　　刷：北京天宇星印刷厂
版　　次：2017 年 9 月第一版
印　　次：2017 年 9 月北京第一次印刷
开　　本：787 毫米×1092 毫米　16 开本
印　　张：9.75
字　　数：224 千字
定　　价：48.00 元

前　言

　　预应力混凝土空心板具有上部结构建筑高度低、预制施工简单、易实现标准化和工厂化施工、产品质量可靠、造价低、施工吊装设备容易解决等优点，是公路桥梁工程中被广泛采用的一种结构形式。但在我国长期的工程实践中，预应力混凝土空心板的制作存在混凝土强度等级和预应力钢筋级别较低、预应力张拉施工效率较差等缺点，导致了空心板混凝土耐久性差、预应力钢筋易产生锈蚀等问题。随着混凝土配制技术和预应力钢筋性能的提升，研究采用高强/高性能混凝土和高均匀延伸率、高强低松弛钢绞线，对改善预应力混凝土空心板延性、提高桥梁可靠度具有明显效果，对提升预应力混凝土的发展水平也具有重要意义。

　　1998 年 5 月，河南海威工程咨询有限公司董事长、河南省交通规划勘察设计院原院长、中国工程设计大师王用中先生向河南省人民政府提出书面建议：在河南省高速公路建设中应用高强混凝土取代现行通用的普通混凝土制作桥梁空心板，以提高预应力工程技术水平，节约公路建设投资。这一建议得到了省政府领导的高度重视和批示。在王用中先生带领下，河南海威工程咨询有限公司联合华北水利水电学院、焦作市公路管理局成立了专题科研组，成功申报了河南省科技攻关项目《高强混凝土在桥梁工程中的应用》（991150126），开展了 C80高强混凝土配制技术研究，在华北水利水电学院结构试验大厅内成型了采用 C80 高强混凝土和 270 级（相当于现行标准 1860 级）7φ5 预应力钢绞线的 16m 跨径高效预应力混凝土空心板，并进行了加载试验研究。该项研究成果取得了 C80 高强混凝土配制技术突破，解答了当时工程界关于高强混凝土受压脆性大、是否适于桥梁结构延性变形的疑问；通过空心板断面的优化设计，得到了较大挖空率，显著减轻了桥梁自重，按当时工程概预算标准核算可节约成本20%以上。在此基础上，焦作市公路管理局结合 2001 年河南省重点建设项目《焦作至巩义黄河公路大桥》（豫计投资〔2001〕637 号），自筹经费进一步开展了《高效预应力混凝土空心板梁桥研究与工程应用》课题研究，委托华北水利水电学院完成了 13～25m 跨径高效预应力混凝土空心板的优化设计，在焦作至巩义黄河公路大桥连接线上进行了 16m 跨径和 20m 跨径高效预应力混凝土空心板桥的示范工程建设，对 20m 跨径高效预应力混凝土空心板桥进行了静载、动载试验检测，验证了设计成果的可靠性和合理性。两项研究成果先后获得 2000 年、2005 年河南省科技进步三等奖。

　　自 2003 年建设部科技司将"开发高耐久性、高性能混凝土住宅结构体系"列入年度工作要点以来，高性能混凝土技术的推广应用逐步上升至建设领域节能减排的战略地位。建筑业发展"十二五"规划明确，建筑节能目标之一是 C60 以上的混凝土用量达到总用量10%。2014年 8 月，住房和城乡建设部、工业和信息化部联合下发通知，要求充分认识推广应用高性能混凝土的重要性，加快推广应用高性能混凝土。以"政府引导，市场推动；全面推进，突出重点；因地制宜，分类指导；试点示范，标准先行"为基本原则，通过完善高性能混凝土推广应用政策和相关标准，建立高性能混凝土推广应用工作机制，优化混凝土产品结构，到"十三五"末，高性能混凝土得到普遍应用，C35及以上强度等级的混凝土占预拌混凝土总量50%以上。在超高层建筑和大跨度结构以及预制混凝土构件、预应力混凝土、钢管混凝土中推广应用C60及以上强度等级的混凝土。有鉴于此，尽管本课题的核心研究成果已在国内期刊发表，但对其进行系统总结并发表更加详尽的研究成果仍具有时代先进性。同时，本课题从立项、可研、基础研究、应用研究到工程示范，体现了工程技术创新研究课题的全过程，不失为一个"产学研用"有机结合的科技创新典型实例。

本书由华北水利水电大学科技处处长、教授（二级）、博士研究生导师、河南省生态建材工程国际联合实验室主任、郑州市工程结构检测与性能提升工程技术研究中心主任赵顺波博士策划，由华北水利水电大学土木工程学科硕士研究生导师李长永副教授（博士）、王慧副教授和焦作市公路管理局任甲蕴高级工程师共同执笔完成。在本书付诸出版之际，特别要感谢王用中先生，他对科学技术发展的预见、对专业学术知识的渴求及对工程科技创新的执着，集中体现了老一辈工程技术专家勇于担当、敢于担当的科学奉献精神，是值得我们永远学习的榜样。参加课题研究工作的还有华北水利水电大学刘祚秋、李凤兰、靳彩、胡志远、盖占方、陈爱玖和水工结构工程硕士研究生张利梅、孙晓燕、勾彦敏，河南海威工程咨询有限公司王健、褚冰、赵卓，焦作市公路管理局张习贤、赵永义、张正方、闫东升、胡增团、李培安、卢来运、刘春杰、张宏森等同志，在此一并表示衷心感谢。本书出版得到了河南省高校生态建筑材料与结构工程科技创新团队（13IRTSTHN002）、河南省新型城镇建筑技术协同创新中心（河南省教育厅教科技〔2013〕638号）建设经费支持。

本书所述高效预应力混凝土空心板优化设计成果，仍以当时实施的国家相关规范标准为依据。鉴于著者水平所限，本书不足之处，尚祈读者不吝赐教。

著　者

2017 年 5 月

目　　录

前言

第1章　绪论 ……………………………………………………………… 1

　1.1　研究背景 …………………………………………………………… 1

　　1.1.1　高强/高性能混凝土 …………………………………………… 1

　　1.1.2　高效预应力混凝土 ……………………………………………… 2

　　1.1.3　国内外桥梁工程应用状况 ……………………………………… 2

　1.2　发展趋势 …………………………………………………………… 4

　　1.2.1　高性能混凝土的发展与应用 …………………………………… 4

　　1.2.2　高强低松弛预应力钢绞线的发展与应用 ……………………… 6

　　1.2.3　高效预应力混凝土结构延性性能研究 ………………………… 8

　1.3　研究内容 …………………………………………………………… 9

第2章　高效预应力混凝土空心板设计与试验研究 …………………… 12

　2.1　概述 ………………………………………………………………… 12

　2.2　基本设计资料 ……………………………………………………… 12

　2.3　高效预应力混凝土空心板截面选择 ……………………………… 13

　　2.3.1　截面形式 ………………………………………………………… 13

　　2.3.2　截面宽度 ………………………………………………………… 17

　2.4　跨径 16m 空心板设计研究 ………………………………………… 18

　　2.4.1　截面几何特性 …………………………………………………… 18

　　2.4.2　恒载内力计算 …………………………………………………… 19

　　2.4.3　活载内力计算 …………………………………………………… 20

　　2.4.4　正截面承载力计算 ……………………………………………… 27

　　2.4.5　斜截面承载力计算 ……………………………………………… 28

　　2.4.6　有效预应力计算 ………………………………………………… 29

　　2.4.7　截面抗裂度验算 ………………………………………………… 30

　　2.4.8　变形验算 ………………………………………………………… 35

　2.5　高效预应力混凝土空心板试验研究 ……………………………… 40

　　2.5.1　高强混凝土配制与力学性能试验 ……………………………… 40

　　2.5.2　跨径 16m 空心板试验研究 ……………………………………… 44

第 3 章　高效预应力混凝土空心板系列设计 ·································· 61

3.1　概述 ··· 61

3.2　基本资料 ··· 61

　　3.2.1　设计要求 ·· 61

　　3.2.2　施工要点 ·· 62

3.3　设计方法 ··· 63

3.4　空心板截面选型 ·· 63

3.5　跨径 13m 空心板设计主要成果 ··· 64

3.6　跨径 16m、高度 55cm 空心板设计主要成果 ·································· 73

3.7　跨径 20m 空心板设计主要成果 ··· 82

　　3.7.1　高度 65cm 空心板 ··· 82

　　3.7.2　高度 75cm 空心板 ··· 87

3.8　跨径 25m 空心板设计主要成果 ··· 100

　　3.8.1　高度 90cm 空心板 ··· 100

　　3.8.2　高度 105cm 空心板 ··· 104

第 4 章　高效预应力混凝土空心板桥工程实践 ····························· 118

4.1　工程概况 ··· 118

4.2　高效预应力混凝土空心板预制 ·· 120

　　4.2.1　施工技术 ·· 120

　　4.2.2　实桥空心板混凝土强度评定 ·· 124

　　4.2.3　实桥空心板抽样静载检验 ·· 127

4.3　高效预应力混凝土空心板桥整桥试验研究 ·· 129

　　4.3.1　试验目的及内容 ·· 129

　　4.3.2　实桥静载试验研究 ··· 129

　　4.3.3　实桥动载试验研究 ··· 144

参考文献 ··· 146

第1章

绪　　论

1.1　研　究　背　景

1.1.1　高强/高性能混凝土

根据中国土木工程学会高强与高性能混凝土委员会的定义[1,2]：高强混凝土为等于或超过 C50 的混凝土，高性能混凝土为以耐久性和可持续发展为基本要求并适合工业化生产和施工的混凝土。与传统的混凝土相比，这种高性能混凝土在配合比上的特点是低用水量（水与胶结材料总量之比低于 0.4，或至多不超过 0.45）、较低的水泥用量，并以化学外加剂和矿物掺和料作为水泥、水、砂、石之外的必需组分[3-5]。

现代高强混凝土技术的开发，开始是以混凝土的高强度和拌和物的高工作性能作为目标的，而其致密的结构通常又使这一混凝土兼具其他的优良性能，因此与高性能混凝土又是密切相关的，具有优良综合性能的现代高强混凝土当然是高性能混凝土[6,7]。本课题的研究对象即具有高性能混凝土特征的高强混凝土，配制方法为采用常规的水泥和砂石作原材料，使用常规的制作工艺，主要依靠外加高效减水剂或同时外加一定数量的活性矿物材料，使拌和料具有良好的工作度，并在硬化后具有高强度、高耐久性、抗渗性、抗碳化等性能，故记作高强/高性能混凝土。

高强/高性能混凝土的重要特点是强度高，变形小，具有很高的抗渗性、抗碳化及抗氯离子侵蚀性能，能适应现代工程结构向大跨、重载、高耸发展和承受海洋性等恶劣环境条件的需要。用高效减水剂配制的高强混凝土一般具有坍落度大和早强的性能，因而便于浇筑和加快模板周转速度。

高强/高性能混凝土的抗压强度高，应用于钢筋混凝土受弯构件时能够带来很大好处。尽管单纯提高混凝土强度并不能明显增加构件的抗弯能力，但是能降低受弯构件截面的受压区混凝土高度，故能提高构件的延性，允许有较高的配筋率。因此，可以通过提高配筋率来增加构件的抗弯能力或降低构件的截面高度。同时，高强混凝土弹性模量较大，也可以提高构件的刚度。减小截面尺寸意味着降低结构自重，对结构自重占全部荷载比例很大的公路桥梁，应用高强混凝土就有着特殊的意义：一是能够减轻下部结构和地基基础的负担，同时提高了预制构件运输和吊装工作效率；二是增大适用跨度，提高了结构的跨越能力；三是确保桥下净空，降低桥梁与道路引线的连接路基高度，节约引线道路工程造价；四是由于混凝土耐久性好，增加桥梁使用寿命，降低了平时维护管理费用[6]。

自 20 世纪 90 年代初以来，随着混凝土材料科学研究的深入发展，高强/高性能混凝土在我国已发展成为比较成熟的技术，将其应用于桥梁结构，对有效地降低结构自重和结构高度、增大结构刚度和桥梁跨度、增加结构耐久性并降低维修费用起到了重要作用。

高强/高性能混凝土也有其不利条件和不足之处。首先是对各种原材料有严格的要求。高强/高性能混凝土的质量特别容易受到生产、运输、浇筑和养护过程中环境因素的影响。在材料的性能上，随着强度的增加，高强/高性能混凝土的脆性增加而塑性变形能力降低，同时其抗拉强度与抗压强度的比值也会降低；材料的脆性会影响结构的延性，尤其对受压构件，会出现发挥高强混凝土抗压性能与保证构件延性之间的矛盾[7, 8]。但是，材料的脆性与配筋构件的延性并不等同，通过适当的配筋构造措施，用高强/高性能混凝土制作的构件延性一样可以满足设计要求。

1.1.2 高效预应力混凝土

高效预应力混凝土是以采用高强低松弛、高均匀延伸率钢绞线和高强/高性能混凝土为标志，并获得结构性能优化组合增强效应的高新预应力混凝土技术。区别于普通预应力混凝土，其特点是：

（1）在同样钢材用量的前提下，因混凝土强度高可使混凝土建立起较高的预压应力；

（2）在同样的混凝土预压应力要求下，钢材用量可节约 20%～40%；

（3）在同样的截面尺寸情况下，可使结构具备较高的抗裂能力；

（4）在同样跨度情况下减轻结构自重，在同样自重情况下增加结构跨越能力。

同时，由于高强钢材的低松弛、高强混凝土的低收缩徐变（仅为普通强度混凝土的 70% 左右）特性，减小了结构长期使用过程中的变形，增强了结构的适用性能[6, 9]。由于高强/高性能混凝土的特性，使结构建造工期缩短，混凝土原材料节省，结构寿命延长，维护费用降低，符合可持续性发展的混凝土技术方向。

1.1.3 国内外桥梁工程应用状况

我国高强/高性能混凝土的研究和应用始于 20 世纪 80 年代，期间建造的湘江桂铁路红水河大桥、广东东莞中堂大桥、广东洛溪大桥、天津西青道立交桥均采用了 C60、C65 混凝土。1988 年建成的浙江飞云江公路大桥，为多跨简支 T 形梁，最大跨径 62m，梁高 2.85m，采用 C60 混凝土；黄石长江公路大桥，是一座连续刚构桥，主孔达 245m，采用 C55 混凝土。1992 年，河南三门峡黄河公路大桥采用了 C60 混凝土，实测已达 C70。1997 年建成的万县长江大桥，钢管混凝土主拱跨度 420m，芯部和外包混凝土均采用了 C60 混凝土[9]。在高速公路和城市立交桥中也有不少采用泵送高强混凝土的实例，如京津塘高速公路和首都机场高速公路上的一些桥梁主要为了早强而采用 C60 级混凝土。相对而言，高强混凝土在建筑结构中得到了比较广泛的应用，据统计有数十座高层建筑采用了 C80 高强混凝土，混凝土强度等级最高达到 C90，这些工程经验为桥梁结构中进一步提高混凝土强度等级提供了有益的参考[7, 10, 11]。

在日本，1970～1984 年建成的数座预应力混凝土桥梁中采用了 C60～C80 高强混凝土[12]。在前期尚未使用高性能减水剂时，现场施工的高强混凝土的黏度极高，且坍落度损失很快，给施工带来了很大困难。1970 年建成 Kaminoshima 公路桥，最大跨度 86m，采用了 C70 混凝土；1973 年建成岩鼻铁路桥，为跨度 45m 简支预应力混凝土下承式桁架结构，主桁架和节点采用 C80 混凝土，面板采用 C50 混凝土；1973 年建成大田名部铁路桥，为跨度 24m 简支预应力混凝土上承式桁架结构，主桁架采用 C80 混凝土，节点采用 C60 混凝土，面板采用 C40 混凝土；1974 年建成番月铁路桥和第二绫罗木川铁路桥，均为跨度 49m 简支预应力混凝土工形梁，采用 C60 混凝土；1974 年建成 Fukaimitsu 公路桥，跨度 26m，采用 C80 混凝土；1975 年建成安家川铁路桥，为跨度 6×45+27m 简支预应力混凝土上承式桁架结构，主桁架采用 C80 混凝土，节点采用 C60 混凝土，面板采用 C40 混凝土；1975 年建成茂市川铁路桥，为跨度 15.8m 简支预应力混凝土工形梁，采用 C80 混凝土；1976 年建成 Akkagawa 铁路桥，跨度 46m 简支预应力混凝土 T 形梁，采用 C90 混凝土；1979 年建成歧关公路大桥，为跨度 48m 简支预应力混凝土 T 形梁，采用 C60 混凝土；1984 年建成户田铁路桥，为跨度 49m 简支预应力混凝土工形梁，采用 C60 混凝土；1984 年建成第二武藏野线铁路桥，为跨度 25m+25.3m+26.8m+22.6m 连续预应力混凝土 T 形梁，采用 C60 混凝土。到了 20 世纪 80 年代后期，外加剂有了显著的进步，开发了坍落度损失很小的高性能 AE 减水剂。20 世纪 90 年代采用高流动性和良好施工性能的高强混凝土修建了几座桥梁，开创了高强混凝土新的发展阶段。1992 年建成的青森跨海公路大桥，为 128m+240m+128m 连续预应力混凝土斜拉桥，桥的主塔形状呈倒 Y 形，从地面算起到最上部高度约 80m，从减轻自重及美观考虑，采用 C60 高强混凝土，实际混凝土强度达到了 C75。1997 年建成的大芝公路大桥，为 98.9m+210m+98.9m 连续预应力混凝土斜拉桥，为减轻主梁自重和斜拉材料重量，并提高抗震性和施工性，将主梁做成梁高 1m 的超细长边缘梁，并采用 C60 混凝土。

在丹麦，1997 年建成的大贝尔特海峡工程（The Great Belt Fixed Link）是将各占丹麦人口 1/2 的 Storebelt 和 Kattegat 联系起来的著名海上建筑物，分东西两部分，中间是一岛屿（Sprogo），东侧铁路由长 8km 的隧道相连，公路由长 7km 的悬索桥和引桥相连；西侧是长 6.5km 平行的两座桥，一条铁路专用，另一条公路专用，整个项目共浇筑混凝土 106 万 m^3，工程按使用寿命 100 年设计，采用了掺加硅粉和粉煤灰、28d 抗压强度为 63MPa 的高性能混凝土[13, 14]。

在法国，1994 年建成的 Elron 公路大桥，为主跨 400m 的斜拉桥，采用 C80 混凝土，实际强度 95.7MPa，混凝土配合比设计掺加 36kg/m^3 的硅粉[15]。

在美国，1984 年建成的从西弗吉尼亚至俄亥俄的 East Hungtington 公路桥，包括一个主跨为 274m 的不对称斜拉梁结构，混凝土强度相当于 C65；而后在华盛顿州跨越 Tortle 河的一座预应力混凝土公路桥（Tower Road），大梁高 1.5m，主跨 49m，总长 86m，采用强度接近于 C75 的混凝土和连续后张预应力，使桥梁大梁结构的跨高比达到了 30:1。路易斯安那州对美国各州公路和运输工作者协会（AASHTO）制订的《美国公路桥梁设计规范》（1995 年版）

预制公路桥梁采用高强混凝土进行对比分析（在同样荷载下）的结论为：① 高强混凝土可增大梁的跨度。当强度等级由 C40 提高到 C70 时，IV 形梁（梁高 1.37m，间距 2.4m）的跨度可由 31.7m 增加到 39.9m。② 高强混凝土可增大梁的间距。当强度等级由 C40 增加到 C55 时，对 30.5m 跨的梁，截面高度可由 1.37m 降到 1.02m，亦即包括 0.2m 现浇桥面板在内梁的跨高比可做到 25。梁高低了，有利于桥墩、支座、引桥造价的降低。从 1987 年开始的战略公路研究项目（简称 SHRP），致力研究和推动应用高性能混凝土建造公路桥梁，预期将钢筋混凝土桥梁寿命从 40～45a 提高到 75～100a。其大量的研究与实践证明，高耐久性混凝土同时具有较高的强度，在设计中充分利用强度，则可以减小结构构件的截面、增大桥梁跨度和减少桥梁下部结构，因此使用高性能混凝土建造桥梁的费用就不会增加甚至可能降低，而桥梁的寿命将大大延长，桥梁需要的养护维修费会大幅度减少。德克萨斯州的 Louetta 公路南北线的两座跨线桥，预制预应力 U 形大梁使用抗压强度 90MPa 的高强混凝土，大梁跨度长达 41m，南线桥的造价为 248 美元/m²，北线桥的造价为 269 美元/m²。当地同时期建造的 12 座同类型普通混凝土桥梁，造价在 226～290 美元/m²。可见，高强混凝土公路桥梁的建设成本并没有增大，而桥梁寿命则可以成倍提高。因此，科学合理地设计与应用高强混凝土是能创造效益的[15]。

1.2　发　展　趋　势

1.2.1　高性能混凝土的发展与应用

20 世纪 90 年代中期，吴中伟院士结合国家可持续发展战略开始研究水泥与混凝土生产带来的环境问题，提出了绿色高性能混凝土的概念[6, 16]。他综合提出了高性能混凝土的含义：高性能混凝土是一种新型高技术混凝土，是在大幅度提高常规混凝土性能的基础上，采用现代混凝土技术，选用优质原材料，在妥善的质量管理的条件下制成的。除了水泥、水、骨料以外，高性能混凝土必须采用低水胶比和掺加足够的细掺料与高效外加剂，并应同时保证其耐久性、工作性、各种力学性能、适用性、体积稳定性和经济合理性。绿色高性能混凝土是在高性能混凝土基础上，增加绿色内涵：节约资源、能源；不破坏环境，更应有利于环境；可持续发展，既满足当代人的需求，又不危及后代人满足其需要的能力。

绿色高性能混凝土的特征为：① 更多地掺加以工业废渣为主的活性细掺料，更多地节约熟料水泥，减少环境污染。用大量工业废渣作为活性细掺料代替大量熟料，最多可达 60%～80%。在绿色高性能混凝土中，磨细水淬矿渣和分级优质粉煤灰、硅灰等，或它们的组合，成为胶凝材料的主要组分，从而大大减少熟料水泥生产的 CO_2 排放，节约能源资源。② 更大地发挥高性能优势，减少水泥和混凝土的用量。利用高性能混凝土的高强早强来减少截面，降低自重，节约模板与工时，在高层建筑和大跨桥梁中已收到很大效益。减少材料生产与运输能耗，保证和延长安全使用期经济效益更大。减少水泥和混凝土用量是从根本上减少环境负担。③ 应用范围适宜扩大。对于大体积混凝土结构和基础等强度要求不高，但对耐久性、工作性、均匀性、体积稳定性、低水化热等有很高要求的，绿色高性能混凝土的强度下限可从 C50～C60 降低到 C30 左右。对于强度要求很高的混凝土结构，可突出绿色高性能混凝土的强度和耐久性优势，能够减轻结构自重 1/2～2/3。

随着我国在高强/高性能混凝土制备技术和各项性能及其结构性能研究成果的积累，相关结构设计规定的混凝土强度等级也从规范 GB 10—1989，JTJ 023—1985 的 C60 提高至了规范 GB 50010—2002，GB 50010—2010，JTG D60—2004 的 C80，使得高强/高性能混凝土的结构设计有了规范依据，工程应用得以全面铺开[17-21]。为了树立和落实科学发展观，促进经济增长方式的转变，建设部科技司将"开发高耐久性、高性能混凝土住宅结构体系"作为 2003 年工作要点之一，高性能混凝土技术作为建筑业 10 项新技术之一被列为建设部 2005 年重点推广的新技术，以期带动全行业整体技术水平的提高；随后也成为住房和城乡建设部 2008 年建设领域节能减排工作的重点技术。住房和城乡建设部标准定额司提出的 2010 年工作思路：以建筑工程用量较大水泥为重点，节约资源，提高建设工程结构的安全性、耐久性和可靠性；突出引导混凝土消费结构升级，积极采用高性能混凝土。建筑业发展"十二五"规划的建筑节能目标之一是 C60 以上的混凝土用量达到总用量 10%。2014 年 8 月，住房和城乡建设部、工业和信息化部联合下发通知，要求充分认识推广应用高性能混凝土的重要性，加快推广应用高性能混凝土。以"政府引导，市场推动；全面推进，突出重点；因地制宜，分类指导；试点示范，标准先行"为基本原则，通过完善高性能混凝土推广应用政策和相关标准，建立高性能混凝土推广应用工作机制，优化混凝土产品结构，到"十三五"末，高性能混凝土得到普遍应用，C35 及以上强度等级的混凝土占预拌混凝土总量 50% 以上；在超高层建筑和大跨度结构以及预制混凝土构件、预应力混凝土、钢管混凝土中推广应用 C60 及以上强度等级的混凝土。

在绿色高性能混凝土发展历程中，其"不破坏环境，更应有利于环境"的内涵也进一步扩大，其研发和工程应用面临着新的课题：

（1）矿物掺和料的活性效应需要深入研究并定量确定。目前的高强混凝土配合比设计方法仍停留在根据经验通过试验确定的阶段，矿物掺和料的影响难以通过计算确定[22]。主要原因是掺和料的活性作用没有得到深入研究，用其替代熟料水泥后的活性效应尚没有得到定量确定[23, 24]。

（2）骨料供应状况发生了根本性变化。随着国家对河道健康运行和农田保护力度的加大，天然砂的供应日益紧缺，其替代品—机制砂的工程应用已成为必然趋势[25]。以机制砂代替天然砂配制高强混凝土的配合比设计、拌和物工作性能和硬化混凝土的各种性能需要进一步研究确定[26]。随着我国城市建设和新型城镇化进程的发展，建筑垃圾排放量逐年增大并成为城市环境治理的最大难题。将废弃混凝土通过破碎、筛分等程序生产的再生骨料，可用于代替天然骨料制备混凝土[27-29]。国务院关于印发"十二五"节能环保产业发展规划的通知（国发〔2012〕19 号）明确建筑废物分选及资源化技术为资源循环利用产业关键技术，推广建筑废物分类设备及生产道路结构层材料、人行道透水材料、市政设施复合材料等技术。《河南省人民政府关于加强城市建筑垃圾管理促进资源化利用的意见》（豫政〔2015〕39 号）指出：到

2020 年，省辖市建筑垃圾资源化利用率达到 70%以上，县（市、区）建成建筑垃圾资源化利用设施，建筑垃圾资源化利用率达到 50%以上。因此，利用再生骨料的绿色高性能混凝土也是研发和工程应用的关键课题。

（3）高强混凝土由于用水量小，硬化后混凝土内部的湿度低，其后期强度增长一般不及普通混凝土，这是高强混凝土发展历程中始终备受关注的一个问题[7, 30]。尽管已有比较充分的依据证明硅酸盐水泥配制的高强混凝土虽不至于发生强度回缩，但强度增长值差别较大。据挪威的试验，掺加硅粉高强混凝土在水中 10a 强度提高 30%～50%，在空气中提高 0～20%，而不掺硅粉的高强混凝土则相应地提高 70%和 30%。美国在 1975 年建造芝加哥 Water Tower Place 时留取标准试件进行了长达 18a 的检测，这些相当于 C60 和 C70 的混凝土试件，在标准养护 28d 后置于相对湿度为 50%的空气中，发现 18a 后的强度与 28d 及 1a、2a 的强度几乎相等；但同样的试件如果处在长期受载的条件下，则 18a 后的强度增长约为 10%；如果试件始终处于密封状态，增长可达 33%～46%。在当前发展绿色高性能混凝土背景下，关注并深入研究高强混凝土的后期强度与弹性模量、收缩与徐变等长期性能，是保证混凝土结构工程安全的重要举措[31-36]。

1.2.2 高强低松弛预应力钢绞线的发展与应用

高效预应力混凝土是以采用高强/高性能混凝土和高强低松弛、高均匀延伸率钢绞线为标志，并获得结构性能优化组合增强效应的高新预应力混凝土技术。因此，高强低松弛预应力钢绞线的发展水平，在很大程度上决定了高效预应力混凝土技术水平。

我国预应力钢绞线的生产应用起始于 20 世纪 60 年代，在《预应力混凝土结构用钢绞线》（YB256—1964）中规定的钢绞线断面结构为 1×7，直径为 7.5～15.0mm，公称抗拉强度为 1470～1770MPa。由于当时各方面条件的限制，预应力钢绞线的公称抗拉强度是用钢绞线内各根钢丝的破断负荷的总和求得的。由于捻损等因素的影响，整根钢绞线的破断负荷比钢绞线内各根钢丝的破断负荷的总和约小 8%，因此钢绞线的实际抗拉强度要小于公称抗拉强度[37]。至 20 世纪 80 年代，我国通过引进意大利低松弛预应力钢绞线生产线，根据当时原材料供应条件和生产状况，参照英国、美国和日本等国家的标准，制订了《预应力混凝土用钢绞线》（GB 5224—1985）[38]，规定钢绞线断面结构为 1×7，直径为 9.0mm（7ϕ3）、12.0mm（7ϕ4）和 15.0mm（7ϕ5），公称抗拉强度依次对应 1670MPa、1570MPa 和 1470MPa；按松弛性能分为 2 级：I 级松弛为普通松弛级，II 级松弛为低松弛级，并使钢绞线的公称抗拉强度与整根钢绞线的破断负荷相一致，屈强比（$\sigma_{0.2}/\sigma_b$）不低于 85%。

1995 年颁布的《预应力混凝土用钢绞线》（GB/T 5224—1995）[39]，增加了 1×2 结构、公称直径 10.0mm 和 12.0mm 以及 1×3 结构、公称直径 10.8mm 和 12.9mm 的预应力钢绞线，强度级别均为 1720MPa；1×7 结构的预应力钢绞线划分为标准型（由冷拉光圆钢丝捻制而成）和模拔型（捻制后再经冷拔而成），公称直径允许偏差缩小，强度级别大幅度提高。标准型公称直径 9.50mm、11.10mm、12.70mm 钢绞线强度级别均为 1860MPa，标准型公称直径 15.20mm 钢绞线强度级别为 1860MPa 和 1720MPa；模拔型公称直径 12.70mm、15.20mm 钢绞线的强度级别分别为 1860MPa 和 1820MPa。松弛性能仍划分为 2 级：I 级松弛为普通松弛级，II 级松弛为低松弛级。屈强比（$\sigma_{0.2}/\sigma_b$）仍为不低于 85%。增加了弹性模量为（195±10）GPa，规定了钢绞线标距不小于 500mm（1×7 结构钢绞线）和 400mm（1×2 和 1×3 结构钢绞线）的均匀伸长率不小于 3.5%。

2003 年颁布的《预应力混凝土用钢绞线》（GB/T 5224—2003）[40]，增加了钢绞线品种——刻痕钢绞线（由刻痕钢丝捻制而成），增加了钢绞线规格和强度级别：1×2 结构钢绞线公称直径为 5.00mm、5.80mm 时抗拉强度为 1570MPa、1720MPa、1860MPa 和 1960MPa，公称直径为 8.00mm、10.00mm 时抗拉强度为 1470MPa、1570MPa、1720MPa、1860MPa 和 1960MPa，公称直径为 12.00mm 时抗拉强度为 1470MPa、1570MPa、1720MPa 和 1860MPa；1×3 结构钢绞线公称直径为 6.20mm、6.50mm 时抗拉强度为 1570MPa、1720MPa、1860MPa 和 1960MPa，公称直径为 8.60mm、10.80mm、12.90mm 时抗拉强度为 1470MPa、1570MPa、1720MPa、1860MPa 和 1960MPa，公称直径为 8.74mm（标准型或刻痕钢绞线）时抗拉强度为 1570MPa、1670MPa 和 1860MPa；1×7 结构标准型钢绞线公称直径为 9.50mm、11.10mm、12.70mm 时抗拉强度为 1720MPa、1860MPa 和 1960MPa，公称直径为 15.20mm 时抗拉强度为 1470MPa、1570MPa、1670MPa、1720MPa、1860MPa 和 1960MPa，公称直径为 15.70mm 时抗拉强度为 1770MPa 和 1860MPa，公称直径为 17.80mm 时抗拉强度为 1720MPa 和 1860MPa；1×7 结构模拔型钢绞线公称直径为 12.70mm 时抗拉强度为 1860MPa，公称直径为 15.20mm 时抗拉强度为 1820MPa，公称直径为 18.00mm 时抗拉强度为 1720MPa。取消了 I 级松弛钢绞线和 10h 试验的规定，统一规定初始负荷相当于公称最大力为 60%、70% 和 80% 时，1000h 后应力松弛率依次不大于 1.0%、2.5% 和 4.5%。屈强比提高至 90%，增加了钢绞线的疲劳和偏斜拉伸试验规定。

2014 年颁布的《预应力混凝土用钢绞线》（GB/T 5224—2014），增加了 19 丝钢绞线类别、规格、强度等级，增加了 7 丝钢绞线的规格；规定了最大力的最大值，取消"供方每一交货批钢绞线的实际强度不能高于其抗拉强度级别 200MPa"；将松弛试验初始力由"特征最大力百分比"改为"实际最大力百分比"，增加"如无特殊要求只进行初始力为 70% 实际最大力的松弛试验"，取消"初始力为 60% 最大力"的要求；0.2% 屈服力由不小于整根钢绞线公称最大力的 90% 改为应在整根钢绞线实际最大力的 88%～95% 范围内；增大了部分规格钢绞线的盘径，增加重量偏差要求；增加了特征值检验和交货检验型式试验要求[41]。此规范集中体现了我国当前在预应力钢绞线研发、生产和工程应用的全貌，也可看出预应力混凝土技术发展进入了繁荣阶段。

表 1-1 为《预应力混凝土用钢绞线》（GB/T 5224—2014）规定的各强度等级钢绞线结构和公称直径。

表 1-1　　　　　　　　　　预应力钢绞线强度等级、结构和公称直径

公称抗拉强度（MPa）	钢绞线结构	钢绞线公称直径（mm）
1470	1×2	8.00、10.00、12.00
	1×3	8.60、10.80、12.90
	1×7	15.20（15.24）

公称抗拉强度（MPa）	钢绞线结构	钢绞线公称直径（mm）
1570	1×2	5.00、5.80、8.00、10.00、12.00
	1×3	6.20、6.50、8.60、8.74、10.80、12.90
	1×3I（刻痕钢绞线）	8.70
	1×7	15.20（15.24）
1670	1×3	8.74
	1×7	15.20（15.24）
1720	1×2	5.00、5.80、8.00、10.00、12.00
	1×3	6.20、6.50、8.60、10.80、12.90
	1×3I（刻痕钢绞线）	8.70
	1×7	9.50（9.53）、11.10（11.11）、12.70、15.20（15.24）、17.80（17.78）
	1×7C（模拔型）	18.00
	1×19S（西鲁式）	28.6
	1×19W（瓦林吞式）	28.6
1770	1×7	15.70、21.60
	1×19S（西鲁式）	17.8、19.3、20.3、21.8、28.6
	1×19W（瓦林吞式）	28.6
1810	1×19S（西鲁式）	20.3、21.8
1820	1×7	18.90
	1×7C（模拔型）	15.20（15.24）
1860	1×2	5.00、5.80、8.00、10.00、12.00
	1×3	6.20、6.50、8.60、8.74、10.80、12.90
	1×3I（刻痕钢绞线）	8.70
	1×7	9.50（9.53）、11.10（11.11）、12.70、15.20（15.24）、15.70、17.80（17.78）、18.90、21.60
	1×7I（刻痕钢绞线）	12.70、15.20（15.24）
	1×7C（模拔型）	12.70
	1×19S（西鲁式）	17.8、19.3、20.3、21.8
	1×19W（瓦林吞式）	28.6
1960	1×2	5.00、5.80、8.00、10.00
	1×3	6.20、6.50、8.60、10.80、12.90
	1×7	9.50（9.53）、11.10（11.11）、12.70、15.20（15.24）

1.2.3 高效预应力混凝土结构延性性能研究

我国是多地震国家，高效预应力混凝土结构在地震区桥梁结构中应用必须注重其延性和耗能性能。结构的延性是在极限承载力没有明显退化情况下的非弹性变形能力,并利用其滞回特性吸收能量[42]。在利用延性特性设计抗震结构时,最常用的延性量化指标为曲率延性系数(曲率延性比)和位移延性系数(位移延性比)。曲率延性系数为截面屈服后的曲率与屈服曲率之比,位移延性系数为构件截面屈服后的位移与屈服位移之比。《公路桥梁抗震设计细则》(JTG/T B02-01—2008)[43]和《城市桥梁抗震设计规范》(CJJ 166—2011)[44]均对桥梁延性抗震给出了具体计算规定,且后者明确桥墩延性抗震设计的延性系数在一般情况下可取3.0。在本书作者所在团队结合工程实际开展的V形墩连续刚构桥、预应力混凝土连续梁桥和独塔部分斜拉桥的设计过程中,延性抗震计算分析已成为必要内容[45-47]。

高效预应力混凝土结构的延性一直是研究的热点问题,本书作者所在团队对高效预应力混凝土梁进行了系列试验研究和有限元分析[48-56]。结果表明:混凝土强度、钢绞线延伸率、预应力比率、配筋指数等因素均对高效预应力混凝土的位移延性具有较大影响。混凝土强度较低时,梁的延性与钢绞线延伸率关系较小。随着混凝土强度的增大、钢绞线延伸率提高,梁的延性将随之提高。预应力比率和配筋指数提高,梁的延性随之降低。对于仅配置钢绞线的高效预应力混凝土梁,钢绞线延伸率是影响其延性的主要因素。现行《预应力混凝土用钢绞线》(GB/T 5224—2014)规定的钢绞线延伸率不低于3.5%有可能导致高效预应力混凝土结构抗震的延性不足。钢绞线的延伸率大小对预应力混凝土梁的破坏形态具有显著影响。研究同时提出了高效预应力混凝土梁的正常使用极限状态抗裂度、裂缝宽度、挠度和极限承载力计算方法。

1.3 研 究 内 容

本书针对高效预应力混凝土在空心板桥中的应用,特别注重钢绞线的高均匀延伸率,并将其作为混凝土结构受拉区仅配置预应力钢筋时保证结构延性性能、提高桥梁结构抗震能力的重要指标。

1. 研究适合于河南省实际情况的高强混凝土配制技术

高强混凝土已有较多的工程应用实例,但由于使混凝土达到高强的途径较多,且与原材料性能关系密切,高强混凝土的推广应用仍需结合工程实际开展科学试验研究才能得以实现。采用外加矿物掺和料(优质粉煤灰、磨细沸石粉、硅灰等),以改善混凝土的拌和性能和硬化混凝土性能已成为较普遍的高强混凝土配制方法。但是,在某些地区,由于矿物掺和料的获取代价较高,从经济实用的角度探讨通过优选砂石料外加高效减水剂等措施配制高强混凝土的方法是非常必要的。本研究在调查河南省境内的混凝土原材料实际分布状况基础上,通过系统的试验研究取得了适合于野外现场施工的C60~C80混凝土配制技术,为实际工程应用提供了科研基础。

2. 开展高效预应力混凝土空心板梁桥设计研究工作

按《公路桥涵设计通用规范》(JTJ021—1989,JTG D60—2004)规定[57, 58],单孔跨径 $l_0 \geqslant 40m$ 者为大桥。因此,中小跨桥梁在桥梁工程中占有较大比例和重要地位。在高速公路工程中，中小跨桥梁占公路工程造价的 30%～70%。在独立特大桥和大桥中，作为引桥形式出现的中小跨桥梁长度也占了桥梁总长的 50%以上（表 1－2）。

表 1－2   国内几座特大桥的中小跨引桥占全桥总长比例

序号	桥　　名	桥长（m）	主孔桥型及桥跨（m）	引桥桥型及桥跨	引桥长度占全桥总长比例
1	苏州南通长江大桥	6770	混合梁斜拉桥 375＋850＋375	PC 连续刚构连续梁、简支梁	76%
2	江阴长江大桥	3071	主跨 1385m 钢悬索桥	连续刚构桥、PC 简支梁桥	55%
3	厦门海沧大桥	3141	三跨钢悬索桥 230＋648＋230	PC 连续箱梁（跨径 42m）	52%
4	南京长江二桥南叉桥	2915	钢斜拉桥 260＋618＋260	PC 连续箱梁（跨径 30～50m）	61%
5	虎门珠江大桥	4578	主跨 888m 钢悬索桥，副跨 150＋270＋150PC 刚构	PC 连续梁及连续刚构简支梁	68%
6	铜陵长江大桥	2592	PC 斜拉桥 80＋90＋190＋432＋190＋90＋80	PC 简支梁	55%
7	黄石长江公路大桥	2580	PC 刚构 162.5＋3×245＋162.5	PC 简支梁	59%
8	岳阳洞庭湖大桥	5784.5	PC 斜拉桥 130＋2×310＋130	PC 简支梁 20m、50m 跨	85%
9	武汉长江二桥	3227	PC 斜拉桥 180＋400＋180	PC 连续梁	75%
10	广东洛溪大桥	1916.04	PC 连续刚构 65＋125＋180＋110	PC 简支梁	42%

对于大桥和特大桥的设计，相关方（建设、设计、审查）在一般情况下均对主桥（或主孔）予以高度重视，对占大桥一半以上造价的引桥则很少关注。设计和研究投入的力量与中小跨桥梁在工程中所占比重明显地不相应。曾有一个桥梁工程界共同认可的设计原则："主桥先进、引桥经济"，尽管有些弊病，却为我国特大桥的建设带来巨大的投资节约。但在强调整体性、行车舒适的背景下，则出现了大量的支架立模现浇钢筋混凝土、预应力混凝土连续梁桥，而在滩地、深谷、闹市，或高达几十近百米的高墩，这种施工技术的可行性、经济性都是成问题的[59~62]。在公路建设高潮中，在数千万公里的高速公路建设中，作为工程建设者、设计者对中小跨桥梁的设计与施工投入更多的关注很有必要。

预应力混凝土空心板具有上部结构建筑高度低、预制施工简单、易实现标准化和工厂化施工、产品质量可靠、造价低、施工吊装设备容易解决等优点，是公路桥梁工程中被广泛采用的一种结构形式[63]。美国统计资料表明[64]，预应力混凝土板梁占预应力桥梁总数的 8%。国内成渝高速公路的成都至简阳 C 合同段有桥梁 18 座，其中 12 座为不同跨径的预应力空心板梁桥。在跨径 10～20m 范围内与同跨径的简支钢筋混凝土 T 梁相比，预应力混凝土空心板桥高度降低 0.40～0.55m，平均低 40%左右；但预应力混凝土空心板梁的混凝土强度等级多采用 C30～C40。随着高强混凝土在我国的逐步推广应用，公路桥梁中广泛使用的预应力混凝土空心板也迫切需要提高混凝土强度等级，采用高强混凝土以提高经济效益，现有的空心板截面形式和配筋设计也需修改并优化[65]。本课题组采用 C80 高强混凝土和高均匀延伸率低松弛 1860 级钢绞线的高效预应力混凝土技术，提出了高效预应力混凝土空心板梁的新型断面形式和配筋方法，进行了跨径 13m、16m、20m、25m 高效预应力混凝土空心板的标准设计，编制了通用图供工程推广应用[66]。

3. 开展高效预应力混凝土空心板梁的单板原型试验研究

为了验证本课题设计的可靠性，进行了一块跨径 16m 空心板梁的原型试验。通过试验板的高强混凝土浇筑，研究了高强混凝土施工性能。结合试验成果，对试验板的正截面和斜截面受力性能进行了全面论证，特别是通过试验，证明高强混凝土材料的脆性可通过在受压区配置一定量的钢筋来调整，采用高均匀延伸率低松弛 1860 级钢绞线可有效地提高空心板梁的延性，使高效预应力混凝土空心板梁的延性达到甚至超过设计要求[67, 68]。本项研究所取得的成果，为高效预应力混凝土空心板梁桥的工程应用提供了充分的、可靠的科学研究依据。

4. 开展高效预应力混凝土空心板梁的工程应用研究

本课题结合河南省重点工程项目—焦作至巩义黄河公路大桥及其连接线工程，进行了高效预应力混凝土空心板梁的工程应用实践，两座试验桥分别为跨度 3×16m 的分离式立交桥和跨度 20m+40m+20m 的互通式立交桥，共使用 16m 跨高效预应力混凝土空心板梁 45 块、20m 跨高效预应力混凝土空心板梁 30 块。通过批量生产验证了本课题提出的高强混凝土配制方法的稳定性，获得了高效预应力混凝土空心板桥工程施工经验，通过现场抽样静载试验进一步验证了高效预应力混凝土空心板的正常使用性能[69, 70]。两座试验桥的建设实践表明，高效预应力混凝土空心板梁的工程应用具有较好的经济效益。

5. 开展高效预应力混凝土空心板梁整桥试验研究

本课题研究是国内首次将 C80 高强混凝土应用于桥梁工程，且采用了高均匀延伸高强钢绞线作为结构延性保障的新设计概念，也是首先采用单板宽度 1.2m。因此，选择跨径 20m 整桥进行静载和动载试验，测定桥梁的静载和动载受力性能，以综合评价桥梁的工程质量，为今后同类桥梁的设计、施工积累资料和经验，为高效预应力混凝土空心板定型和系列化设计提供必要的科研依据[71, 72]。

通过上述研究，本课题将理论研究成果与工程实践紧密结合，实现了理论成果向科技生产力的直接转化，为桥梁工程领域研究和发展高效预应力混凝土结构提供了重要理论和工程实践经验。

第2章

高效预应力混凝土空心板
设计与试验研究

2.1 概 述

本章设计了采用 C80 混凝土和高强低松弛 1860 级预应力钢绞线的 16m 跨径高效预应力混凝土空心板，在实验室内制作了一跨原型预应力混凝土空心板，进行了从预应力钢绞线张拉到承载极限破坏的受力全过程试验，研究了其正截面和斜截面在正常使用状态下抗裂度、裂缝宽度、跨中挠度以及极限承载能力和延性等受力性能，为在公路桥梁结构中经济可靠地利用高效预应力高强混凝土空心板提供了科研依据。

2.2 基 本 设 计 资 料

1. 设计标准

标准跨径 16m，计算跨径 15.50m，板长 15.96m，桥面净宽 17.0＋2×0.5＝18.00m。

荷载等级：汽–超 20，挂–120。桥梁抗震：基本 6 度，7 度设防。

2. 设计依据

《公路桥涵设计通用规范》（TJT 021—1989）

《公路钢筋混凝土及预应力混凝土桥涵设计规范》（TJT 023—1985）

《美国公路桥梁设计规范》（AASHTO SI 单位）

《高强混凝土结构设计与施工规程》（CECS104：99）

3. 材料及其性能

混凝土强度等级 C80，轴心抗压强度标准值 R_a^b＝56.0MPa，轴心抗压强度设计值 R_a＝44.0MPa，轴心抗拉强度标准值 R_l^b＝3.90MPa，轴心抗拉强度设计值 R_l＝3.05MPa，弹性模量 $3.90×10^4$MPa。

高强低松弛 1860 级 ϕ^j15 钢绞线，截面面积 139.35mm²，抗拉强度标准值 R_{yb}＝1860MPa，抗拉强度设计值 R_y＝1488MPa，张拉控制应力 σ_{con}＝1395MPa，松弛率 2.5%。

桥面铺装采用 5cm 厚钢筋混凝土，上铺 4cm 厚沥青混凝土结合层。

2.3　高效预应力混凝土空心板截面选择

2.3.1　截面形式

常见的空心板截面形式如图 2-1 所示。图中（a）、（b）为大孔板，小棱形企口，这种板具有挖空率大、质量轻等优点，但芯模制作复杂且顶板必须配置横向受力钢筋以承担车轮荷载，顶板底面开裂现象较严重；图（c）、（d）为圆孔板，葫芦形企口，这种板具有芯模制作简单、能适应不同板厚的空心板等优点，但挖空率小、自重较大、经济效益低。针对这些常见的开孔形式及其优缺点，本课题组提出了一种新型的双拱门式空心板，如图 2-2 所示，板高为 0.65m，板宽均为 1.2m，对应于 16m 跨径。与圆孔空心板（图 2-3）、大孔空心板（图 2-4）的截面属性比较，见表 2-1。

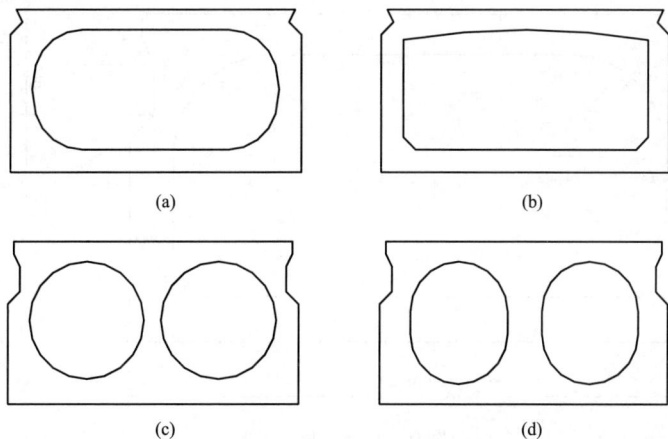

(a)　　　　　　　　　　　　(b)

(c)　　　　　　　　　　　　(d)

图 2-1　常见空心板开孔形式

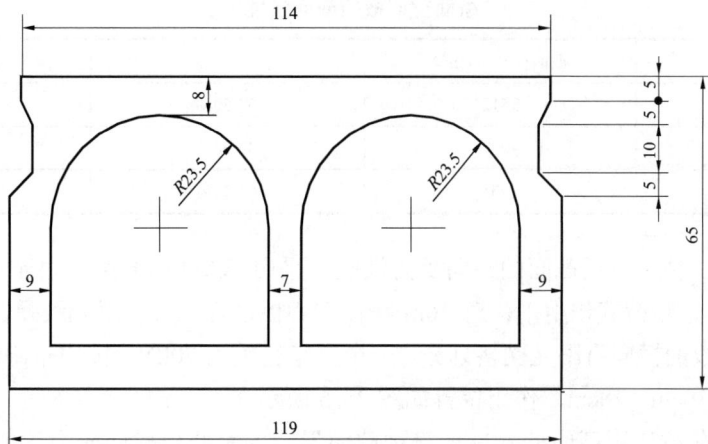

图 2-2　双拱门式空心板

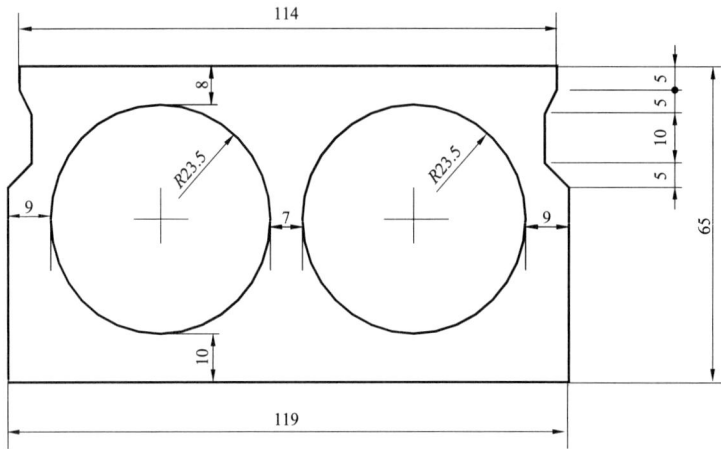

图 2-3　圆孔空心板

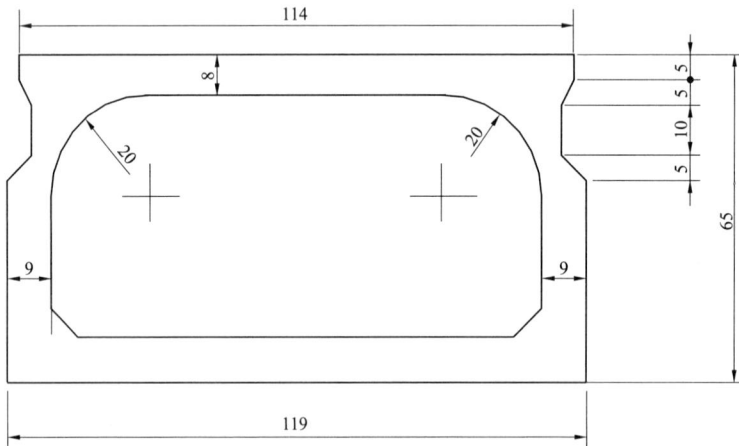

图 2-4　大孔空心板

表 2-1　　　　　　　　　　　　　　　桥面空心板的截面属性

空心板类型	截面面积（cm²）	挖空率	每米板重（t）
双拱门式板	3512	53.50%	0.88
圆孔板	4077	45.98%	1.02
大孔板	2905	61.44%	0.73

　　为比较上述三种空心板截面的横向受力性能，采用 SAP93 通用有限元分析软件，在汽车－超 20 级重车车轮荷载作用下，对 16m 跨径空心板进行三维有限元线弹性分析。图 2-5 为双拱门式空心板的横向有限元网格划分，一个重车轮重为 70kN，按均布荷载计算，均布荷载的作用面积为 30cm×20cm，作用位置如图 2-5 所示。

　　在重车车轮荷载作用截面处，以上三种截面形式的空心板横向应力等值线如图 2-6～

图 2-8 所示（应力单位：kg/cm²）。可以看出，双拱门式空心板和圆孔空心板的横向应力差别很小，均无需横向受力钢筋，但双拱门式空心板的挖空率高，自重轻，恒载小，有利于节省纵向钢筋。大孔空心板的挖空率较高、自重较轻，但其横向应力较双拱门式空心板增大近一倍，顶板底面更容易产生纵向裂缝，必须配置横向受力钢筋。

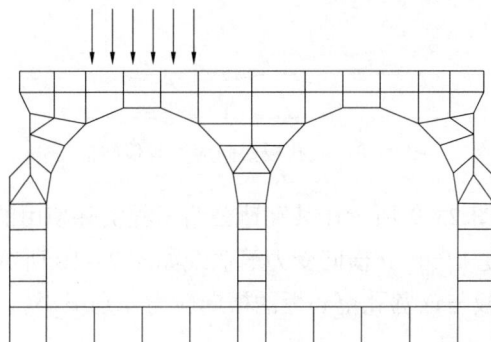

图 2-5　双拱门式空心板有限元网格划分

H	24.152 3
	17.475 8
	10.799 2
	4.122 6 6
	-2.553 9
	-9.230 4
	-15.907
	-22.583
L	-29.260

图 2-6　双拱门式板横向应力等值线图

H	20.766 9
	14.874 8
	8.982 70
	3.090 59
	-2.801 5
	-8.693 6
	-14.585
	-20.477
L	-26.369

图 2-7　圆孔板横向应力等值线图

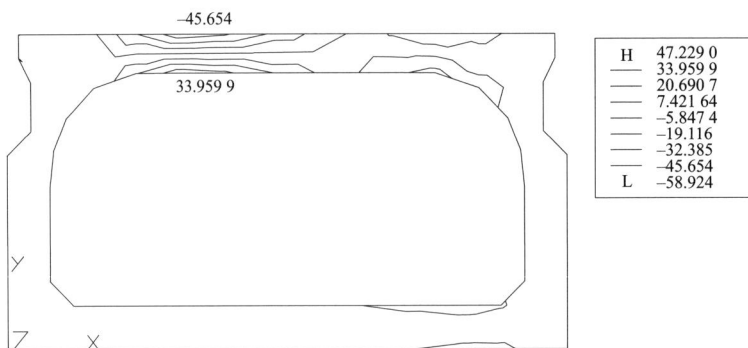

图 2-8 大孔板横向应力等值线图

为便于对比，计算了图 2-9 所示在某高速公路工程实际使用的 16m 跨径预应力圆孔空心桥面板，高度 70cm、宽度 1.0m，其横向受力等值线如图 2-10 所示。比较图 2-6 和图 2-10 可以看出，双拱门式空心板与该圆孔空心板的横向应力差别很小。

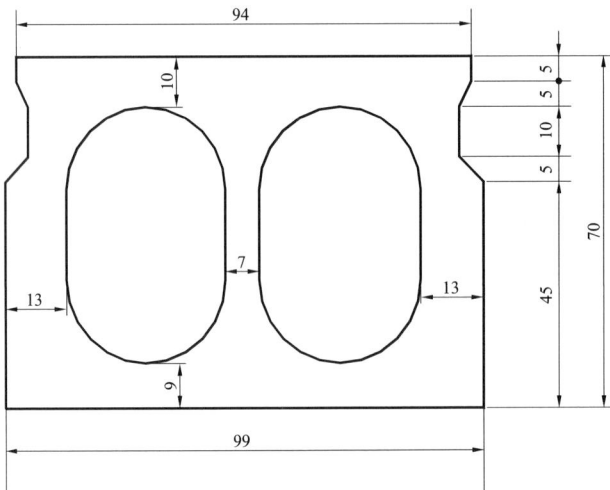

图 2-9 某高速公路工程中实际使用的圆孔板

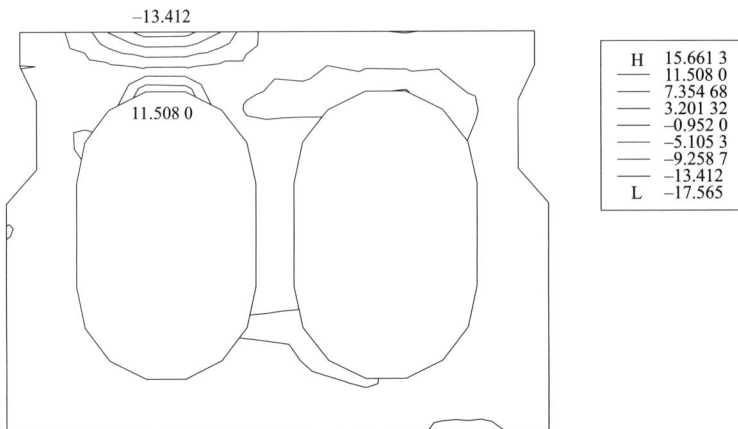

图 2-10 某高速公路工程中实际使用的圆孔板横向应力等值线图

2.3.2　截面宽度

实际工程中，桥面预应力混凝土空心板的宽度常见为 1.0m 和 1.5m。为比较不同板宽空心板的横向受力性能，对板宽为 1.0m 和 1.5m、跨径为 16m 的双拱门式空心板进行了重车车轮荷载作用下的弹性有限元分析。板的横向应力等值线如图 2-11、图 2-12 所示。与图 2-6 比较，可以看出双拱门式空心板的板宽变化对横向应力影响很小。

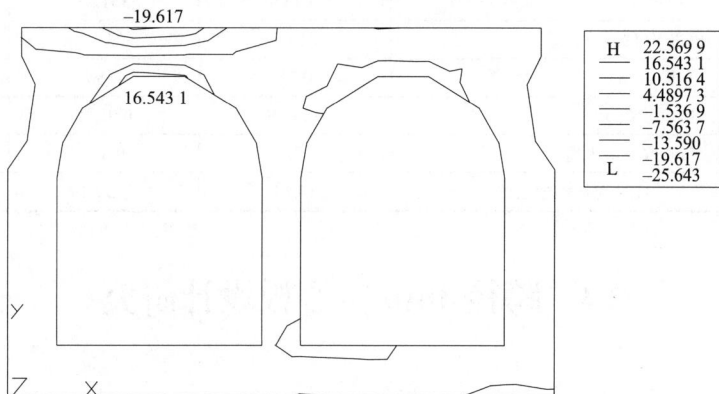

图 2-11　双拱门式板（板宽 1.0m）横向应力等值线图

由《公路桥涵设计手册：梁桥（上册）》[73]，装配式桥面空心板的荷载横向分布系数取决于计算刚度参数 γ

$$\gamma = 5.8 \frac{I}{I_t} \left(\frac{b_1}{L} \right)^2$$

式中　I——截面抗弯惯性矩；

$\quad\ \ I_t$——截面抗扭惯性矩；

$\quad\ \ L$——计算跨径；

$\quad\ \ b_1$——空心板宽度。

图 2-12　双拱门式板（板宽 1.5m）横向应力等值线图

对桥宽 18m、跨径 16m 的双拱门式空心板桥，板宽为 1.0m、1.2m、1.5m 时的计算刚度参数 γ，各板的横向分布系数最大值、横向分布系数与截面抗弯惯性矩之比等截面性能见表 2-2。因此，对于相同高度的桥面空心板，板宽越大，计算刚度参数 γ 越大。荷载的横向分布系数越大，横向各板受力的均匀性、协调性能越好。实际公路桥梁工程中，考虑到施工中吊车的起吊重量的限制，16m 跨径预应力混凝土桥面空心板宽度常取 1.0m。对于双拱门式桥面空心板，考虑板宽需符合公路工程中的模数要求及起重机起吊重量限制，跨径 16m 时的空心板宽取为 1.2m。

表 2-2 板宽不同时截面性能

双拱门式板	板宽 1.0m	板宽 1.2m	板宽 1.5m
截面面积（cm²）	3013.9	3512.3	4374.0
挖空率（%）	51.96	53.50	53.98
板重（t/m）	0.75	0.88	1.09
刚度参数 γ	0.012 9	0.017 5	0.024 4
横向分布系数（最大值）	0.225	0.232	0.291
横向分布系数与截面抗弯惯性矩之比	14.13	13.84	13.60

2.4 跨径16m空心板设计研究

2.4.1 截面几何特性

截面尺寸如图 2-13 所示。截面拟配 $11\phi^j15$，$a_y = 5.0\text{cm}$，
$$A_y = 139.35 \times 11 = 1533\text{mm}^2 = 15.33\text{cm}^2$$
$$n = \frac{E_s}{E_c} = \frac{1.9 \times 10^5}{3.9 \times 10^4} = 4.872 \quad (n-1)A_y = (4.872-1) \times 15.33 = 59.4\text{cm}^2$$

根据材料力学组合截面几何特性计算方法，可计算得到空心板毛截面和换算截面的几何特征值，见表 2-3。其中施工阶段仅考虑预制单板截面（图 2-13），使用阶段考虑后浇铰接区混凝土参与工作。

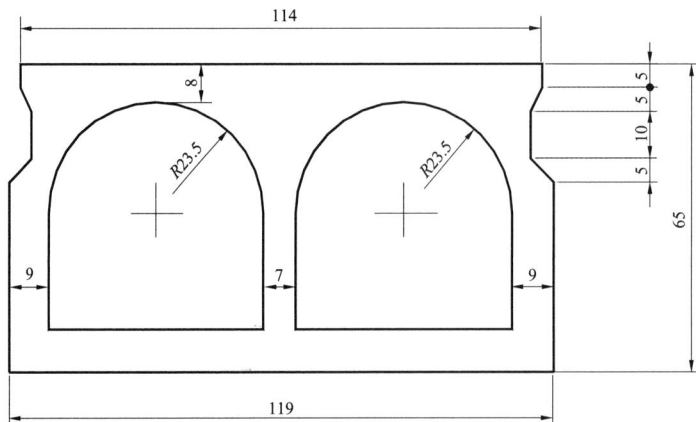

图 2-13 截面尺寸（单位：cm）

表 2－3				截 面 几 何 特 性	
截面	受力阶段	面积（cm²）	面心矩（cm³）	形心（cm）	惯心矩（cm⁴）
毛截面	施工阶段	$A_0 = 3509.6$	$S_0 = 117\,232.6$	$y_0 = 33.4$	$I_0 = 1.958 \times 10^6$
	使用阶段	$A_1 = 3697.1$	$S_1 = 127\,024.3$	$y_1 = 34.4$	$I_1 = 2.208 \times 10^6$
换算截面	施工阶段	$A'_0 = 3569.0$	$S'_0 = 117\,529.6$	$y'_0 = 32.9$	$I'_0 = 2\,004\,912.5$
	使用阶段	$A'_1 = 3756.5$	$S'_1 = 127\,321.3$	$y'_1 = 33.9$	$I'_1 = 2\,078\,599.3$

按图 2－14 计算扭矩，忽略钢筋的影响，计算刚度参数时的惯性矩采用施工阶段换算截面的惯性矩。

$$I_t = \frac{4b^2 h^2}{\dfrac{b_1}{t_1} + \dfrac{b_2}{t_2} + \dfrac{2h}{t}} = 4\,010\,220.9 \text{cm}^4$$

$$\gamma = 5.8 \times \frac{I'_0}{I_\tau} \times \left(\frac{b_1}{l}\right)^2 = 0.017\,5$$

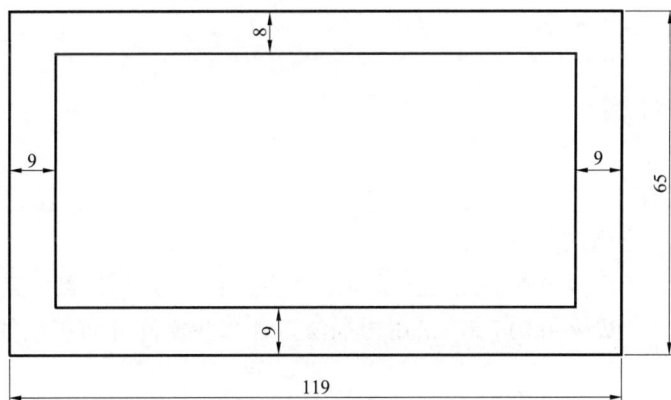

图 2－14　截面扭矩计算简图（单位：cm）

2.4.2　恒载内力计算

1. 荷载计算

（1）空心板自重

施工阶段　$q_1 = 25 \times 3509.6 \times 10^{-4} = 8.775 \text{kN/m}$

使用阶段　$q_1 = 25 \times 3697.1 \times 10^{-4} = 9.243 \text{kN/m}$

（2）桥面铺装

桥面铺装 5cm 厚钢筋混凝土，按 2% 横坡计算，上铺 4cm 厚沥青混凝土结合层，则桥面铺装荷载为：$q = 25 \times 0.10 \times 15 + 23 \times 0.04 \times 15 = 51.30 \text{kN/m}$。

分摊到每块板上的铺装荷载为：$q_2 = 51.30/15 = 3.42 \text{kN/m}$

（3）人行道、栏杆荷载

人行道、栏杆荷载参照其他梁桥取用，单侧为 10.5kN/m。

分摊到每块板上的人行道、栏杆荷载为：$q_3 = 10.5 \times 2/15 = 1.40 \text{kN/m}$

2. 恒载内力计算

（1）施工阶段恒载内力

对于施工阶段，主要是正应力验算，中板较边板不利，故只取中板进行验算。

$$q = 8.775 \text{kN/m}$$

跨中　$M = ql^2/8 = 263.52 \text{kN} \cdot \text{m}$　　1/4 截面　$M = 3ql^2/32 = 197.64 \text{kN} \cdot \text{m}$

1/8 截面　$M = 7ql^2/128 = 115.29 \text{kN} \cdot \text{m}$　　支座　$Q = ql/2 = 68.01 \text{kN}$

（2）使用阶段恒载内力

分摊到跨中板上的铺装荷载偏小，人行道、栏杆荷载偏大，两者相加偏于安全。

$$q = 9.243 + 3.42 + 1.40 = 14.063 \text{kN/m}$$

跨中　$M = ql^2/8 = 422.33 \text{kN} \cdot \text{m}$

1/4 截面　$M = 3ql^2/32 = 316.75 \text{kN} \cdot \text{m}$　　$Q = ql/4 = 54.49 \text{kN}$

1/8 截面　$M = 7ql^2/128 = 184.77 \text{kN} \cdot \text{m}$　　$Q = 3ql/8 = 81.74 \text{kN}$

支座　$Q = ql/2 = 108.99 \text{kN}$

2.4.3　活载内力计算

1. 横向分布系数

（1）跨中及四分点横向分布系数

用铰接板理论，参考《公路桥涵设计手册：梁桥（上册）》[73]计算，查 P305～312 页附表（二）1—附—29，以 $\gamma = 0.017\,5$，采用内插法，计算各横向分布影响线坐标值，结果见表 2-4。

表 2-4　　　　　　　　　　　　　横向分布影响线坐标值

板号	η_{i1}	η_{i2}	η_{i3}	η_{i4}	η_{i5}	η_{i6}	η_{i7}	η_{i8}
1 号	0.218	0.180	0.138	0.106	0.082	0.063	0.049	0.038
2 号	0.180	0.175	0.148	0.114	0.088	0.068	0.053	0.041
3 号	0.138	0.148	0.151	0.129	0.100	0.077	0.060	0.046
4 号	0.106	0.114	0.129	0.137	0.119	0.091	0.071	0.055
5 号	0.082	0.088	0.100	0.119	0.128	0.112	0.087	0.068
6 号	0.063	0.068	0.077	0.091	0.112	0.124	0.109	0.084
7 号	0.049	0.053	0.060	0.071	0.087	0.109	0.122	0.108
8 号	0.038	0.041	0.046	0.055	0.068	0.084	0.108	0.121

汽车荷载和挂车荷载作用下各板的横向分布影响线如图 2-15 和图 2-16 所示，横向分布系数为

汽车荷载作用下
$$m_{汽} = \frac{1}{2}\sum \eta_{i汽}$$

挂车荷载作用下
$$m_{挂} = \frac{1}{4}\sum \eta_{i挂}$$

冲击系数
$$1 + \mu = 1 + \frac{0.3}{45-5} \times (45 - 15.5) = 1.221\,25$$

表 2-5　　　　　　　　　　横 向 分 布 系 数

板号　　荷载形式	双汽偏心 m_{cq}	双汽居中 m_{zq}	挂车偏心 m_{cg}	挂车居中 m_{zg}
1 号	0.220	0.139	0.120	0.052
2 号	0.228	0.149	0.125	0.056
3 号	0.232	0.168	0.131	0.064
4 号	0.233	0.190	0.128	0.074
5 号	0.221	0.203	0.112	0.092
6 号	0.194	0.204	0.089	0.106
7 号	0.157	0.195	0.069	0.112
8 号	0.122	0.173	0.054	0.102

由以上计算结果可知，3 号板为控制设计的板，横向分布系数取值
$$m_q = 0.232 \qquad m_g = 0.131$$

（2）支点处横向分布系数

按杠杆法计算，支点处板的影响线如图 2-17 所示。
$$m_q = 1/2 \times 1.0 = 0.50 \qquad m_g = 1/4 \times (1.0 + 0.25) = 0.312\,5$$

（3）横向分布系数沿桥跨的变化

支点到四分点的荷载横向分布系数按直线内插法进行，四分点到跨中的荷载横向分布系数按跨中值取用，如图 2-18 所示。

2. 活载内力计算

折减系数 $\Psi = 1.0$（双列车不再折减）。

对跨中及 1/4 截面计算弯矩和剪力，对支点只算剪力。

跨中、支点、1/4 跨截面和 1/8 跨截面的内力计算简图如图 2-19～图 2-22 所示，弯矩和剪力计算结果见表 2-6。

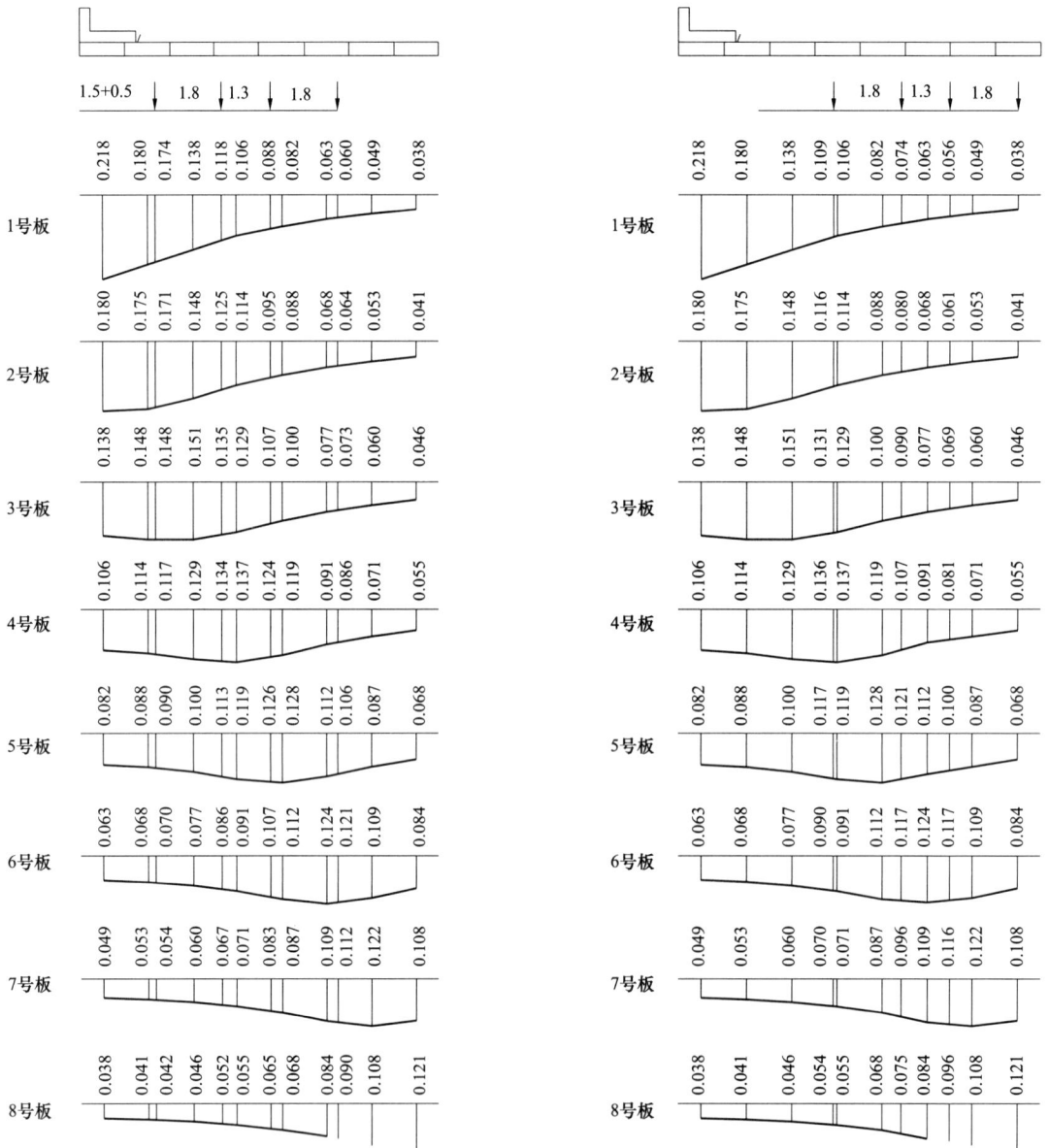

图 2-15 汽车荷载作用下各板的横向分布影响线

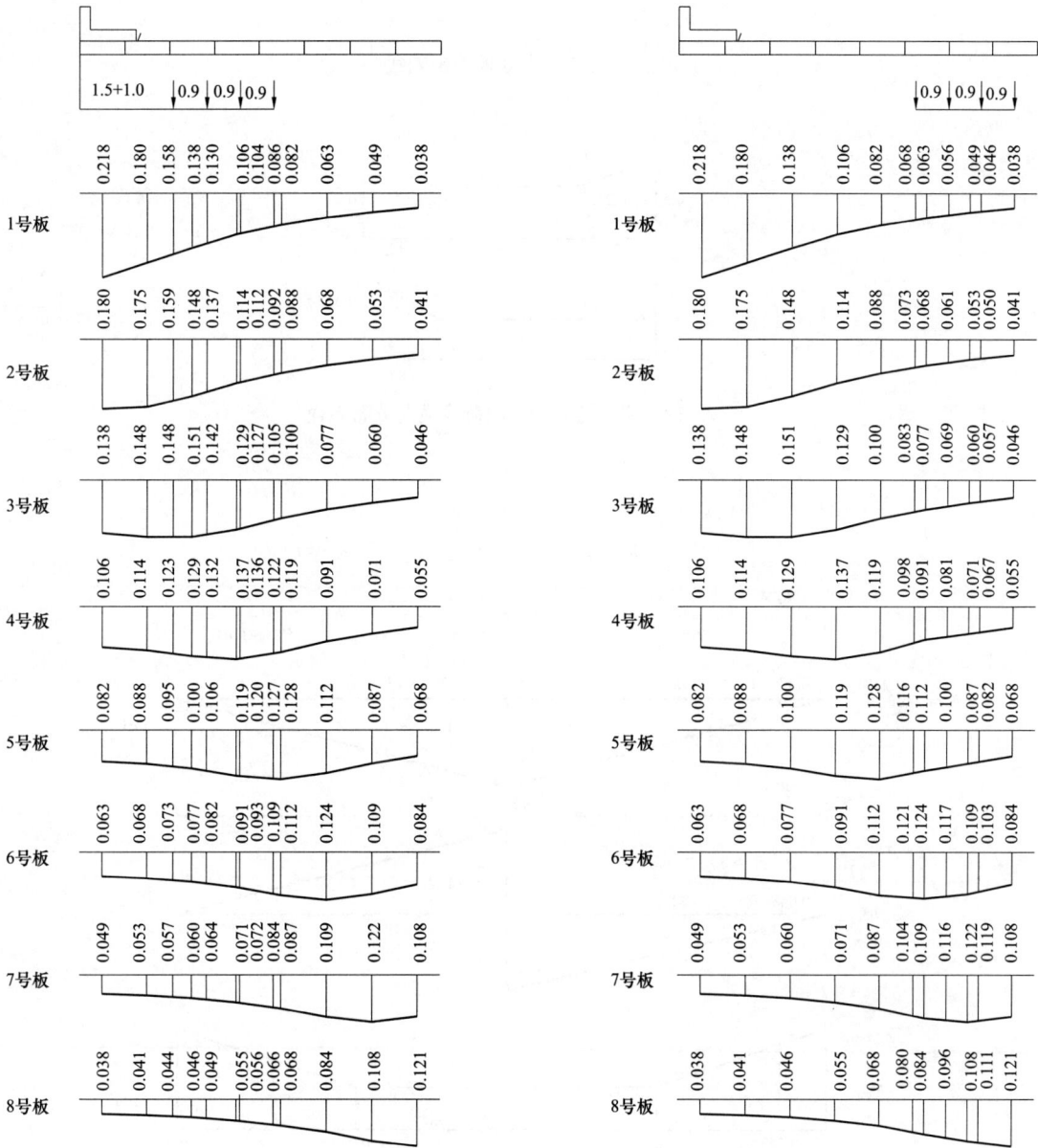

图 2-16　挂车荷载作用下各板的横向分布影响线

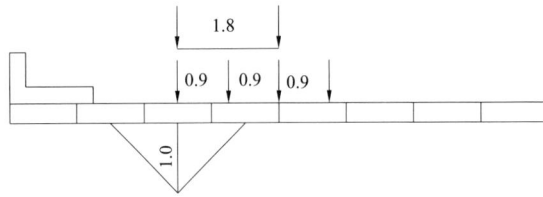

图 2-17 支点处板的影响线

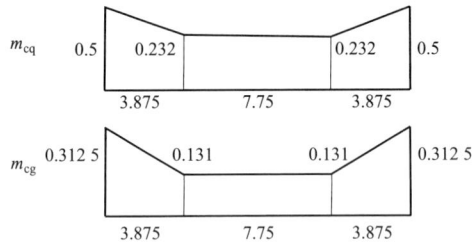

图 2-18 四分点到跨中的荷载横向分布系数

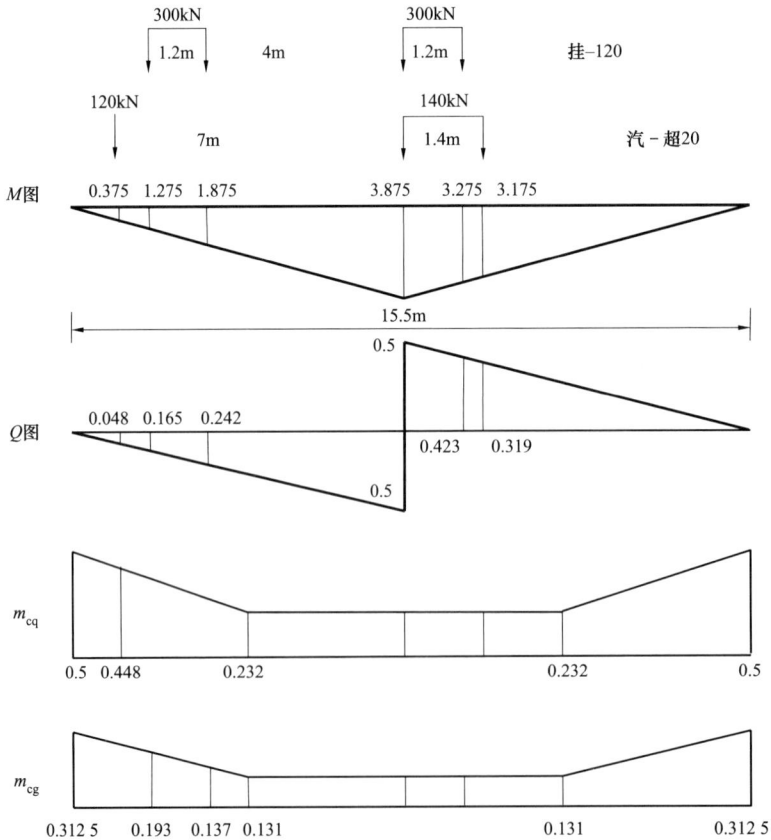

图 2-19 跨中截面的活载内力计算简图

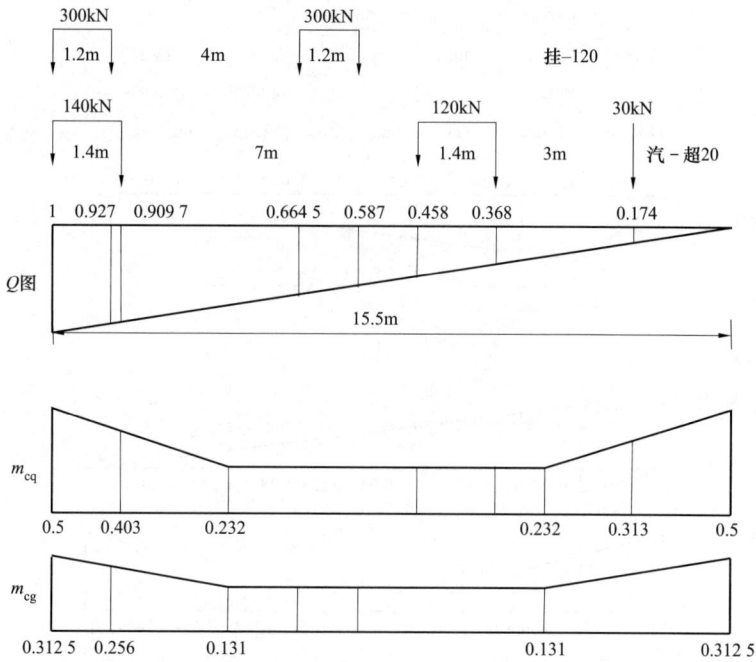

图 2-20　支点截面的活载内力计算简图

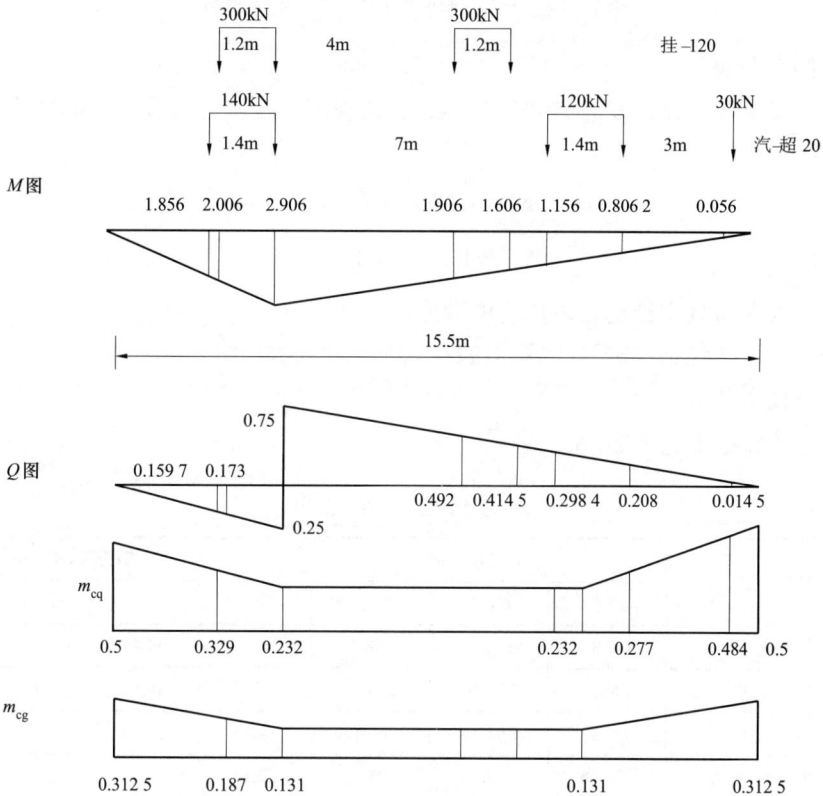

图 2-21　1/4 跨截面的活载内力计算简图

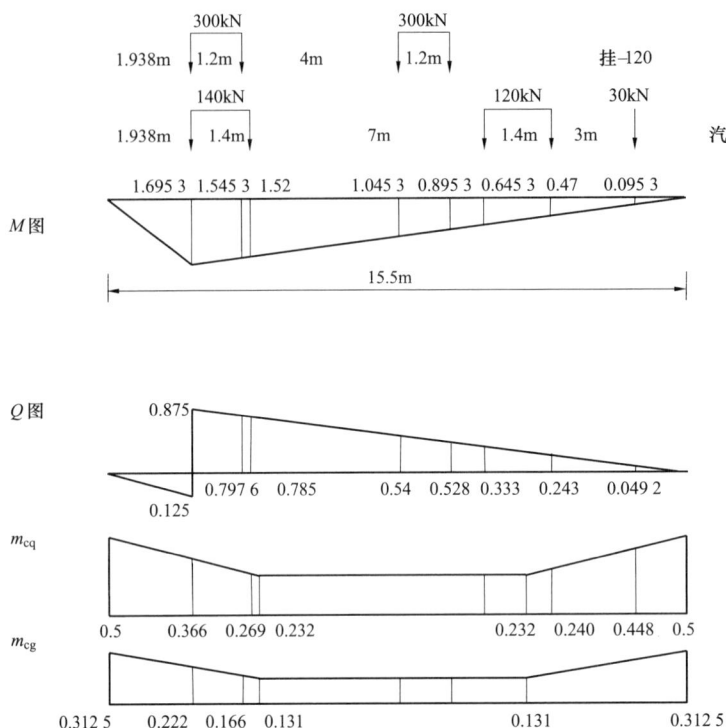

图 2-22　1/8 跨截面的活载内力计算简图

3. 内力组合计算

内力组合按规范（TJT 023—1985）第 4.1.2 条规定进行，当恒载产生的效应与活载产生的效应同号时，则

荷载组合 I

$$S_j^I = 1.2S_G + 1.4S_G'$$

荷载组合 Ⅲ

$$S_j^{III} = 1.2S_G + 1.1S_G''$$

式中　S_G——永久荷载中结构自重产生的效应；

　　　S_G'——汽车（包括冲击）、人群效应；

　　　S_G''——挂车效应。

内力组合计算结果见表 2-6。

表 2-6　　　　　　　　　　内 力 组 合 计 算 结 果

序号	荷载类别	弯矩（kN·m）			剪力（kN）			
		跨中	1/4 点	1/8 点	跨中	1/4 点	1/8 点	支点
①	恒载	422.33	316.75	184.77	0	54.49	81.74	108.99
②	汽-超20	304.26	292.70	216.33	22.98	48.59	111.54	178.30
③	挂-120	431.88	364.76	266.12	39.15	67.80	139.97	214.12
④	1.2×恒载+1.4×汽	932.76	789.88	524.59	32.17	133.41	254.24	380.41
⑤	1.2×恒载+1.1×挂	981.86	781.34	514.46	43.07	139.97	252.06	366.32

序号	荷载类别	弯矩（kN·m）			剪力（kN）			
		跨中	1/4 点	1/8 点	跨中	1/4 点	1/8 点	支点
⑥	1.4×汽/④	46%	52%	58%	100%	51%	61%	61%
	S_j^I 提高%	3	0	0	0	0	0	0
⑦	1.1×挂/⑤	48%	51%	57%	100%	53%	61%	64%
	S_j^{III} 提高%	2	2	2	3	2	3	3
⑧	提高后 S_j^I	960.74	789.88	524.59	32.17	133.41	254.24	380.41
⑨	提高后 S_j^{III}	1001.50	796.97	524.75	44.36	142.77	259.62	377.31
	控制设计内力	1001.50	796.97	524.75	44.36	142.77	259.62	380.41

2.4.4　正截面承载力计算

1. 截面换算

将空心板截面等效为工字形截面，如图 2-23 所示，具体做法是将空心板内的两孔等效为矩形孔。

孔面积　$A=4037.9\text{cm}^2$　　面积矩（以底边为轴）$S=88\,022.0\text{cm}^3$

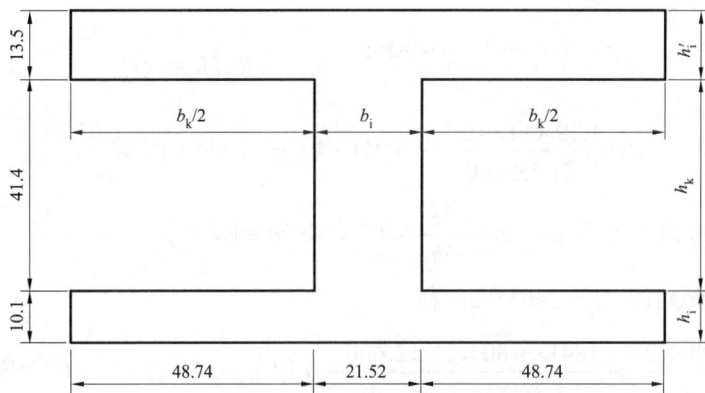

图 2-23　空心板的等效截面

形心轴　$y=S/A=21.8\text{cm}$　　惯性矩　$I=577\,415.9\text{cm}^4$

等效为矩形孔后　$A=b_k h_k=4037.9\text{cm}^2$　　　$I=b_k h_k^3/12=577\,415.9\text{cm}^4$

求得　$h_k=41.4\text{cm}$　　$b_k=97.5\text{cm}$

则　$b_i=119-97.5=21.5\text{cm}$　　$h_i'=65-9-21.8-41.4/2=13.5\text{cm}$　　$h_i=65-41.4-13.5=10.1\text{cm}$

2. 截面设计

按拟配 $11\phi^j 15.24$，$A_y=139.35\times11=1533\text{mm}^2=15.33\text{cm}^2$

$$R_y^b = 1860\text{MPa}，R_y = 1488\text{MPa}$$

当翼缘位于受拉区，中性轴位置按以下公式确定：

$$R_y A_y = R_a b x$$

$$x = \frac{R_y A_y}{R_a b} = 4.36\text{cm}$$

$x \leqslant \xi_{jy} = 0.4 \times 60 = 24.0\text{cm}$，且 $x < 0.8 h_i' = 0.8 \times 13.5 = 10.8\text{cm}$

受压区高度满足要求，不会发生脆性破坏。

$$h_0 = 65 - 5 = 60\text{cm}$$

$$M_p = \frac{1}{\gamma_S} R_y A_y (h_0 - x/2) = 1055.15\text{kN} \cdot \text{m}$$

控制设计内力 $M_j = 1001.50\text{kN} \cdot \text{m}$，$M_p > M_j$，正截面强度满足要求。

2.4.5 斜截面承载力计算

1. 距支点 $h/2$ 处斜截面承载力计算

该截面的剪力值稍小于支点处的剪力值，故取支点处的剪力值来验算。

控制设计内力 $Q_j = 380.41\text{kN}$

$$Q_{hk} = 0.051\sqrt{R} b h_0 = 588.99\text{kN} > 380.41\text{kN}$$

因此，截面尺寸满足要求。

$$Q_{hk} = \frac{0.008(2+p)\sqrt{R} b h_0}{m} + 0.12\mu_k R_{gk} b h_0 > Q_J$$

$$\mu = \frac{1.39 \times 11 \times 10^{-4}}{21.52 \times 60} = 0.011\,84 \quad p = 100\mu = 1.184$$

由于支点处的 M 远小于 Q，$m = \dfrac{M}{Qh_0} < 1.7$，取 $m = 1.7$

选用三肢箍筋 $\phi 10$，$R_g = 240\text{MPa}$，得

$$Q_{hk} = \frac{0.008 \times (2+1.184) \times \sqrt{80} \times 21.52 \times 60}{1.7} + 0.12\mu_k \times 240 \times 21.52 \times 60 > 377.31$$

$$\mu_k > 5.444 \times 10^{-3}$$

$$\mu_k = \frac{A_k}{b S_k} = \frac{3 \times 0.785}{21.52 S_k} > 5.544 \times 10^{-3}$$

$S_k < 20.102\text{cm}$，偏安全地取 $S_k = 10\text{cm}$

此时

$$\mu_k = \frac{3 \times 0.785}{21.52 \times 10} = 0.010\,9$$

$$Q_{hk} = \frac{0.008 \times (2+p)\sqrt{R} b_i h_0}{m} + 0.12\mu_k R_{gk} b_i h_0 = 578.376 > Q_j = 380.41\text{kN}$$

2. 跨中斜截面承载力计算

控制设计内力 $Q_j = 44.36\text{kN}$

绘出剪力图如图 2-24 所示。

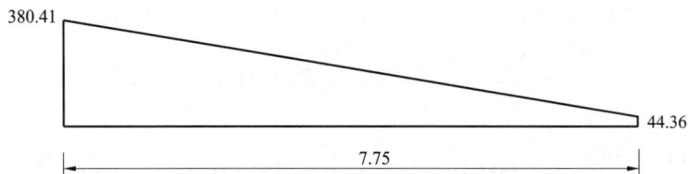

图 2-24　剪力分布图

考虑安全因素，取剪跨比 $m = 3$，求当箍筋间距为 20cm，箍筋取 $\phi8$ 时，截面所能承受的剪力为

$$Q_{hk} = \frac{0.008(2+p)\sqrt{R}bh_0}{m} + 0.12\mu_k R_{gk}bh_0 = 228.4\text{kN}$$

采用内插法，可知距支点 3.50m 处至跨中箍筋间距取 20cm。按同样方法，计算出各截面处箍筋布置见表 2-7。

表 2-7　　　　　　　　　　　箍 筋 计 算 结 果

编号	箍　　　筋		μ_k	Q_{hk}（kN）	起点位置（m）	
	直径	间距（cm）			计算	实配
1	$\phi8$	20	0.003 5	228.40	3.50	3.50
2	$\phi10$	15	0.007 3	371.62	0.20	0.50
3	$\phi10$	10	0.010 9	505.00	0	0

2.4.6　有效预应力计算

（1）钢绞线张拉控制应力：$\sigma_k = 0.75 \times 1860 = 1395\text{MPa}$。

（2）锚具变形、钢绞线回缩引起的应力损失 σ_{s2}。

采用长 100m 先张台座两侧张拉

$$\sigma_{s2} = \frac{\sum \Delta l}{l} \times E_y = 22.80\text{MPa}$$

（3）钢绞线松弛引起的应力损失 σ_{s5}。

超张拉 $s_{s5} = 0.045 \times 1395 = 62.78\text{MPa}$，预加应力阶段，取一半 $\sigma_{s5}/2 = 31.39\text{MPa}$

（4）混凝土弹性压缩引起的应力损失 σ_{s4}。

$$N_{y0} = (1395 - 22.80 - 31.39) \times 11 \times 139.35 \times 10^{-3} = 2055.3\text{kN}$$

$A_0' = 3569.4\text{cm}^2$，　$y_0' = 32.9\text{cm}$，　$I_0' = 2\,004\,912.5\text{cm}^4$，　$e_{y0} = 32.9 - 5 = 27.9\text{cm}$，

$$\sigma_{h2} = \frac{N_{y0}}{A_0'} + \frac{N_{y0}e_{y0}^2}{I_0'} = 15.18\text{MPa} \qquad \sigma_{s4} = n_y s_{h2} = 73.95\text{MPa}$$

（5）混凝土徐变引起的应力损失 σ_{s6}。

$$N_y = (1395 - 22.80 - 31.39 - 73.95) \times 11 \times 139.35 \times 10^{-3} = 1941.91\text{kN} \qquad M = 263.52\text{kN·m}$$

$$\sigma_{h2} = \frac{N_{y0}}{A_0'} + \frac{N_{y0}e_y y_y}{I_0'} - \frac{Me_{y0}}{I_0'} = 10.673\text{MPa}$$

$$\mu = \frac{A_y}{A_0'} = \frac{11 \times 1.3935}{3569.4} = 0.0043 \qquad r^2 = \frac{I_0'}{A_0'} = 561.69 \qquad \rho_A = 1 + \frac{e_y^2}{r^2} = 2.387$$

查规范 JTJ 023—1985，得

$$\varphi(\infty, \text{r}) = 2.2 \qquad \varepsilon(\infty, \text{r}) = (0.23 + 0.1) \times 10^{-3} = 0.33 \times 10^{-3}$$

$$\sigma_{s6} = \frac{n_y \sigma_{h2} \varphi(\infty, \tau) + E_y \varepsilon(\infty, \tau)}{1 + \mu\rho_A} = 160.61\text{MPa}$$

（6）应力损失汇总

1）施工阶段

预加应力阶段

钢绞线刚被剪断时，混凝土未被压缩，故不计 σ_{s4}。

$$\sigma_s^I = \sigma_{s2} + \frac{\sigma_{s5}}{2} = 54.19\text{MPa} \qquad \sigma_y^I = \sigma_k - \sigma_s^I = 1340.81\text{MPa}$$

运输吊装阶段

$$\sigma_s^2 = \sigma_{s4} = 73.95\text{MPa} \qquad \sigma_y^2 = 1340.81 - 73.95 = 1266.86\text{MPa}$$

2）使用阶段

$$\sigma_s^3 = \frac{\sigma_{s5}}{2} + \sigma_{s6} = 192.00\text{MPa}$$

永久预应力 $\quad \sigma_y^3 = 1266.86 - 192.00 = 1074.86\text{MPa} < 0.65 R_y^b = 1209\text{MPa}$

（7）有效预应力沿板长的变化。由于采用先张法，在预应力钢筋传递长度 l_c 范围内，预应力值考虑按直线关系变化，且在板端 $l_c/4$ 范围内预应力值为 0。

$$l_c = 70d = 70 \times 15.24 \times 10^{-3} = 1.067\text{m} \qquad l_c/4 = 0.381\text{m} > 0.23\text{m}$$

所以钢绞线在支点处预应力为 0。

2.4.7 截面抗裂度验算

1. 正应力验算

（1）预应力产生的正应力

1）施工阶段

$$\sigma_s = \frac{N_{y0}}{A_0'} - \frac{N_{y0}e_{y0}y_{s0}}{I_0'}, \quad \sigma_x = \frac{N_{y0}}{A_0'} + \frac{N_{y0}e_{y0}y_0'}{I_0'}$$

$A_0' = 3569.4\mathrm{cm}^2$，$I_0' = 2\,004\,912.5\mathrm{cm}^4$　$y_0' = 32.9\mathrm{cm}$，$e_{y0} = 27.9\mathrm{cm}$，$y_{s0} = 32.1\mathrm{cm}$

预加应力阶段

$$N_{y0} = \sigma_y^1 A_y = 1340.81 \times 11 \times 139.35 \times 10^{-3} = 2055.26\mathrm{kN}$$

$$\sigma_s = -3.40\mathrm{MPa} \qquad \sigma_x = 14.94\mathrm{MPa}$$

运输吊装阶段

$$N_{y0} = \sigma_y^2 A_y = 1941.91\mathrm{kN} \qquad \sigma_s = -3.21\mathrm{MPa} \qquad \sigma_x = 14.11\mathrm{MPa}$$

2）使用阶段

$$\sigma_s = \frac{N_{y0}}{A_0'} - \frac{N_{y0} e_{y1} y_{s1}}{I_0'} \qquad \sigma_x = \frac{N_{y0}}{A_0'} - \frac{N_{y0} e_{y1} y_1'}{I_0'}$$

$A_1' = 3756.4\mathrm{cm}^2$，$I_1' = 2\,078\,599.3\mathrm{cm}^4$　$y_{x1}' = 33.9\mathrm{cm}$，$e_{y1} = 28.9\mathrm{cm}$，$y_{s1} = 31.1\mathrm{cm}$

$$N_{y0} = \sigma_y^3 A_y = 1647.6\mathrm{kN}$$

$$\sigma_s = -2.73\mathrm{MPa} \qquad \sigma_x = 11.51\mathrm{MPa}$$

（2）恒载产生的正应力

1）施工阶段

$$\sigma_s = \frac{M y_{s0}}{I_0'}, \quad \sigma_x = -\frac{M y_0'}{I_0'}$$

$M_{1/2} = 263.52\mathrm{kN} \cdot \mathrm{m}$，$M_{1/4} = 197.64\mathrm{kN} \cdot \mathrm{m}$，$M_{1/8} = 115.30\mathrm{kN} \cdot \mathrm{m}$

跨中：$\sigma_s = 4.22\mathrm{MPa}$，$\sigma_x = -4.33\mathrm{MPa}$

1/4 截面：$\sigma_s = 3.16\mathrm{MPa}$，$\sigma_x = -3.25\mathrm{MPa}$

1/8 截面：$\sigma_s = 1.84\mathrm{MPa}$，$\sigma_x = -1.89\mathrm{MPa}$

2）使用阶段

$$\sigma_s = \frac{M y_{s1}}{I_1'}, \quad \sigma_x = -\frac{M y_1'}{I_1'}$$

$M_{1/2} = 422.33\mathrm{kN} \cdot \mathrm{m}$，$M_{1/4} = 316.75\mathrm{kN} \cdot \mathrm{m}$，$M_{1/8} = 184.77\mathrm{kN} \cdot \mathrm{m}$

跨中：$\sigma_s = 6.32\mathrm{MPa}$，$\sigma_x = -6.88\mathrm{MPa}$

1/4 截面：$\sigma_s = 4.74\mathrm{MPa}$，$\sigma_x = -5.16\mathrm{MPa}$

1/8 截面：$\sigma_s = 2.76\mathrm{MPa}$，$\sigma_x = -3.01\mathrm{MPa}$

3）活载产生的正应力

计算公式与使用阶段恒载正应力计算公式相同。

汽 – 超 20 作用下的正应力

$$M_{1/2} = 304.26\mathrm{kN} \cdot \mathrm{m}, \quad M_{1/4} = 292.70\mathrm{kN} \cdot \mathrm{m}, \quad M_{1/8} = 216.33\mathrm{kN} \cdot \mathrm{m}$$

跨中：$\sigma_s = 4.54\mathrm{MPa}$，$\sigma_x = -4.96\mathrm{MPa}$

1/4 截面：$\sigma_s = 4.37\mathrm{MPa}$，$\sigma_x = -4.78\mathrm{MPa}$

1/8 截面：$\sigma_s = 3.24\text{MPa}$，$\sigma_x = -3.52\text{MPa}$

挂-120 作用下的正应力

$$M_{1/2} = 431.88\text{kN} \cdot \text{m}, \quad M_{1/4} = 364.76\text{kN} \cdot \text{m}, \quad M_{1/8} = 266.12\text{kN} \cdot \text{m}$$

跨中：$\sigma_s = 6.08\text{MPa}$，$\sigma_x = -7.04\text{MPa}$

1/4 截面：$\sigma_s = 5.46\text{MPa}$，$\sigma_x = -5.94\text{MPa}$

1/8 截面：$\sigma_s = 3.98\text{MPa}$，$\sigma_x = -4.34\text{MPa}$

（4）应力汇总

在恒载与活载的作用下，预应力筋的拉应力会增加。

$$\sigma_y' = \sigma_y + \frac{My_y}{I_0} n_y = \sigma_y + n_y \sigma_{hx} \frac{y_y}{y_x}$$

式中　n_y——$n_y = \dfrac{19}{3.9} = 4.872$；

　　　σ_{hx}——为某截面混凝土在恒载与活载作用下底边所受的拉应力；

　y_y、y_x——施工阶段　$y_y = e_{y0} = 27.9\text{cm}$，$y_x = y_0' = 32.9\text{cm}$。

　　　使用阶段　$y_y = e_{y1} = 28.9\text{cm}$，$y_x = y_1' = 33.9\text{cm}$

应力汇总见表 2-8。由表 2-8 可知，$L/8$ 截面处的上缘拉应力在施工阶段分别为 0.94MPa、1.07MPa，均小于 $R_l = 3.05\text{MPa}$，表中压应力均小于 $R_a = 44.0\text{MPa}$，满足要求。

在使用荷载作用下，$\sigma_{ha} < 0.6 R_a^b = 0.6 \times 56.0 = 33.6\text{MPa}$

$$\sigma_{hl} < 0.9 R_l^b = 0.9 \times 3.90 = 3.51\text{MPa}$$

$$\sigma_y < 0.7 R_y^b = 0.7 \times 1860 = 1302\text{MPa}$$

符合规范（JTJ 023—1985）第 5.2.21 条、第 5.2.23 条及第 5.2.25 条荷载组合Ⅲ之规定，正应力验算满足要求。

表 2-8　　　　　　　　　　　　各截面应力计算结果

阶段		截面类别	跨中	l/4	l/8	支点
施工阶段	预加应力阶段	预应力①	−3.4 / 14.94	/	−2.78 / 12.22	
		恒载②	4.22 / −4.33	3.16 / −3.25	1.84 / −1.89	
		正应力①＋②	0.82 / 10.61	−0.24 / 11.69	−0.94 / 10.33	0
		钢绞线应力 σ_{y0}	1358.7	1354.24	1348.62	0
	运输吊装阶段	预应力③	−3.21 / 14.11	/	−2.63 / 11.54	
		恒载④	3.59 / −3.68	2.69 / −2.67	1.56 / −1.61	
		正应力③＋④	0.39 / 10.48	−0.51 / 11.4	−1.07 / 9.93	0
		钢绞线应力 σ_y	1277.52	1273.7	1268.97	0

续表

阶段	截面类别	跨中	*l*/4	*l*/8	支点
使用阶段	预应力⑤	−2.73 / 11.51		−2.23 / 9.42	
	恒载⑥	6.32 / −6.88	4.74 / −5.16	2.76 / −3.01	
	活载（汽车）⑧	4.54 / −4.96	4.37 / −4.78	3.24 / −3.52	
	活载（挂车）⑦	6.08 / −7.04	5.46 / −5.94	3.98 / −4.34	0
	正应力⑤+⑥+⑦	9.67 / −2.41	7.47 / 0.41	4.51 / 2.07	0
	正应力⑤+⑥+⑧	8.13 / 0.33	6.38 / 1.57	3.77 / 2.89	
	钢绞线应力σ_y（汽）	1095.4	1094.6	1089.4	
	钢绞线应力σ_y（挂）	1103.9	1099.4	1092.8	0

注：恒载④为 0.85×恒载②。*l*/8 截面预应力按 9 根钢绞线计算。

2. 剪应力验算

$$I_1' = 2\ 078\ 599.3\text{m}^4, \quad A_1' = 3756.5\ \text{cm}^2, \quad y_1' = 33.9\text{cm}$$

（1）支点剪应力

对中性轴处的剪应力进行验算，故

$$b_h = 9 + 7 + 9 = 25\text{cm}, \quad S = 39\ 237.5\text{cm}^3$$

荷载组合 I（恒载 + 汽车 − 超 20）下：

$$Q_\text{恒} = 108.99\text{kN} \quad Q_\text{活} = 178.30\text{kN} \quad Q = Q_\text{恒} + Q_\text{活} = 287.29\text{kN}$$

$$\tau = \frac{QS}{I_1' b_h} = 2.16\text{MPa}$$

荷载组合 III（恒载 + 挂车 − 120）下：

$$Q_\text{恒} = 108.99\text{kN} \quad Q_\text{活} = 214.12\text{kN} \quad Q = Q_\text{恒} + Q_\text{活} = 323.11\text{kN}$$

$$\tau = \frac{QS}{I_1' b_h} = 2.44\text{MPa}$$

（2）1/4 截面剪应力

荷载组合 I（恒载 + 汽车 − 超 20）下：

$$Q = Q_\text{恒} + Q_\text{活} = 54.49 + 48.59 = 103.08\text{kN} \quad \tau = \frac{QS}{I_1' b_h} = 0.78\text{MPa}$$

荷载组合Ⅲ（恒载+挂车−120）下：

$$Q = Q_{恒} + Q_{活} = 54.49 + 67.80 = 122.29\text{kN} \qquad \tau = \frac{QS}{I_1' b_h} = 0.92\text{MPa}$$

（3）1/8 截面剪应力

荷载组合Ⅰ（恒载+汽车−超20）下：

$$Q = Q_{恒} + Q_{活} = 81.74 + 111.54 = 193.28\text{kN} \qquad \tau = \frac{QS}{I_1' b_h} = 1.45\text{MPa}$$

荷载组合Ⅲ（恒载+挂车−120）下的剪力值：

$$Q = Q_{恒} + Q_{活} = 81.74 + 139.97 = 221.71\text{kN} \qquad \tau = \frac{QS}{I_1' b_h} = 1.67\text{MPa}$$

3. 主应力验算

分别对支点、1/4 截面和 1/8 截面在使用阶段进行主应力验算。仅对截面形心轴处的主应力进行计算。

（1）支点

对于组合Ⅰ：$\sigma_{za}^{zl} = \mp 2.16\text{MPa}$ 　　　　对于组合Ⅲ：$\sigma_{za}^{zl} = \mp 2.44\text{MPa}$

（2）1/4 截面

$$N_{y0} = 1647.6\text{kN} \qquad \sigma = \frac{N_{y0}}{A_1'} = 4.39\text{MPa} \qquad \frac{\sigma}{2} = 2.20\text{MPa}$$

对于组合Ⅰ：

$$\sigma_{za}^{zl} = \frac{\sigma}{2} \mp \sqrt{\left(\frac{\sigma}{2}\right)^2 + \tau^2} = \begin{matrix} -0.13 \\ 4.53 \end{matrix}\text{MPa}$$

对于组合Ⅲ：

$$\sigma_{za}^{zl} = \frac{\sigma}{2} \mp \sqrt{\left(\frac{\sigma}{2}\right)^2 + \tau^2} = \begin{matrix} -0.18 \\ 4.58 \end{matrix}\text{MPa}$$

（3）1/8 截面（有钢筋 9 根）

$$N_{y0} = 1384.04\text{kN} \qquad \sigma = \frac{N_{y0}}{A_1'} = 3.59\text{MPa} \qquad \frac{\sigma}{2} = 1.80\text{MPa}$$

对于组合Ⅰ：

$$\sigma_{za}^{zl} = \frac{\sigma}{2} \mp \sqrt{\left(\frac{\sigma}{2}\right)^2 + \tau^2} = \begin{matrix} -0.86 \\ 3.76 \end{matrix}\text{MPa}$$

对于组合Ⅲ：

$$\sigma_{za}^{zl} = \frac{\sigma}{2} \mp \sqrt{\left(\frac{\sigma}{2}\right)^2 + \tau^2} = \begin{matrix} -0.66 \\ 4.26 \end{matrix}\text{MPa}$$

（4）主应力限值

对于组合Ⅰ：$0.8 R_1^b = 0.8 \times 3.90 = 3.12\text{MPa} > \sigma_{zl}$ 　　　$0.6 R_a^b = 0.6 \times 56.0 = 33.60 > \sigma_{za}$

对于组合Ⅲ：$0.9 R_1^b = 0.9 \times 3.90 = 3.51\text{MPa} > \sigma_{zl}$ 　　　$0.65 R_a^b = 0.65 \times 56.0 = 36.40 > \sigma_{za}$

符合规范（JTJ 023—1985）第 5.2.24 条规定，主应力验算满足要求。

2.4.8　变形验算

1. 施工阶段

（1）预加应力阶段

$M_y = N_{y0}e_{y0} = 2055.3 \times 27.9 \times 10^{-2} = 573.84 \text{kN} \cdot \text{m}$，$I'_0 = 2\,004\,912.5 \text{cm}^4$，$q = 8.775 \text{kN/m}$

$$f_y = -\frac{M_y l^2}{8 \times 0.85 E_h I'_0} = -27.7 \text{mm}, \quad f_g = \frac{5q l^4}{384 \times 0.85 \times E_h I'_0} = 9.9 \text{mm}$$

（注：E_h 采用 C60 混凝土的弹性模量。）

$$f = -27.7 + 9.9 = -17.8 \text{mm} < [f] = L/600 = 40.8 \text{mm}$$

（2）运输吊装阶段

$M_y = N_{y0}e_{y0} = 1941.91 \times 27.9 \times 10^{-2} = 542.18 \text{kN} \cdot \text{m}$，$I'_0 = 2\,004\,912.5 \text{cm}^4$，$q = 8.775 \text{kN/m}$

$$f_y = -\frac{M_y l^2}{8 \times 0.85 E_h I'_0} = -24.5 \text{mm}, \quad f_g = \frac{5q l^4}{384 \times 0.85 \times E_h I_0} = 9.9 \text{mm}$$

$$f = -24.5 + 9.9 = -14.6 \text{mm} < [f] = l/600 = 40.8 \text{mm}$$

2. 使用阶段

$M_y = N_{y0}e_{y1} = 1647.6 \times 28.9 \times 10^{-2} = 476.15 \text{kN} \cdot \text{m}$，$I'_1 = 2\,078\,599.3 \text{cm}^4$，$q = 14.063 \text{kN/m}$

$$f_y = -\frac{M_y l^2}{8 \times 0.85 E_h I'_1}[1 + \phi(t, \tau)] = -45.8 \text{mm}, \quad f_g = \frac{5q l^4}{384 \times 0.85 \times E_h I'_1}[1 + \phi(t, \tau)] = 33.7 \text{mm}$$

汽－超 20 作用下挠度：

$$M_p = 304.26 \text{kN} \cdot \text{m}, \quad f_p = \frac{5}{48} \cdot \frac{M_p l^2}{0.85 E_h I'_1} \times 10^7 = 11.1 \text{mm}$$

$$f = -45.8 + 33.7 + 11.1 = 1.0 \text{mm} < 1.2[f] = l/600 = 48.96 \text{mm}$$

挂－120 作用下挠度：

$$M_p = 431.88 \text{kN} \cdot \text{m}$$

$$f_p = \frac{5}{48} \cdot \frac{M_p l^2}{0.85 E_h I'_1} \times 10^7 = 18.8 \text{mm}$$

$$f = -45.8 + 33.7 + 18.8 = 6.7 \text{mm} < 1.2[f] = l/600 = 48.96 \text{cm}$$

图 2－25～图 2－28 给出了跨径 16m、高度 65cm 空心板构造及配筋情况。

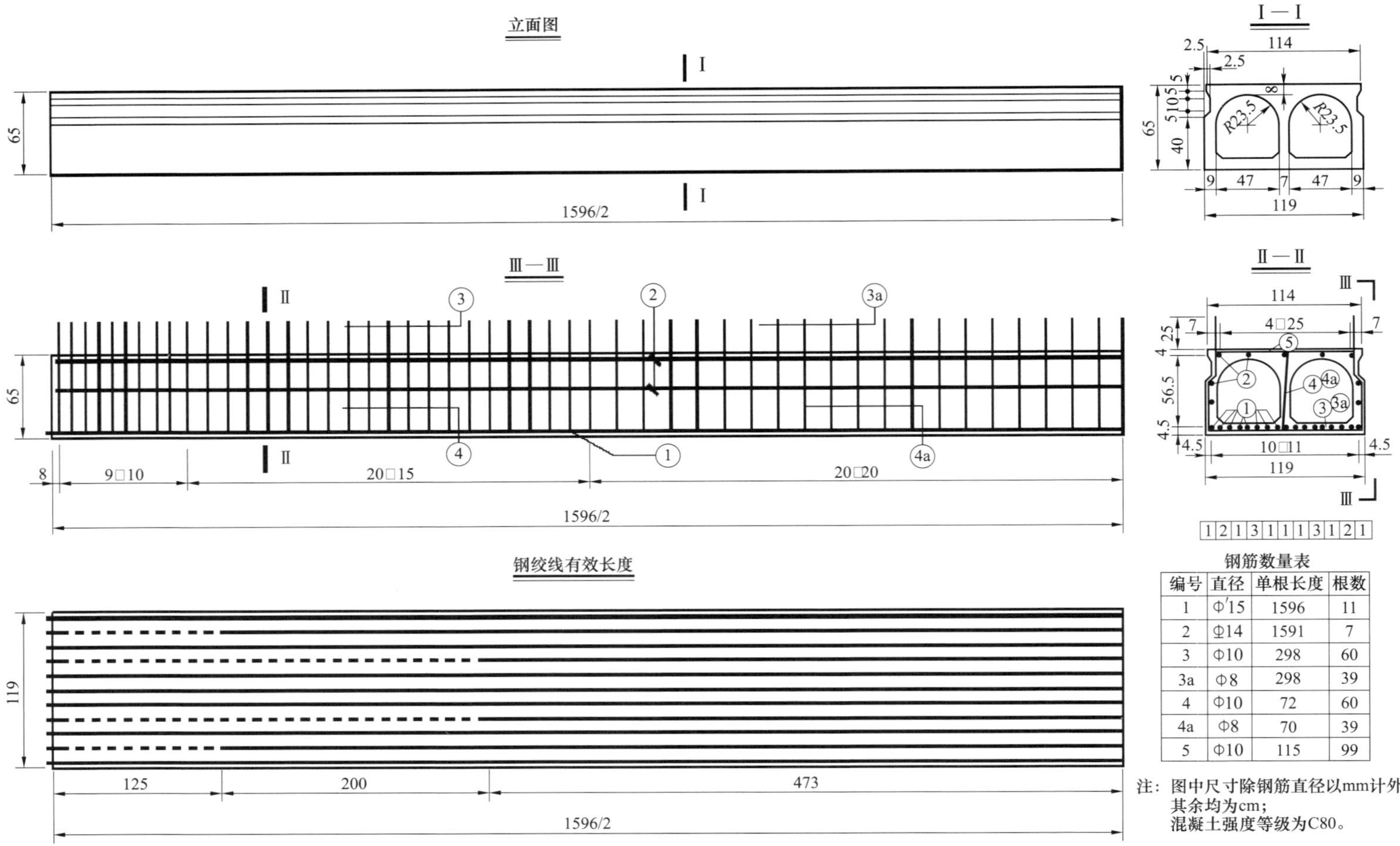

钢筋数量表

编号	直径	单根长度	根数
1	Φ15	1596	11
2	Φ14	1591	7
3	Φ10	298	60
3a	Φ8	298	39
4	Φ10	72	60
4a	Φ8	70	39
5	Φ10	115	99

注：图中尺寸除钢筋直径以mm计外，
其余均为cm；
混凝土强度等级为C80。

图 2-25 跨径16m、高度65cm空心板构造及配筋（0°）

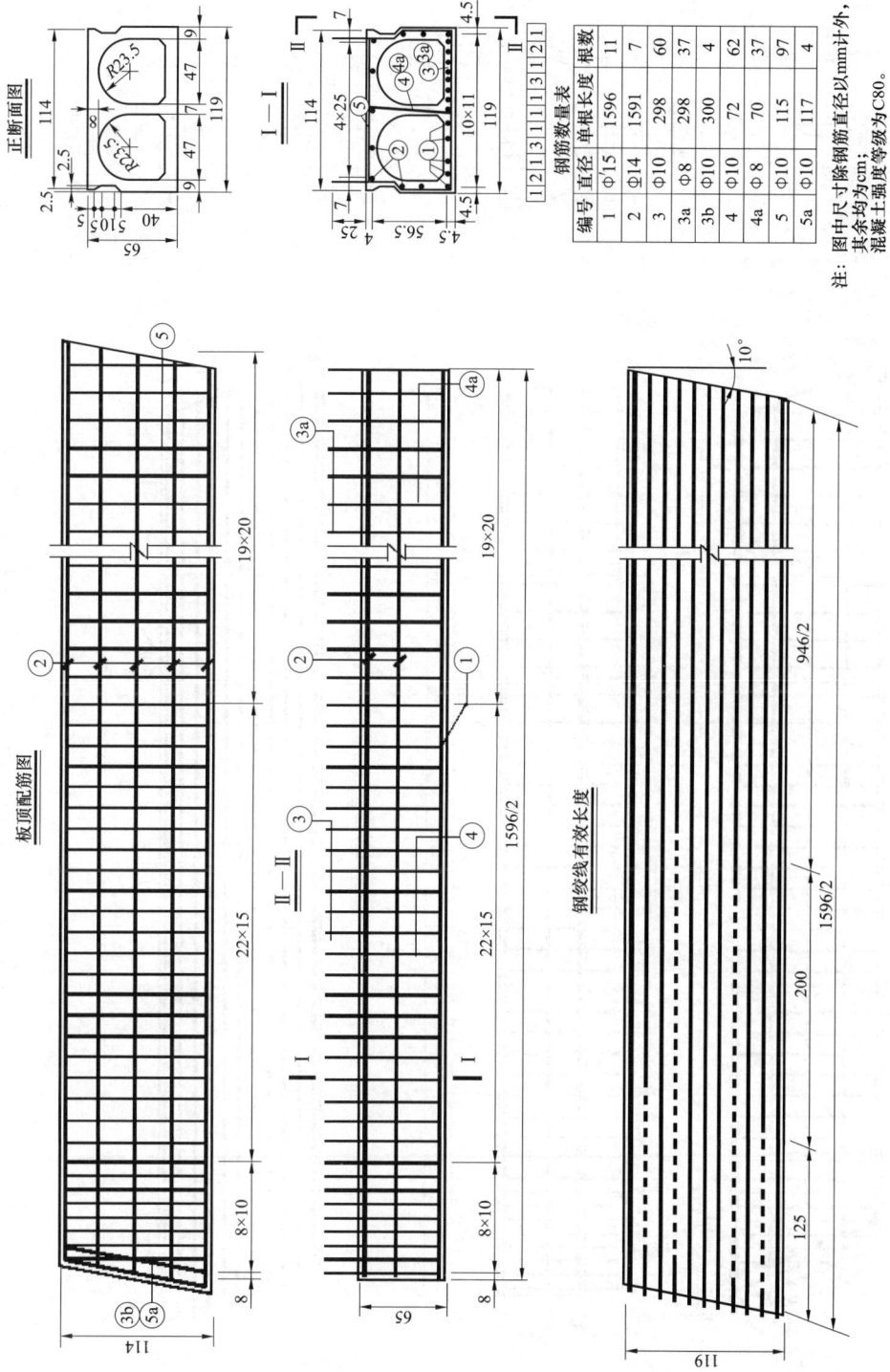

图 2-26　跨径16m、高度65cm空心板构造及配筋（10°）

钢筋数量表

编号	直径	单根长度	根数
1	Φ⁵15	1596	11
2	Φ14	1591	7
3	Φ10	298	60
3a	Φ8	298	37
3b	Φ10	300	4
4	Φ10	72	62
4a	Φ8	70	37
5	Φ10	115	97
5a	Φ10	117	4

注：图中尺寸除钢筋直径以mm计外，
其余均为cm；
混凝土强度等级为C80。

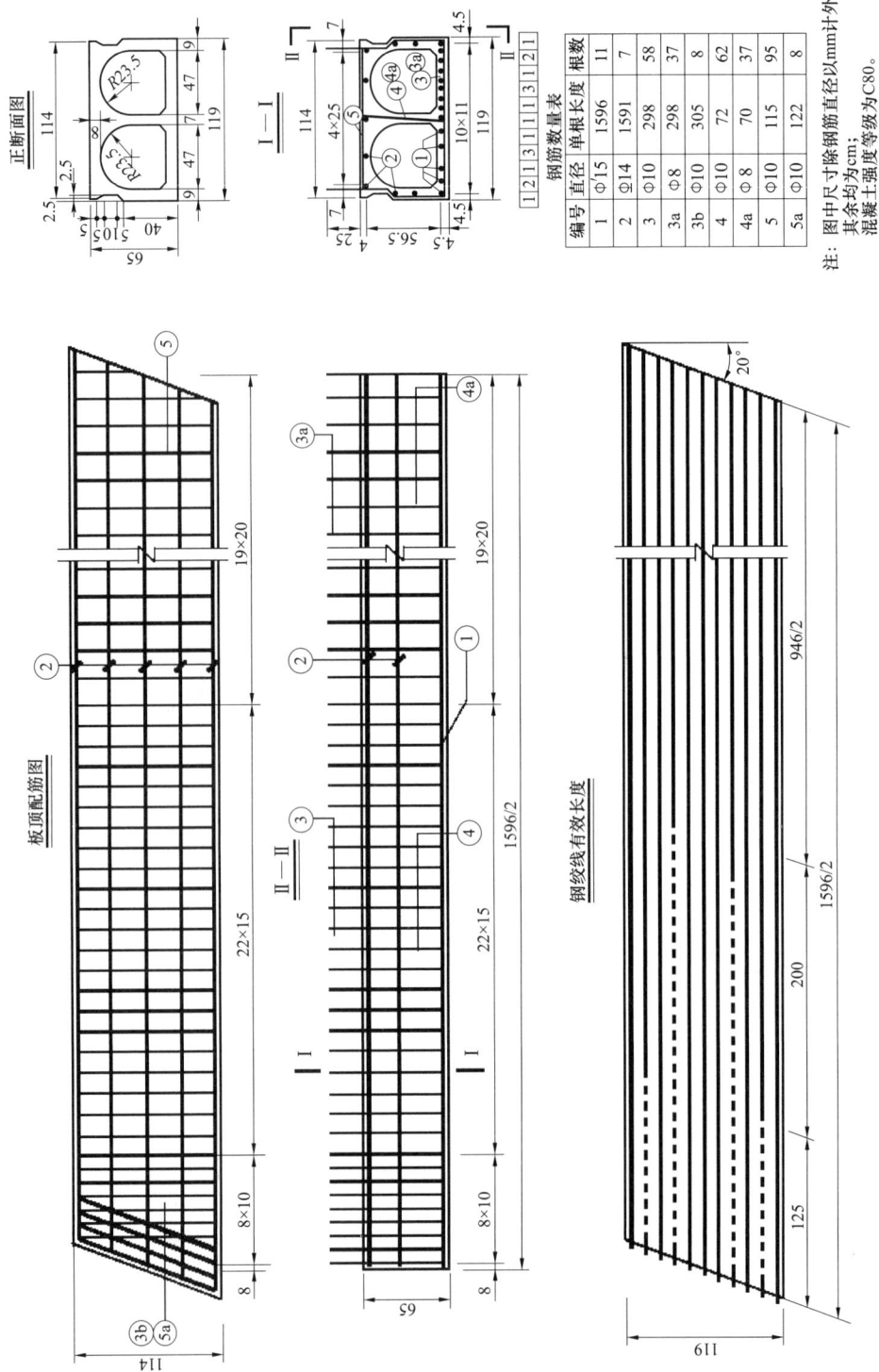

钢筋数量表

编号	直径	单根长度	根数
1	Φ15	1596	11
2	Φ14	1591	7
3	Φ10	298	58
3a	Φ8	298	37
3b	Φ10	305	8
4	Φ10	72	62
4a	Φ8	70	37
5	Φ10	115	95
5a	Φ10	122	8

注：图中尺寸除钢筋直径以mm计外，
其余均为cm；
混凝土强度等级为C80。

图 2-27 跨径16m、高度65cm空心板构造及配筋（20°）

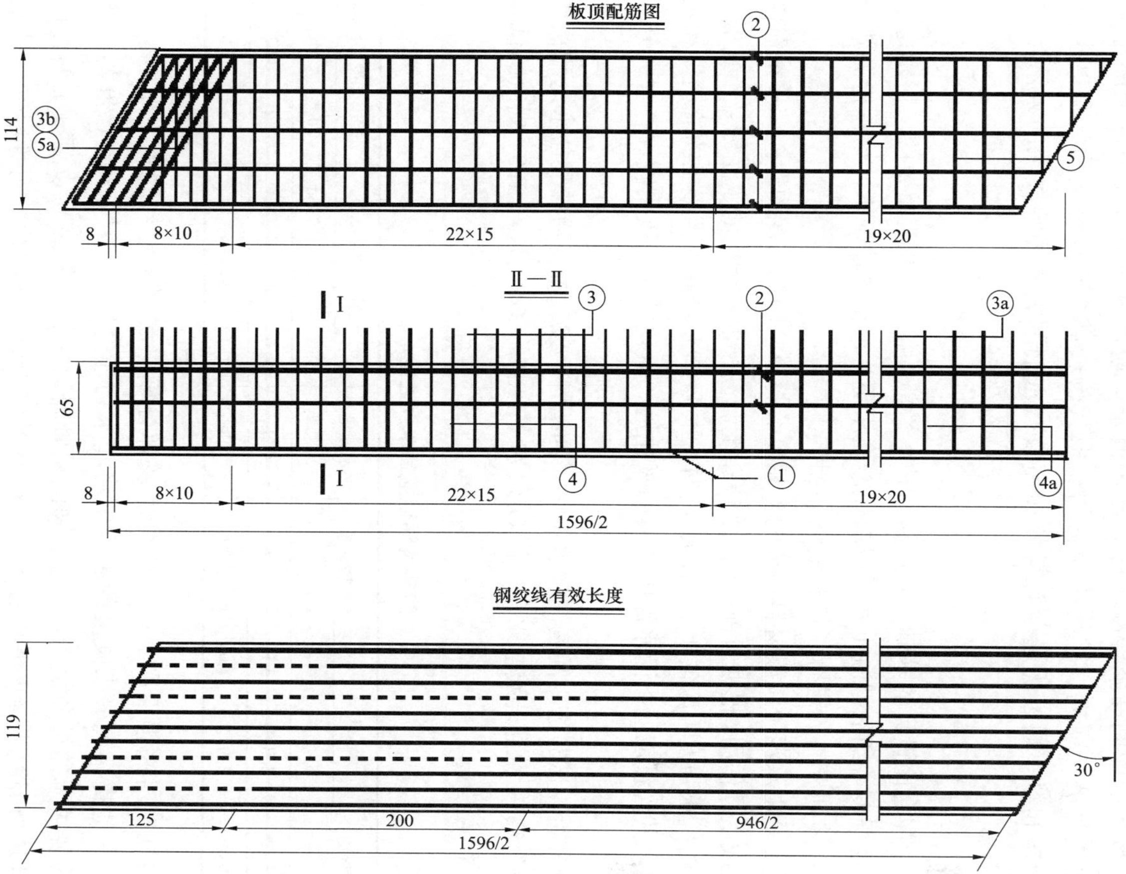

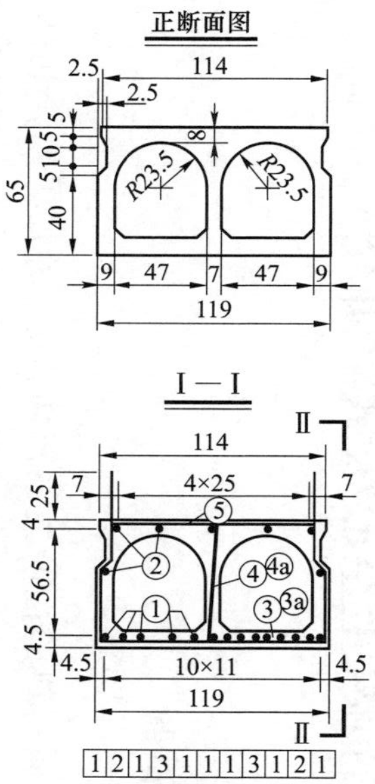

钢筋数量表

编号	直径	单根长度	根数
1	Φ15	1596	11
2	Φ14	1591	7
3	Φ10	298	56
3a	Φ8	298	37
3b	Φ10	315	12
4	Φ10	72	62
4a	Φ8	70	37
5	Φ10	115	93
5a	Φ10	131	12

注: 图中尺寸除钢筋直径以mm计外,
其余均为cm;
混凝土强度等级为C80。

正断面图

I—I

II—II

板顶配筋图

钢绞线有效长度

图 2-28　跨径16m,高度65cm空心板构造及配筋(30°)

2.5 高效预应力混凝土空心板试验研究

2.5.1 高强混凝土配制与力学性能试验

混凝土取得高强的途径较多，且与原材料的性能关系密切。采用外加矿物掺和料（如优质粉煤灰、磨细沸石粉、硅灰等），以改善混凝土的拌和性能和硬化混凝土的技术性能已成为比较普遍的配制高强混凝土的方法。但是，通过对河南省境内的混凝土原材料实际分布状况进行调查研究，矿物掺和料的获取代价较高，从经济实用的角度出发，探讨不外加矿物掺和料、通过优选砂石料外加高效减水剂配制高强混凝土的方法是非常必要的。

1. 原材料

作为混凝土配合比设计的基础，对原材料技术性能的检测是相当重要的，特别是在高强混凝土较之普通强度等级的混凝土对原材料性能要求更为严格的情况下，这种检测就显得更加必要。为此，本研究首先进行了原材料性能测试。

由于混凝土是由水泥做胶凝材料构成的多相复合材料，因此水泥的性能、质量对混凝土的各项性能构成主导作用。根据目前的研究结果，配制高强混凝土用的水泥标号不宜低于 525号，水泥 28d 的抗压强度不应低于 57MPa。同时，水泥 C_3A 对高强混凝土的流动性和水化热均有不良影响，其含量应低；而水泥中游离的氧化钙、氧化镁和三氧化硫等有害成分应尽可能地少。

通过调研分析，试验选用河南渑池水泥厂"仰绍牌"525 号普通硅酸盐水泥和焦作市水泥厂"坚固牌"525R 普通硅酸盐水泥，按 GB 177—1985 和 GB 1345—1991 规定的试验方法确定其性能见表 2—9。

表 2－9　　　　　　　　　　　525#普通硅酸盐水泥性能

水泥牌号	细度（%）	凝结时间（h）		烧失量（%）	含碱量（%）	抗折强度（N/mm²）			抗压强度（N/mm²）		
		初凝	终凝			3d	7d	28d	3d	7d	28d
仰绍（G）	3.10	2.20	3.16	0.87	0.56	6.0	8.00	9.1	31.2	36.2	57.0
坚固（S）	0.60	2.40	3.00	1.98	2.06	6.3	8.10	10.2	38.9	54.6	70.5

粗骨料的性能对高强混凝土的抗压强度及弹性模量起到决定性的制约作用。如果骨料强度不足，其他提高混凝土强度的手段都将起不到任何作用。对 C50~C60 混凝土，通常对粗骨料的要求无须过分挑剔，虽然不同的粗骨料对于较低等级高强混凝土的性能也有明显影响。但是当混凝土强度等级在 C70~C80 及以上时，仔细检验粗骨料的性能就十分重要。

用于高强混凝土的粗骨料宜选用坚硬密实的石灰岩或辉绿岩、花岗岩、正长岩、辉长岩等深成火成岩碎石，其强度应比混凝土标号高出 30%以上，且不小于 100MPa。根据河南省境内的碎石骨料生产状况，采用石灰岩质碎石（岩石强度 140～165MPa）。

粗骨料的最大粒径与混凝土构件的尺寸、钢筋间距以及浇筑方式等多种因素有关。通常情况下，对于级配良好的粗骨料来说，最大粒径越大，所有粗集料堆积后的空隙体积就越小，因而能够节约水泥浆，对于强度、变形都有利，并且拌料的工作度也比较好。但是粗骨料的颗粒太大时，颗粒本身的强度会因内部缺陷而降低，对混凝土的性能产生不利影响。因此选用的碎石由 10～20mm 粒级和 5～10mm 粒级按优化比例组合而成。

为了尽量降低碎石含泥量，采用水洗法对碎石进行了洗净加工。按 JGJ53—1992 规定的试验方法确定其物理力学性能见表 2-10。

表 2-10　　　　　　　　碎石的物理力学性能

粒径（mm）	表观干密度（kg/m³）	堆积密度（kg/m³）	吸水率（%）	压碎指标（%）
G：5～20	2750	1544	0.92	9.10
S：5～20	2770	1550	0.80	10.10

相对于粗骨料石子来说，细骨料砂对高强混凝土的影响稍小些，但也绝对不容忽略。因此，本研究通过调研选用了河南鲁山河砂和信阳河砂，该砂含泥量小，颗粒接近圆形，级配良好。按 JGJ52-1992 规定的试验方法进行筛分试验确定颗粒级配为 Ⅱ 区砂，其物理性能见表 2-11。

表 2-11　　　　　　　　砂 的 物 理 性 能

产地	细度模数	表观干密度（kg/m³）	堆积密度（kg/m³）	含泥量（%）	吸水率（%）
鲁山（G）	3.0	2643	1490	0.82	1.55
信阳（S）	3.24	2580	1454	1.13	1.60

经过试配研制出复合Ⅰ型和复合Ⅱ型奈磺酸系高效减水剂，减水率大于 18%，性能指标符合混凝土外加剂质量标准 GB 8076—1987 一等品的要求，该减水剂为粉末状，在投入搅拌前配制成溶液达到最佳减水效果。

2. 混凝土配制与性能试验

（1）混凝土拌和性能。在前期试配的基础上，本次系统试验研究考虑的变化参数有水灰比、砂率、减水剂掺量、水泥用量，共分 13 组，配合比和原材料用量见表 2-12。混凝土拌和物性能试验按 GBJ 80—1985 规定的坍落度法进行稠度试验，辅以扩散度（坍落度筒提起后混凝土坍塌后形成的有效区域半径）表征其黏聚性，试验结果列入表 2-12。

由表 2-12 可见，各组混凝土拌和物均表现出良好的黏聚性。由 G2 和 G3 组、G2 和 G4 组试验结果可以看出，当水泥用量从 530kg/m³ 减少到 500kg/m³ 或当水灰比由 0.28 降到 0.27 而其他参数不变时，混凝土拌和物的坍落度迅速减小，不适合于结构混凝土的浇筑。因此，确定本研究配制 C70 以上高强混凝土的最小水泥用量为 530kg/m³、最小水灰比为 0.28。

由 G2 和 G8 与 G9、S1 和 S3、S2 和 S4 等组的试验结果可以看出，尽管本研究砂率变化范围较小，但仍表现出混凝土拌和物的和易性随砂率增大而提高的趋势。在砂率从 0.23 到 0.27 的变化范围内，混凝土拌和物均能满足大流动性结构混凝土的浇筑要求。

由 G2、G6 和 G7 组试验结果可以看出，增加复合 I 型减水剂掺量没有对混凝土拌和物的和易性产生明显影响，从经济的角度考虑到材料单价，复合 I 型减水剂掺量以水泥用量的 1.0%～1.5%为宜。

表 2-12　　　　　　　　混凝土配合比及拌和性能、立方体抗压强度试验结果

编号	W/C	砂率 (%)	减水剂掺量 (%)	水泥用量 (kg/m³)	砂 (kg/m³)	碎石 (kg/m³)	坍落度 (mm)	扩散度 (mm)	f_{cu}（N/mm²）		
									3d	7d	28d
G1	0.28	0.23	1.5（I）	550	402	1346	180	350	57.8	60.2	77.1
G2	0.28	0.23	1.5（I）	530	408	1366	160	370	62.3	67.1	82.2
G3	0.28	0.23	1.5（I）	500	417	1395	10	300	64.5	73.6	89.0
G4	0.27	0.23	1.5（I）	530	409	1378	20	300	60.4	67.6	80.3
G5	0.29	0.23	1.5（I）	530	407	1361	150	320	56.1	62.1	74.6
G6	0.28	0.23	1.0（I）	530	408	1366	185	350	58.6	62.2	85.4
G7	0.28	0.23	2.0（I）	530	408	1366	175	360	58.1	61.1	80.3
G8	0.28	0.25	1.5（I）	530	444	1330	175	360	56.5	64.9	81.8
G9	0.28	0.27	1.5（I）	530	479	1295	190	320	55.9	66.8	80.9
S1	0.27	0.24	3.5（II）	540	431	1364	70	310	69.5	80.8	96.0
S2	0.28	0.24	3.5（II）	540	430	1360	185	350	64.4	80.0	94.3
S3	0.27	0.26	3.5（II）	540	467	1328	120	320	60.1	78.5	90.5
S4	0.28	0.26	3.5（II）	540	467	1328	200	370	58.7	72.1	89.6

（2）混凝土的力学性能。按 GBJ81—1985 规定的试验方法进行了混凝土立方体抗压强度、轴心抗压强度和静压弹性模量试验，按 SD105—1982 规定的试验方法进行了混凝土抗拉强度、静拉弹性模量和极限拉伸应变试验，试验成果列入表 2-13。

图 2-29 示出了水泥用量、水灰比、砂率、减水剂掺量对混凝土立方体抗压强度的影响规律。可以看出，当水泥品种不变时，将水泥用量由 500kg/m³ 增大至 550kg/m³ 并没有增加混凝土强度；水灰比在 0.27～0.28 范围内对混凝土强度影响不大，但继续增大水灰比则使混凝土强度降低，并使得混凝土的抗压弹性模量和极限拉伸应变有所减小，但对混凝土的抗拉弹性模量影响不明显；减水剂掺量以 1.5%为佳；砂率增大时混凝土强度降低，但在 0.25～0.27 范围内变化时对混凝土强度影响较小。

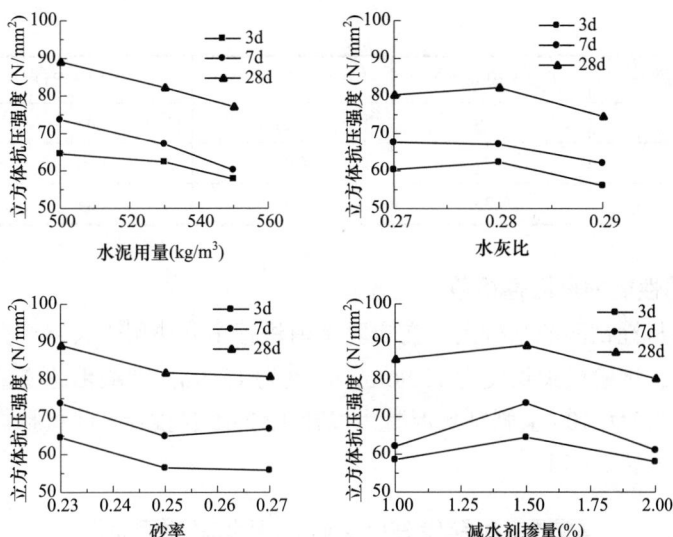

图 2-29　各因素对混凝土立方体抗压强度的影响规律

由表 2-12 还可以看到，不加入活性矿物掺和料配制高强混凝土时，水泥本身的抗压性能对混凝土的抗压强度起到了决定性的控制作用。采用渑池水泥厂的"仰韶牌"525 号水泥，水泥用量为 530kg/m³、水灰比为 0.27～0.28、减水剂掺量为 1.0%～1.5%、砂率为 23%～27%，可以配置出性能稳定的 C70 级（设计要求立方体抗压强度平均值 78.4MPa）高强混凝土。采用焦作水泥厂的"坚固牌"525R 水泥，水泥用量为 540kg/m³，水灰比为 0.27～0.28、减水剂掺量为 3.5%、砂率为 24%～26%，可以配置出性能稳定的 C80 级（设计要求立方体抗压强度平均值 89.6MPa）高强混凝土。混凝土 3d 强度达到了 C70、C80 混凝土设计强度的 70% 以上，从而可以用于高效预应力高强混凝土结构构件的预制，能够满足混凝土浇筑 3d 后放张预应力筋的设计要求。

根据试验结果统计，本试验高强混凝土轴心抗压强度（f_c）与立方体抗压强度（f_{cu}）的比值为 0.70，较普通强度等级混凝土的相应比值 0.76 为小。混凝土轴心抗拉强度（f_t）与轴心抗压强度（f_c）的比值为 1/13，较普通强度等级混凝土的相应比值 1/8～1/12 为小。轴心抗压强度、轴心抗拉强度、弹性模量等均能满足 CECS104：1999《高强混凝土结构设计与施工规程》规定的相应标准值。同时，混凝土抗压弹性模量均大于抗拉弹性模量，但差值较小。

表 2-13　　　　　　　　　　混凝土的力学性能试验结果

编号	f_c（MPa）	E_c（$\times 10^4$MPa）	f_t（MPa）	E_{ct}（$\times 10^4$MPa）	ε_{ct}（$\times 10^{-6}$）
G1	55.7	4.27	4.22	4.10	136
G2	60.0	4.32	4.71	3.98	127
G3	59.0	4.63	4.87	4.02	150
G4	57.0	4.52	4.31	4.05	130
G5	51.9	3.91	3.82	3.94	113
G6	65.5	4.33	4.51	4.00	134

编号	f_c（MPa）	E_c（×10⁴MPa）	f_t（MPa）	E_{ct}（×10⁴MPa）	ε_{ct}（×10⁻⁶）
G7	53.6	4.19	4.24	4.05	121
G8	52.5	4.24	4.06	3.90	129
G9	54.1	4.35	4.43	4.04	127

3. 混凝土力学性能的离散性检验

在上述混凝土材性试验的基础上，在实验室内进行了一块用于公路桥梁工程的预应力混凝土空心板梁试验。试验板梁长度为15.96m，跨度为15.5m，混凝土总方量5.6m³。采用 G5 组混凝土配合比，用 HJL100 型强制式混凝土搅拌机分 46 盘搅拌，随机抽样 8 次检测混凝土质量，检测结果列入表 2 – 14。

表 2 – 14　　　　　　　　高强预应力混凝土空心板梁的混凝土抽样检测结果

编号	f_{cu}（MPa）	f_c（MPa）	E_c（×10⁴MPa）	f_t（MPa）	E_{ct}（×10⁴MPa）
1	74.3	51.3	4.05	3.70	4.04
2	73.3	53.2	4.10	3.80	4.25
3	76.0	56.5	4.40	4.00	4.00
4	79.8	58.0	4.25	4.40	4.23
5	75.3	55.1	4.09	4.00	4.18
6	76.2	55.1	4.17	3.60	3.67
7	71.3	54.2	4.26	3.40	3.82
8	70.5	46.6	4.00	3.30	3.97
平均值	74.6	53.8	4.16	3.78	4.02
离散系数	0.037	0.049	0.038	0.089	0.047

由表可见，本研究提出的高强混凝土配制技术配制的高强混凝土力学性能是稳定可靠的，可以在实际工程中推广应用。

2.5.2　跨径 16m 空心板试验研究

1. 试验概况

课题组对设计的跨度 16m 预应力混凝土空心板进行了实验室内加载试验研究，板长度15.96m，试验跨度15.5m，宽度1.19m，高度0.65m，横断面形状和尺寸如图 2 – 30 所示，纵向配置 11 根 7ϕ5 低松弛 270 级高强钢绞线，单根公称面积 A_p = 140mm²，实测其 1%伸长荷载和破断拉力分别为247.1kN 和272.1kN，伸长率 δ = 5.5%，由江阴法尔胜钢铁制品有限公司生产。张拉控制应力按 0.75f_{ptk} 取值，张拉控制力 P_{con} = 195kN，采用 XM15 夹片式锚具。纵向和横向的普通钢筋均采用 I 级热轧钢筋，直径为ϕ16、ϕ12、ϕ10 和 ϕ8 四种。根据《混凝土结构试验标准》（GB 50152—1992）"对研究性试验的结构构件，其混凝土立方体抗压强度值与设计要求值的允许偏值宜为 10%"的规定，混凝土采用 525 号普通硅酸盐水泥、粗砂、碎石（最大粒径 20mm）和复合型高效减水剂配置，实测其 28d 立方体抗压强度 $f_{cu}=74.6\text{N/mm}^2$，轴心抗压强度 $f_c=53.8\text{N/mm}^2$，抗压弹性模量 $E_c=4.16\times10^4\text{N/mm}^2$，轴心抗拉强度 $f_t=3.78\text{N/mm}^2$，抗拉弹性模量 $E_{ct}=4.02\times10^4\text{N/mm}^2$，极限拉伸应变值 $\varepsilon_{ct}=113\mu\varepsilon$。

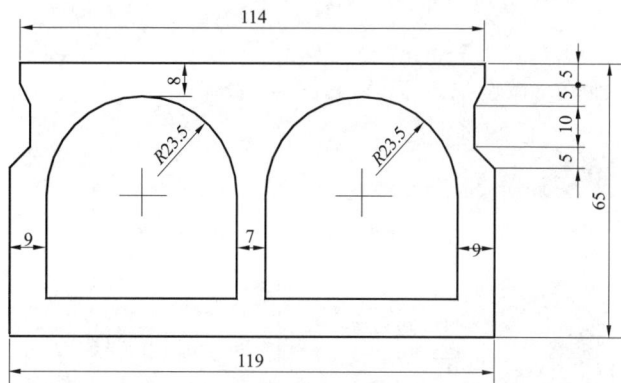

图 2-30　试验板横截面及加载示意

试验板在华北水利水电学院结构实验大厅内的 22m 先张法预应力张拉台座上制作，基本步骤如下：

（1）铺设板底钢模板。

（2）钢绞线就位、张拉，张拉控制应力按 $0.75f_{ptk}$ 取值，张拉控制力 $P_{con}=195\text{kN}$，采用 XM15 夹片式锚具锚固。张拉设备为 230kN 穿心式张拉千斤顶和高压油泵，压力表精度为 0.1MPa，事先通过率定确定张拉控制油压。

（3）绑扎底部纵向非预应力钢筋和底面、侧面及中隔肋内的箍筋。

（4）侧模就位固定，芯模就位固定。

（5）绑扎顶部纵向非预应力钢筋和横向钢筋。

（6）对钢筋位置和模板位置进行检查，纠正偏差。

（7）浇筑混凝土。

（8）混凝土覆盖麻袋浇水养护 14d，然后自然养护到 28d。截断预应力钢绞线，将试验板架设在简支支座上。

试验主要测定空心板跨中截面、1/4 跨截面、1/8 跨截面应力状态，因此在各截面的板底 4 根钢绞线和 $2\phi12$ 钢筋、板顶 $1\phi16$ 和 $2\phi12$ 钢筋上埋设了钢筋应变片，在各截面的板顶表面、底表面、侧表面沿纵向分别布置混凝土应变片（图 2-31、图 2-32）。同时，从距支座内边缘 300mm 处开始与沿 45°角方向斜截面相交的各箍筋上分别布置 1~2 片钢筋应变片，在板侧表面、内隔板侧表面分别布置混凝土应变花以检测空心板斜截面受力状况。另外布置有检测钢绞线预应力有效传递长度、板横向受力状况的混凝土应变片。为比较全面地检测空心板的挠度变化，架设了 17 支电阻位移计，架设位置：两支座分别为 2 支，跨中、1/4 跨截面分别为 3 支，1/8 跨、3/4 跨截面分别为 1 支。所有数据由英国 Solatron 高精度全自动数据采集系统采集处理（实景见图 2-33）。

图 2-31　试验板的钢筋绑扎和应变片布置

图 2-32　试验板箍筋和应变片布置

图 2-33　数据采集系统接线实景

为获得预应力钢绞线从开始张拉到放张阶段的有效预应力实测数据，在埋设应变片的 4 根钢绞线锚固端设置穿心式压力传感器（实景见图 2-34）。按从中间向两边对称张拉预应力钢绞线，不设传感器的钢绞线分 2 级张拉到位，设传感器的钢绞线分 8 级张拉到位并测试每级的张拉伸长值，传感器数据由 YJ-25 电阻应变仪测读。钢绞线放张后，试验板梁的反拱度采用水准仪测试，在两端支座、1/4 跨中和跨中截面共设置 10 个观测点。实景如图 2-35 所示。

图 2-34　钢绞线锚固端的穿心式压力传感器设置

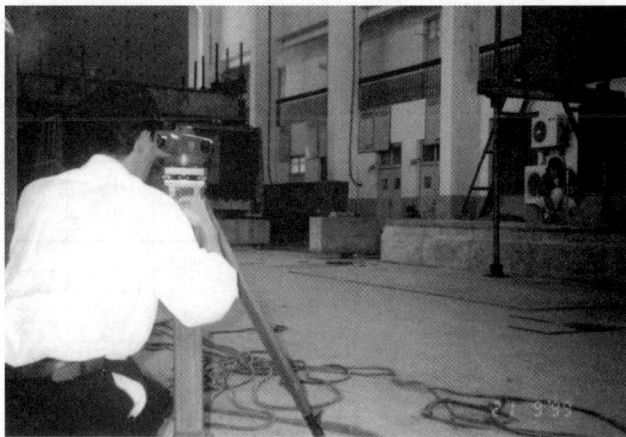

图 2-35　试验板反拱测试

根据设计计算和有限元分析结果，拟定如图 2-36 所示沿板纵向 4 点、横向 2 点的加载方案。在实验室内 2m 宽的槽道上固定反力架架设长度为 9.6m 的反力钢梁，其下依次设荷载传感器、千斤顶、钢分配梁，钢分配梁简支于试验板顶面沿横向布置的 2 个加载钢垫板（其平面尺寸相当于车轮的着地尺寸）上，实景如图 2-37 所示。

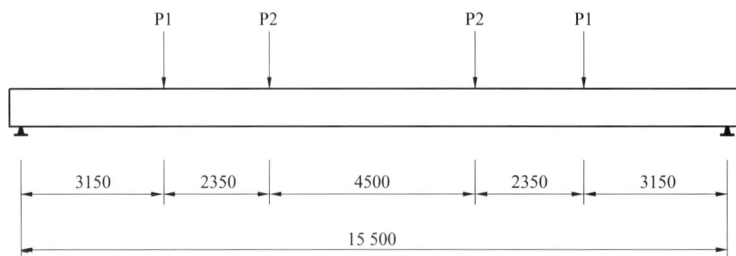

图 2-36 试验板加载点位置

图 2-37 试验加载全景

荷载的施加以板跨中截面、1/4 跨截面、1/8 跨截面和支座截面的设计计算控制弯矩和剪力为参照，待完成检验各截面能承受的控制弯矩和剪力后，以跨中弯矩等增量施加荷载直到试验板达到极限承载力（表 2-15）。

表 2-15   试验板的各级加载值

加载顺序	P_1（kN）	P_2（kN）	备注	加载顺序	P_1（kN）	P_2（kN）	备注
1	10	10		11	190	65	斜截面正常使用验算荷载
2	30	20		12	210	65	正截面承载力设计荷载
3	60	20		13	230	75	
4	90	30	汽车-超20跨中弯矩控制荷载	14	230	90	
5	105	30	1/8 跨正截面承载力设计荷载	15	230	100	
6	120	40	挂车-120跨中弯矩控制荷载	16	230	110	
7	130	50		17	230	120	斜截面承载力设计荷载
8	140	50	正截面正常使用验算荷载	18	240	130	
9	150	65	1/4 跨正截面承载力设计荷载	19	240	140	
10	170	65		20	240	140	

2. 钢绞线受力性能测试成果分析

（1）钢绞线受力性能理论分析。对以高强钢绞线为预应力筋束的高效预应力混凝土结构受力性能的试验研究中，如何准确地测定钢绞线的受力状态是关键技术之一。但是，钢绞线作为多根钢丝的综合受力体，不同于一般的单根钢筋受力。钢绞线的这种特殊性，使得在其应力、应变测量方面，还没有形成成熟的技术。为此，进行高强钢绞线应力应变测试技术的研究是十分必要的。

如图 2-38 所示的一段 $7\phi5$ 钢绞线，长为 L，曲线钢丝绕直线钢丝旋转，平均转角为 $2n\pi$ 弧度/m。则中心 1 号钢丝的长度为 L，曲线 2 号～7 号钢丝的长度为 $(1+2n\pi R)L$。

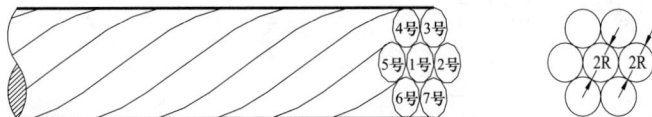

图 2-38　钢绞线形式

若钢绞线承受拉力 N，假设整体变形长度为 ΔL，则由其变形的协调性可得：1 号钢丝的变形长度为 ΔL，2 号～7 号钢丝的变形长度为 $(1+2n\pi R)\Delta L$。从而 1 号钢丝的伸长率为 $\dfrac{\Delta L}{L}$，2 号～7 号钢丝的伸长率为 $\dfrac{(1+2n\pi R)\Delta L}{(1+2n\pi R)L}$，即 $\dfrac{\Delta L}{L}$。

当 $L \to 0$ 时，在该截面上，1 号钢丝的应变为 $\varepsilon_0 = \dfrac{\Delta L}{L}$，2 号～7 号钢丝的应变为 $\dfrac{(1+2n\pi R)\Delta L}{(1+2n\pi R)L}$，即 $\varepsilon_1 = \dfrac{\Delta L}{L}$；由此推出 $\varepsilon_0 = \varepsilon_1$。

因此，钢绞线的每根钢丝沿各自轴向的应变都相等，亦即钢绞线的每根钢丝受力均相等。当测量钢绞线某一点的应变时，将电阻应变片沿外部钢丝轴线方向粘贴，即可得到该点的应变值，如图 2-39 所示。

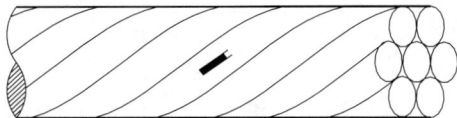

图 2-39　电阻应变片沿外部钢丝轴线方向粘贴方式

（2）钢绞线受力状态的测试。在实际情况下，由于钢绞线受力时各根钢丝的相互影响，尽管对于其每根钢丝的受力在宏观上表现为均等性，但针对每根钢丝而言，中心 1 号钢丝与周围 2 号～7 号钢丝的应力分布规律并不完全相同。为了定量地论证该方面的差异大小，前述的 4 根钢绞线分 6 个截面各粘贴 1 片电阻应变片，各应变片按图 2-39 的方式依次粘贴在 2 号～7 号钢丝外部的轴线方向。

图 2-40 绘出了其中 2 根钢绞线的拉力 N 与电阻应变片实测应变 ε 的关系曲线。可见各应变片测试的应变值与钢绞线承受的拉力之间存在着良好的线性关系。分析试验数据可知，

每根钢绞线上的 6 片电阻应变片测得的同级拉力作用下的钢绞线应变值的相对误差在 10%以内，表明了每根钢绞线的外围 6 根钢丝的受力基本上是均等的。因此，在混凝土结构中的钢绞线，只要在每个测试截面外围的 3 根钢丝上间隔粘贴 3 片电阻应变片便足以保证测试精度。

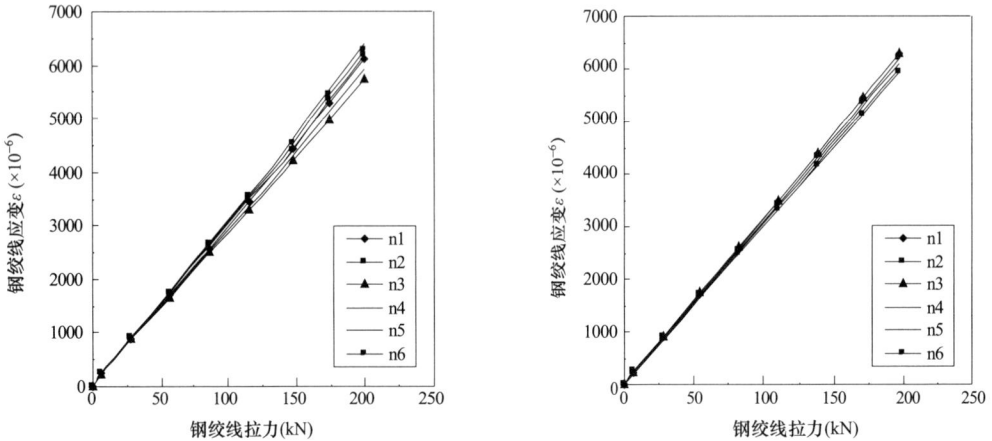

图 2−40　钢绞线的拉力 N 与实测应变 ε 的关系曲线

试验同时发现（图 2−41），用钢绞线公称截面面积 A_P 按承受轴心拉力 P 计算的拉应力 $\sigma_P = P / A_P$，大于按试验测试应变 ε 与弹性模量 E_P 换算的拉应力 $\sigma_P^0 = \varepsilon E_P$。4 根钢绞线的 σ_P / σ_P^0 值分别为 0.84、0.79、0.82 和 0.80，表现出良好的相关性。因此，建议在进行钢绞线应变测试时，可采用穿心式传感器在万能试验机上对电阻应变片进行率定，以确定钢绞线的 σ_P / σ_P^0 值。当无此试验率定资料时，对于 $7\phi5$ 高均匀延伸率低松弛 270 级钢绞线，可取 $\sigma_P / \sigma_P^0 = 0.80$。

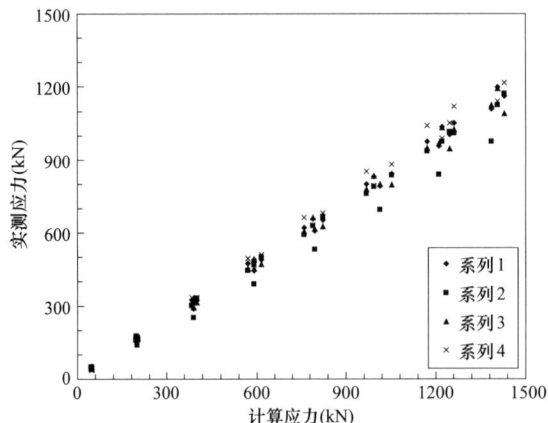

图 2−41　钢绞线计算应力与实测应力的比较

（3）电阻应变片的粘贴与保护

1）为了保证钢绞线表面极少受到损伤，应采用细砂纸打磨贴片部位。由于组成钢绞线的钢丝直径仅为 5mm，在其上粘贴电阻应变片的难度很大，应尽量选用小标距（如 1mm×1mm）

的应变片，同时宜选用环氧树脂胶作为黏结剂以便于绝缘，并应用细线绑扎定位。

2）待粘贴应变片的环氧树脂固化后，应在应变片上面再涂抹环氧树脂保护层并辅以棉纱布增加保护层的抗变形能力，最后形成的应变片保护层应尽量平滑以免受力时产生应力集中。

3）钢绞线长度较大时柔性好，容易使应变片因弯曲变形较大而受到破坏；或当钢绞线用于后张有粘结预应力混凝土结构时，会因钢绞线和孔道之间的摩擦使应变片破坏。为此一般可选取一直径比钢绞线直径稍大的硬管（塑料管、钢管），将其套于应变片环氧树脂保护层外面。

4）对于后张有黏结和无粘结预应力混凝土结构中的钢绞线应力状态测试，硬管长度应大于钢绞线上该点的滑移长度，并要注意应变片的滑移方向。宜将一段导线盘入管内，从而当钢绞线受力时，导线不致被拉断。为防止硬管内灌入水泥浆，硬管两端需采用柔性材料封堵。

3. 试验板施工阶段的测试成果分析

（1）钢绞线的有效预应力。本研究进行了从张拉锚固到放张阶段的钢绞线预应力全过程测试，结果表明，用锚固端传感器和钢绞线上的电阻应变片测得的钢绞线应力是基本一致的。图 2-42 绘出了监测的 4 根钢绞线拉力随时间的变化情况，可见随着锚固后时间的增长，钢绞线因应力松弛的原因导致拉力减小，至放张前，4 根钢绞线的拉力分别为 190.1kN、192.1kN、180.8kN 和 194.62kN，平均值为 189.4kN。

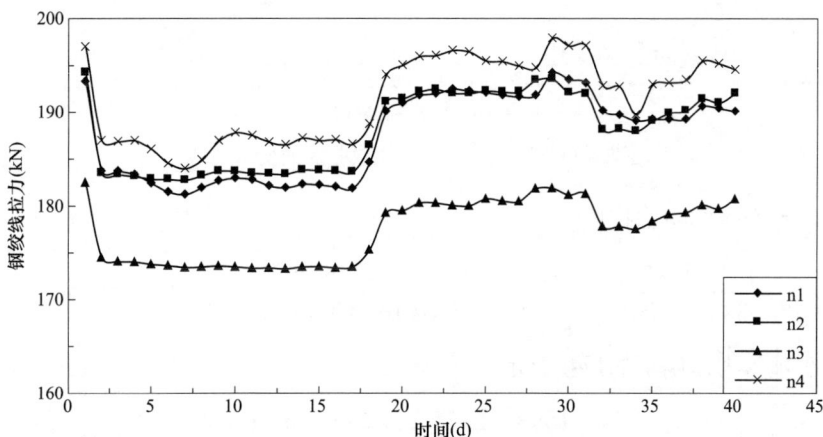

图 2-42　钢绞线拉力随时间的变化情况

按《公路钢筋混凝土及预液压力混凝土桥涵设计规范》（JTJ 023—1985）中公式计算：由锚具变形和钢绞线内缩产生的应力损失为 52.8MPa；由钢绞线应力松弛产生的应力损失（按总值的 70%考虑）为 43.0MPa。该两项损失导致钢绞线拉力降低 13.4kN，因此有效预拉力计算值为 181.9kN。由此可见，本研究钢绞线拉力实测值与理论计算值基本相符。

（2）正截面预应力状态。钢绞线放张后板的预应力状态列入表 2-16，按实测混凝土受压弹性模量将混凝土应变换算为应力值：$\sigma_c = \varepsilon_c E_c$，按钢筋与混凝土的弹模比将非预应力钢筋的应变换算为混凝土的应力值：$\sigma_c = \varepsilon_s E_s \alpha_{Es}$，按钢绞线与混凝土的弹模比将钢绞线的应变换算为混凝土的应力值：$\sigma_c = \varepsilon_P E_P \alpha_{EP}$，表中数值为同一截面上混凝土、非预应力钢筋和钢绞线的各应变片测试平均值。通过比较各计算值与实测值可以看出，试验板在钢绞线放张后的实际受力性能与设计计算结果具有较好的符合性。

表 2-16 钢绞线放张后板的预应力状态

分项	钢绞线有效张拉力（kN）	1/4跨中截面应力（N/mm²）		跨中截面应力（N/mm²）	
		板顶	板底	板顶	板底
设计值	181.9	0.51	-11.4	-0.82	-10.6
实测值	189.4	-0.29（-0.21）	-12.9（-12.4）	-2.2（-1.63）	-10.4（-9.7）

注：（）内数字为相应板顶和板底钢筋应变测试结果按弹性力学方法得到的混凝土应力换算值，应力值以压为负，拉为正。下表同。

（3）试验板的反拱。试验板在预应力钢绞线放张后的变形曲线如图 2-43 所示，跨中反拱实测值为 11.9mm。

反拱计算值的计算过程和结果如下：

试验板正截面几何特征：截面积 $A_0 = 0.356\,94\text{m}^2$，惯性矩 $I_0 = 0.020\,05\text{m}^4$，形心轴到底表面的距离 $y_0 = 0.329\,2\text{m}$，钢绞线截面重心到板截面形心轴的距离 $e_{y0} = 0.279\,2\text{m}$。

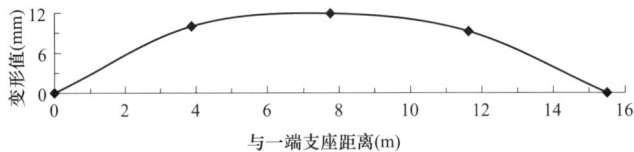

图 2-43 试验板在钢绞线放张后的变形曲线

试验板自重产生的跨中挠度

$$f_g = \frac{5qL^4}{384 \times 0.85E_cI_0} = \frac{5 \times 0.356\,9 \times 25 \times 15.5^4}{384 \times 0.85 \times 4.16 \times 10^7 \times 0.020\,05} = 0.009\,45\text{m}$$

试验板在预压力作用下的反拱挠度

$$f_y = \frac{ML^2}{8 \times 0.85E_cI_0} = \frac{189.4 \times 11 \times 0.279\,2 \times (15.5-1.5)^2}{8 \times 0.85 \times 4.16 \times 10^7 \times 0.020\,05} = 0.020\,1\text{m}$$

因此试验板的反拱度为 $f = f_y - f_g = 0.020\,1 - 0.009\,45 = 0.010\,65\text{m} = 10.7\text{mm}$。

由此可见，反拱度实测值与计算值符合良好。

（4）预应力传递长度。通过布置在试验板与钢绞线截面重心水平位置的侧表面纵向混凝土应变片得到了板端部混凝土沿板纵向的应力变化，如图 2-44 所示。可见钢绞线的应力传递长度在 1.5m 左右，与现行规范的规定值 $1.25 \times 70d = 1.33\text{m}$ 基本一致。

4. 试验板承载性能测试成果分析

（1）正常使用荷载作用下的受力性能。加载至第 8 级时试验板跨中弯矩为 744.7kN·m，达到正常使用极限状态的弯矩理论计算值，该级荷载作用下试验板正截面受力性能的测试与设计结果比较列入表 2-17。

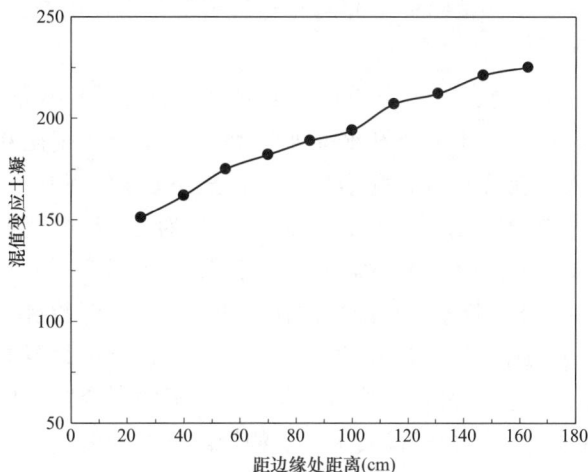

图 2-44　板端钢绞线重心水平位置纵向混凝土应变变化

表 2-17　　　　　　　　　　试验板在正常使用荷载作用下的受力性能

项目	板顶混凝土压应力（MPa）	板底混凝土拉应力（MPa）	跨中挠度（mm）
设计值	−10.2	2.75	13.8
实测值	−13.9（−12.2）	2.95（2.90）	8.5

由此可见，试验板的正常使用性能完全满足设计要求。

（2）正截面抗裂荷载。结合裂缝观测（图 2-45 为试验人员在查找板侧面是否出现裂缝）、跨中截面受压混凝土和受拉混凝土的跨中弯矩～应变关系曲线以及跨中弯矩～挠度关系曲线，可以判定在加载至第 10 级时，试验板跨中区段出现裂缝，相应的跨中弯矩为 893.0kN·m，跨中截面板底混凝土应变片标距范围内恰好有一条裂缝穿过，5 片混凝土应变片的应变值为 $174\mu\varepsilon \sim 240\mu\varepsilon$，均大于混凝土的轴心抗拉极限应变值。表明在受弯状

图 2-45　试验中查找板侧面裂缝

态下，截面受拉区高度方向上存在的应变梯度提高了混凝土的抗拉变形能力，使混凝土的抗裂性能增强。不计自重时，试验板正截面开裂弯矩与正常使用荷载作用产生的弯矩之比为 893.0/744.7 = 1.20。

（3）裂缝分布形态和裂缝宽度。当加载到 11 级荷载时，用 20 倍读数显微镜观测到在板跨中纯弯段的两侧分别出现了 6 条和 8 条垂直裂缝，裂缝宽度在 0.04～0.07mm。至 13 级荷载时，试验板两侧的裂缝数目分别增加到 18 条，裂缝分布基本均匀对称，裂缝间距平均值为 294mm，最大裂缝宽度为 0.28mm。此时卸载为零，裂缝能够闭合至宽度 0.05mm 以内，试验结束后卸载为零，最大裂缝宽度仍可由 3.5mm 闭合至 0.15mm，表明试验板具有良好的变形回复和裂缝闭合性能。在随后的荷载作用下，裂缝数目不再增加，但裂缝宽度增大。14 级荷载以后，裂缝沿高度方向的发展十分缓慢，仅当加载至 18 级接近极限承载时，跨中的几条裂缝才突然上升并分叉。从整体上看，试验板的裂缝发展与有黏结部分预应力混凝土梁的适筋破坏形态非常一致。试验板上裂缝的均匀分布为板底预应力钢绞线在跨中区段内多截面的均匀受力提供了条件，从而有利于钢绞线在多个截面产生塑性变形，增加了试验板的变形能力。

试验板侧面的裂缝分布和各级荷载作用下裂缝宽度如图 2-46 所示。

（4）跨中挠度和挠度曲线。图 2-47 为试验板在各级荷载作用下的变形曲线，图 2-48 为试验板的跨中弯矩与挠度关系曲线，两图中的变形值未扣除预应力作用的反拱值，同时由于布置在同一截面上的位移计测得的板底变形差别很小而取平均值。由图 2-47 可见，试验板的变形随荷载的增加表现出明显的三个阶段：第一阶段为弹性阶段，试验板的变形随荷载的增加而线性增大，板的抗弯刚度不变；第二阶段为弹塑性阶段，试验板的变形随荷载的增加呈非线性增大，板的抗弯刚度因裂缝的产生和发展而逐渐降低，第一阶段和第二阶段之间有明显的转折点，是为板正截面的开裂点；第三阶段为塑性阶段，试验板承受的荷载基本不变而变形增加，表现出良好的持荷变形能力，第二阶段和第三阶段之间也有明显的转折点，是为板正截面的极限承载点。

本次试验在板的跨中挠度达到 413mm 时，因加载千斤顶再次达到最大行程而停止。此时试验板仍能承受最大荷载，没有发生受压区混凝土压碎和受拉钢筋或预应力钢绞线被拉断的现象，卸载回零后，试验板的残余挠度为 110mm。

图 2-49 为试验板承受第 14 级荷载时的变形情况，图 2-50 为试验板承受最后一级荷载时的变形情况。

（5）钢筋与混凝土受力性能。图 2-51 为跨中截面弯矩与实测的受压钢筋应变和板顶混凝土压应变的关系曲线。可以看出，当正截面混凝土开裂时，板顶混凝土和配置在受压区的钢筋应变均明显地增加了，在图上表现出明显的应变增长转折点。随着荷载的增加，受压钢筋达到了受压屈服状态，并起到了调节受压区混凝土应力状态的作用，使受压区混凝土的受压变形能力得到了较好的发挥，从而构成了试验板具有优良延性的重要基础。

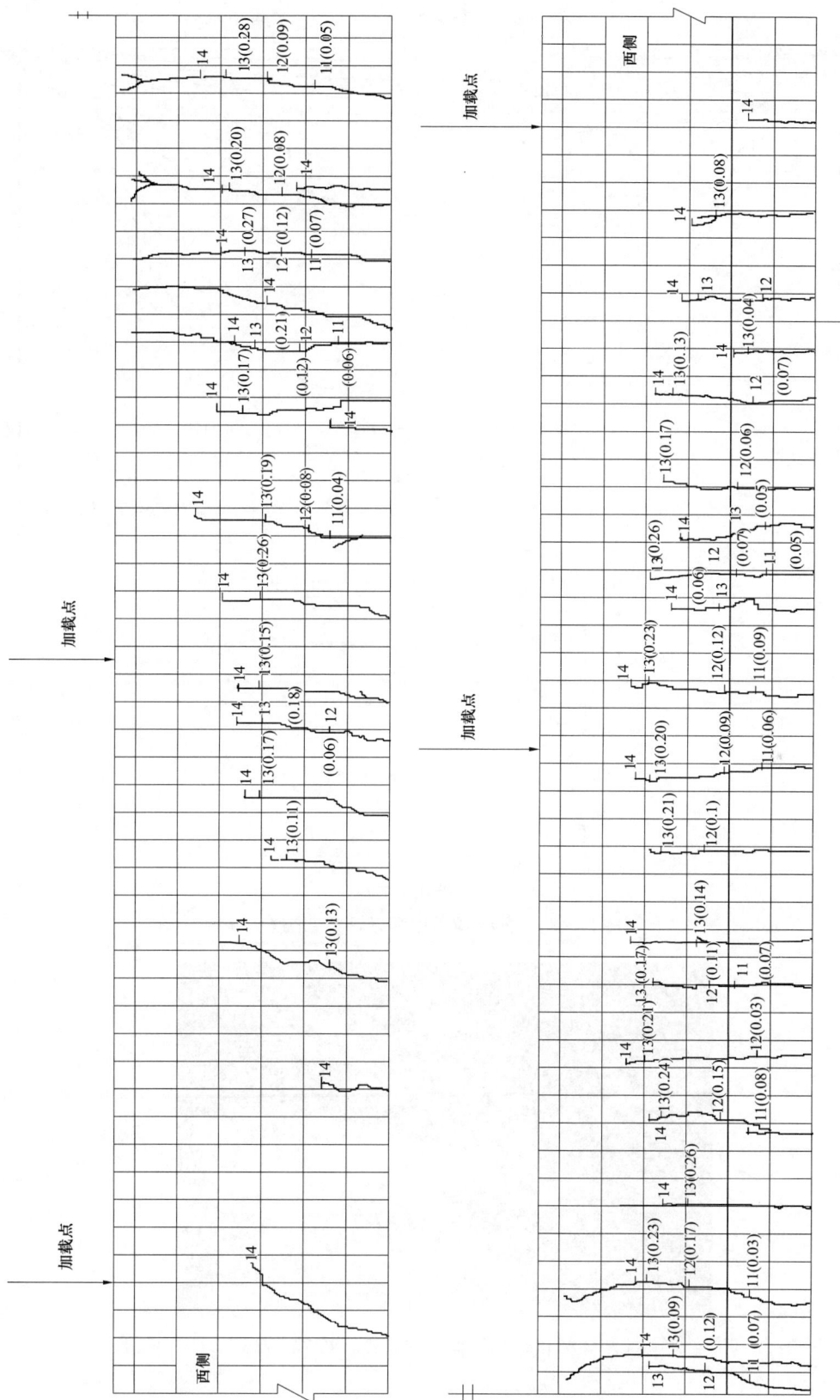

图 2-46　试验板侧面的裂缝分布和各级荷载作用下裂缝宽度

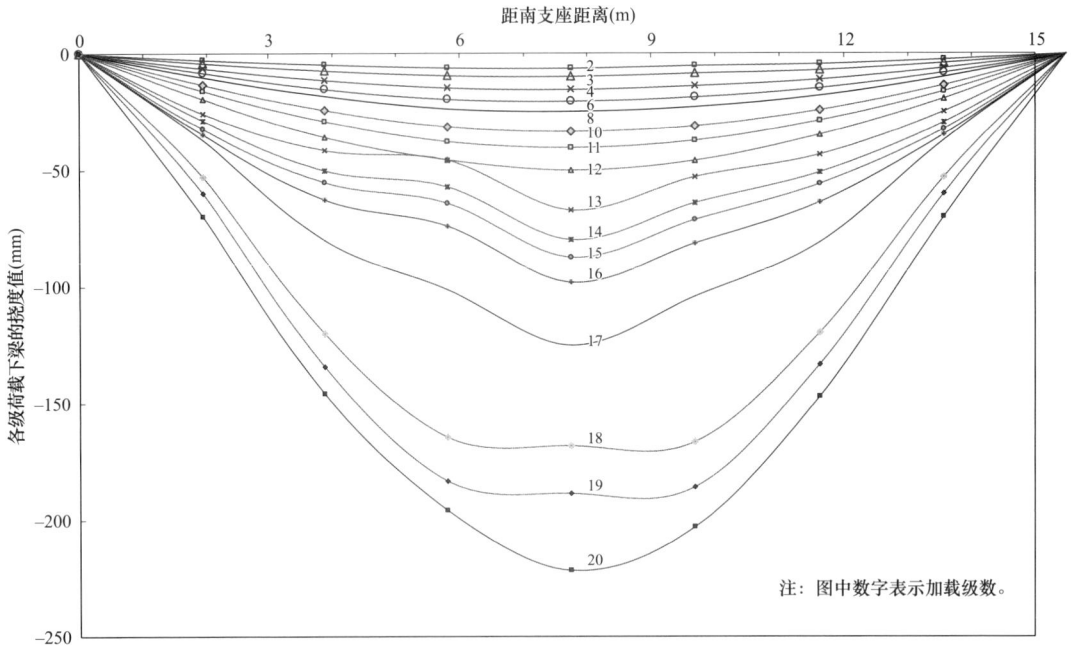

图 2-47　各级荷载作用下板的变形曲线

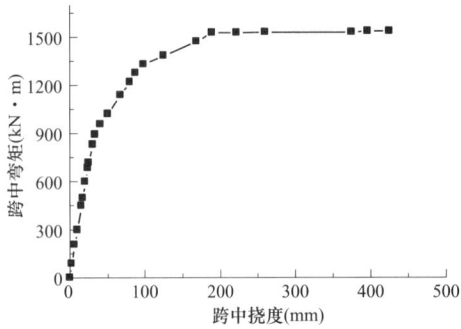

图 2-48　试验板梁跨中弯矩～挠度曲线

图 2-49　试验板在第 14 级荷载作用下的变形

图 2-50　试验板在最后一级荷载作用下的变形情况

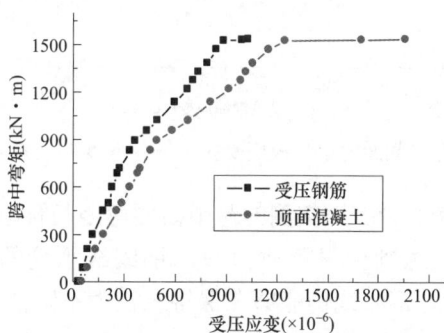

图 2-51　跨中弯矩与受压钢筋和混凝土应变关系

图 2-52 为实测的跨中截面弯矩与板底受拉钢筋拉应变的关系曲线，显然可以看出配置在板底的受拉钢筋应变灵敏地反映了截面的开裂情况，随着荷载的进一步增加，受拉钢筋屈服并进入了强化段，但未发生钢筋断裂的情况。非预应力受拉钢筋对试验板的变形呈塑性增长也起到了积极的作用。

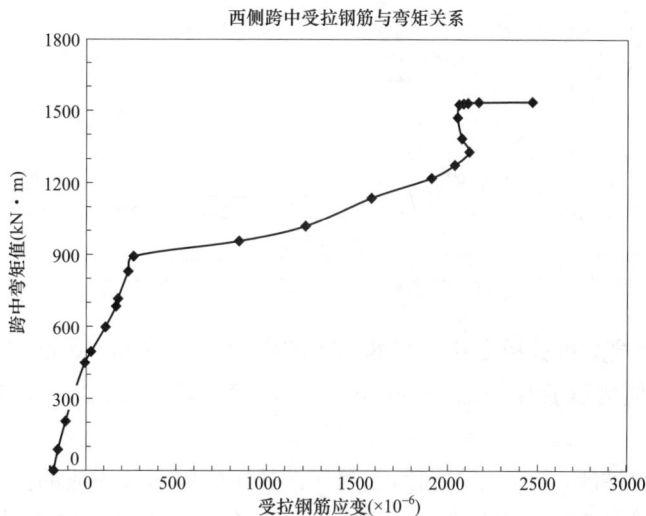

图 2-52　跨中截面弯矩与板底受拉钢筋拉应变的关系曲线（一）

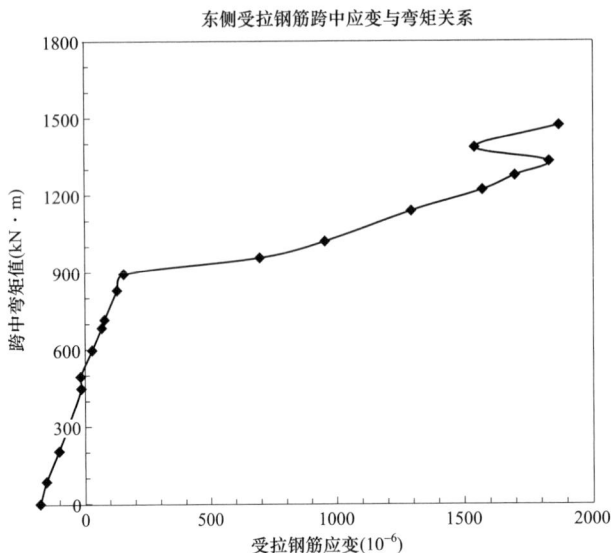

图 2-52　跨中截面弯矩与板底受拉钢筋拉应变的关系曲线（二）

（6）钢绞线受力性能。图 2-53 为实测的跨中截面弯矩与预应力钢绞线拉力的关系曲线。在该图中可以看到当试验板达到极限承载力后，钢绞线承受的实际拉力均达到了破断力 272.1kN，但未发生脆断现象，钢绞线仍能够在保持承拉力不降低的情况下继续变形。这是本试验采用的低松弛 270 级高强钢绞线所具有的另一个优点——高均匀延伸率所决定的。

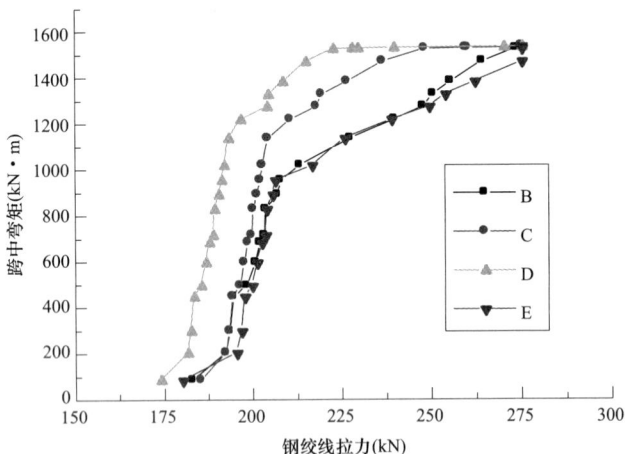

图 2-53　跨中截面弯矩与钢绞线拉力的关系

（7）极限承载性能。试验板在跨中截面承受的弯矩为 1526.0kN·m 时达到了正截面承载能力极限状态。该值为试验板正截面承载跨中弯矩设计值的 2.33 倍，相应的跨中挠度为 17.7cm。

（8）斜截面受力性能。试验加载到斜截面正常使用验算荷载对应的第 11 级荷载时，未发现斜截面裂缝，内埋在箍筋上的应变片测得的最大应变值仅 30$\mu\varepsilon$。加载到斜截面承载设计荷载对应的第 17 级荷载时，发现试验板端部钢绞线锚固区混凝土产生长度达 520mm 的纵向裂缝，未发现斜截面裂缝，内埋在箍筋上的应变片测得的最大应变值仅达到 $60\mu\varepsilon$。在随后的增加荷载过程中，钢绞线锚固区混凝土纵向裂缝未发展，板两端头上部出现散乱的微细裂缝，与一般配置直线预应力筋的预应力混凝土梁端裂缝形态相似。

5. 高效预应力混凝土空心板的延性

众所周知，所谓延性是指构件屈服后承载能力无明显下降的情况下承受变形的能力。结构延性定义为位移延性系数 $\mu_f = \Delta u / \Delta y$，式中 Δu 为极限变形，Δy 为相应于弹性极限的变形，延性系数越大，构件屈服后能承受的变形能力也就越大；反之，则越小，构件屈服后不久就可能发生破坏，因此这种情况是设计中要避免发生的。构件超过弹性极限的反应可能表现为脆性或延性，脆性意味着当超过弹性极限时立即丧失承载能力，而延性则意味着在发生任何承载能力丧失之前，呈现出较大的非弹性变形，可为结构的失效提供警告信号。对于混凝土结构的延性，结构工程师常常只在抗震设计中关注，而在静载设计时则常被忽视。保证结构具有足够的延性，对于结构适应偶然的超载、荷载的重复作用、基础的不均匀沉降或温度收缩作用等产生的内力都是有益的，可作为出现上述意外情况时的结构安全储备。事实上，结构的延性与结构的可靠度是紧密相关的，《美国公路桥梁设计规范》特别说明"为保证得到延性破坏模式，业主可以假定一个最小的延性系数。"该规范提到的结构超静定，也是要用结构的延性作保证或前提的[8]。根据超静定结构的可靠度分析，同一结构因延性或脆性的不同，其可靠度有十倍、几十倍之差，因此，关注结构延性设计的概念与方法是非常必要的。

研究表明，构成结构或构件的材料性能固然对结构或构件的变形性能具有重要的影响作用，但其具体表现还取决于材料所处的受力状态。比如同强度的混凝土材料，当受到横向的有效约束时，不仅其纵向的承载能力增大，其纵向变形的能力也会增大。再比如，混凝土材料处于轴心受拉时的极限拉伸变形要低于弯曲受拉时的极限拉伸变形，处于轴心受压时的极限受压变形要低于弯曲受压时的极限受压变形。对于一般的预应力混凝土构件，影响其延性的因素主要有截面类型、非预应力受拉钢筋和受压钢筋的配筋指数、混凝土抗压强度、预应力筋的抗拉强度以及构件中混凝土的约束程度等。

本研究的高效预应力混凝土空心板是按部分预应力混凝土的概念进行设计的，因为有关部分预应力混凝土结构构件延性性能的研究在国内外都较少，传统的看法认为预应力混凝土构件的延性比钢筋混凝土构件的延性小，这是因为预应力混凝土构件中预应力钢材的拉断都比钢筋混凝土结构要早些。如果将高强混凝土应用于桥梁结构，由于高强混凝土的材料脆性特征，其结构的延性更应加以重视。按照延性系数的定义，首先确定试验板的极限变形和屈服变形。由于本试验在加载到最后一级时，板仍能承受第 19 级的最大荷载，因而可以确定其极限变形（跨中挠度）大于 425mm。对于试验板的屈服变形，采用钢绞线达到 1% 伸长荷载 247.1kN 时对应的跨中挠度，由图 2-47 可以确定试验板的屈服变形（跨中挠度）为 95mm。由此确定的试验板挠度延性系数 $\mu_f > 4.47$。

参考文献 [2] 给出了高强混凝土梁的位移延性系数 μ_f 计算公式为

$$\mu_f = \frac{0.45}{x / h_0}[1 - 0.005(f_{cu} - 40)]$$

式中 x——截面受压区高度；

h_0——截面有效高度；

f_{cu}——混凝土立方体抗压强度。

根据粘贴在试验板侧表面的混凝土应变片的测试数据分析，空心板在达到极限承载力后的混凝土受压区高度为 62mm，按上述位移延性系数 μ_f 计算公式得到试验板的位移延性系数 $\mu_f = 3.60$。

通过以上两种方法计算结果可见，本试验板的延性系数在 3.0 以上，完全满足延性受弯构件的延性设计要求。分析试验资料后认为重要的原因是：

（1）采用高强混凝土后，降低了试验板受荷时的受压区高度，使得截面转动能力增大，从而增加了板的延性。研究表明，混凝土达到极限强度时所对应的应变值存在随着混凝土强度提高而增大的趋势，对板的延性提供了有利的材性条件。同时，试验板在受压区内配置了占受压混凝土截面面积 0.66% 的受压钢筋，能够协助混凝土承受压力并有利于混凝土在受压边缘达到极限变形后进行应力重分布，使受压混凝土的变形得到有效约束而保证其塑性变形充分发挥。

（2）在混凝土受压变形能力一定的前提下，试验板的延性便取决于受拉钢筋的变形能力。试验板中配置了普通受拉钢筋，但配筋量较小，对延性的提高作用也是较小的。因此，关键因素便归结于钢绞线的变形能力。本研究采用了高均匀延伸率的钢绞线，保证了其达到极限强度后能够有足够的塑性变形来调整截面的受力状态。同时，混凝土与钢绞线的有效黏结，使得裂缝比较均匀的出现，为钢绞线多断面的塑性发展提供了有利条件。

第3章

高效预应力混凝土
空心板系列设计

3.1 概　　述

本章基于第 2 章的研究成果，对跨径 13～25m 的高效预应力混凝土空心板进行了系列优化设计。给出的主要设计计算结果，可供实桥性能检测分析对比应用。给出的各跨径空心板配筋图，可供空心板制作直接使用。

3.2 基　本　资　料

3.2.1 设计要求

1. 设计标准

标准跨径 13m、16m、20m、25m，计算跨径依次为 12.5m、15.50m、19.5m、24.5m，板长依次为 12.96m、15.96m、19.96m、24.96m，桥面净宽 $17.0 + 2 \times 0.5 = 18.00$m。

荷载等级：汽–超 20，挂–120。桥梁抗震：基本 6 度，7 度设防。

2. 设计依据

公路桥涵设计通用规范（JTJ 021—1989）

公路钢筋混凝土及预应力混凝土桥涵设计规范（JTJ 023—1985）

公路工程技术标准（JTJ 001—1988）

公路工程抗震设计规范（JTJ 004—1989）

高强混凝土结构设计与施工规程（CECS104：1999）

3. 材料及其性能

混凝土强度等级 C80，轴心抗压强度标准值 $R_a^b = 56.0$MPa，轴心抗压强度设计值 $R_a = 44.0$MPa，轴心抗拉强度标准值 $R_l^b = 3.90$MPa，轴心抗拉强度设计值 $R_l = 3.05$MPa，弹性模量 3.90×10^4MPa。

高强低松弛 1860 级 ϕ^j15 钢绞线，截面面积 139.35mm²，抗拉强度标准值 $R_{yb}=1860\text{MPa}$，抗拉强度设计值 $R_y=1488\text{MPa}$，张拉控制应力 $\sigma_{con}=1395\text{MPa}$，松弛率 2.5%。

非预应力钢筋采用 I 级和 II 级热轧钢筋。

钢板采用 A3 钢板。

铰缝采用 C50 细石混凝土，预制空心板上铺设 100mm×100mm 直径 $\phi8$ 钢筋，桥面整体化采用厚度 5cm 现浇 C50 混凝土，上铺 4cm 厚沥青混凝土面层。

4. 支座

采用 GYZ 球冠圆板式橡胶支座。

3.2.2 施工要点

（1）为使桥面铺装与预制空心板紧密结合成整体，预制空心板时板顶须拉毛。可采用垂直于跨径方向划槽，槽深 0.5～1.0cm，横贯板顶，每延米桥长不少于 10～15 道，严防板顶滞留油腻。

（2）要特别注意预制空心板的养护，混凝土强度达 75% 以后才能放张、起吊及运输。堆放时应在空心板端部用两点搁支，不得使上、下面倒置，不准利用抗震锚栓孔捆绑吊装。

（3）浇筑铰缝、桥面铺装混凝土前，必须用钢刷清除结合面上的浮皮，用水冲洗后，先用细石混凝土浇筑铰缝，振捣密实，然后进行混凝土桥面铺装，并切实注意钢筋网位置和混凝土捣实养护工作。

（4）钢筋焊接时，要根据规范（JTJ 041—2000）严格检查焊接质量和几何尺寸。

（5）桥面横坡均由墩（台）帽上横坡、球冠支座下设垫块形成。

（6）预制芯模可采用防水纸芯、泡沫塑料或橡胶囊等。

（7）空心板成批生产前，应进行成品抽样试验，观察预应力钢绞线截断后预制板顶面、端部及其他部位是否发生裂纹，反拱度与设计值是否相符，钢绞线有无滑移迹象，预应力失效措施是否可靠等，并采用适当措施进行处理。

（8）因采用钢绞线强度高，其传力锚固长度按 100d 考虑，如发现有滑丝现象，须采取必要措施，如采用夹具机械锚固等。预应力筋有效范围以外部分一定要采取有效措施进行失效处理，一般采用硬塑料管将失效范围的预应力筋套住，以使预应力筋与混凝土不产生握裹作用。

（9）预应力筋有效长度以板跨中心线（斜板为斜向中心线）对称设置，使板两端的失效长度相等。

（10）预应力筋采用应力和伸长值双控张拉施工，张拉控制应力为 1395MPa，伸长值根据施工时钢绞线张拉长度计算。

（11）预应力筋采用多根同时张拉时，要采取可靠措施使各钢绞线受力相同。

（12）钢筋的绑扎工作宜在张拉结束 8h 后进行，以保证安全。

（13）放张钢绞线应对称、均匀、分次完成，不得骤然放松。

（14）为避免斜板锐角以外破损，当斜交角度 $\phi \geqslant 20°$ 时，设置 3cm 倒角。

（15）防撞护栏及波形钢梁护栏座的混凝土应与现浇铺装整体化的混凝土一起现浇成

形，护栏施工时应采取措施保证护栏与预制空心板形成整体。

3.3　设　计　方　法

本设计采用简支梁进行计算。跨中弯矩以简支正板为设计依据，支点剪力以简支斜板为设计依据，横向结构按铰接计算。运行状态下主梁应力按预制板、铰缝及整体化现浇混凝土共同受力进行计算。

为降低预制板钢材用量及减少预应力引起的反拱度，在Ⅰ类荷载组合下按全预应力混凝土构件设计，在其他各类荷载组合下按部分预应力混凝土 A 类构件设计。

结构采用较宽而深的铰缝，以保证预制板铰接的有效性。

抗震设防：上部构造须采用防震落梁措施，即在空心板两端墩台上设置横向挡块。

3.4　空心板截面选型

经过试算分析，标准跨径 13～25m 高效预应力混凝土空心板的截面选取图 3-1 所示的统一形式，主要结构尺寸见表 3-1。中板宽度为 1.19m，边板宽度为 1.195m，适用斜交角度为 0～30°。

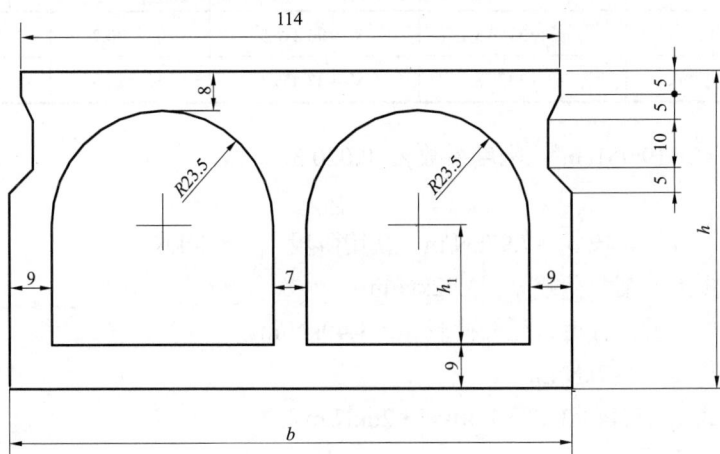

图 3-1　双拱门式空心板

表 3-1　　　　　　　　　空心板主要结构尺寸和截面属性

跨度 (m)	h (m)	h_1 (m)	截面面积（cm²）		挖空率（%）		每米板重（t）		备注
			中板	边板	中板	边板	中板	边板	
13	0.50	0.095	3135	3166	45.6	45.3	0.78	0.79	
16	0.55	0.145	3260	3291	48.7	48.5	0.82	0.83	桥下净空受限时采用
	0.65	0.245	3510	3541	53.5	53.3	0.88	0.89	

跨度 (m)	h (m)	h_1 (m)	截面面积（cm²）		挖空率（%）		每米板重（t）		备注
			中板	边板	中板	边板	中板	边板	
20	0.65	0.245	3510	3541	53.5	53.3	0.88	0.89	桥下净空受限时采用
	0.75	0.345	3760	3791	60.0	56.8	0.94	0.95	
25	0.90	0.495	4135	4166	60.7	60.5	1.04	1.05	桥下净空受限时采用
	1.05	0.645	4385	4541	64.0	63.2	1.09	1.10	

各种跨径空心板的设计过程与 2.4 节相同，因此，本章下述各节均给出空心板的主要设计成果，以供试验检测和工程应用。

3.5 跨径 13m 空心板设计主要成果

1. 截面几何特性

截面拟配 $10\phi^j15$，$a_y = 5.0cm$。截面几何特性见表 3-2。

表 3-2 截 面 几 何 特 性

截面	受力阶段	面积（cm²）	面心矩（cm³）	形心（cm）	惯心矩（cm⁴）
换算	施工阶段	$A_0' = 3189.3$	$S_0' = 96\,316.9$	$y_0' = 30.2$	$I_0' = 90\,159.6$
截面	使用阶段	$A_1' = 3376.8$	$S_1' = 87\,459.1$	$y_1' = 25.9$	$I_1' = 1\,051\,096.0$

截面扭矩 $I_\tau = 2\,319\,061cm^4$，刚度系数 $\gamma = 0.020\,3$。

2. 恒载计算

空心板自重：施工阶段 $q_1 = 7.97kN/m$，使用阶段 $q_1 = 8.44kN/m$。

分摊到每块板上的铺装荷载 $q_2 = 3.42kN/m$。

分摊到每块板上的人行道、栏杆荷载 $q_3 = 1.40kN/m$。

施工阶段恒载 $q = 7.97kN/m$。

使用阶段恒载 $q = 8.44 + 3.42 + 1.40 = 13.26kN/m$。

3. 活载横向分布系数

跨中及四分点横向分布系数见表 3-3。3 号板为控制设计的板，$m_q = 0.241$，$m_g = 0.137$。

表 3-3 横 向 分 布 系 数

板号	荷载形式 双汽偏心	双汽居中	挂车偏心	挂车居中
	m_{cq}	m_{zq}	m_{cg}	m_{zg}
1 号	0.223	0.137	0.122	0.049
2 号	0.232	0.148	0.130	0.054
3 号	0.241	0.171	0.137	0.062

续表

板号＼荷载形式	双汽偏心 m_{cq}	双汽居中 m_{zq}	挂车偏心 m_{cg}	挂车居中 m_{zg}
4 号	0.239	0.195	0.134	0.076
5 号	0.225	0.210	0.115	0.093
6 号	0.197	0.212	0.091	0.111
7 号	0.160	0.202	0.069	0.117
8 号	0.123	0.177	0.052	0.107

支点处横向分布系数：$m_q = 0.50$，$m_g = 0.3125$。

支点到四分点的荷载横向分布系数如图 3-2 所示。

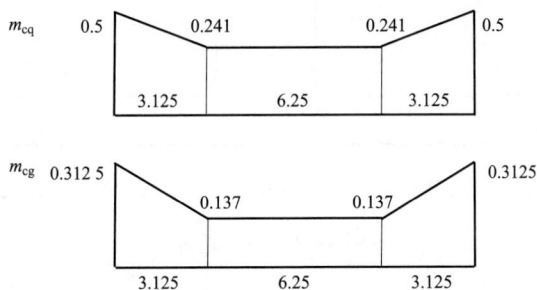

图 3-2　支点到四分点的荷载横向分布系数

4. 内力组合

冲击系数 1.244，内力组合计算结果见表 3-4。

表 3-4　　　　　　　　　　　　　内　力　组　合

序号	荷载类别	弯矩（kN·m）			剪力（kN）			
		跨中	1/4 点	1/8 点	跨中	1/4 点	1/8 点	支点
①	恒载	258.40	193.80	113.05	0	41.34	62.02	82.69
②	汽-超 20	232.95	220.38	158.80	33.24	45.73	106.87	166.04
③	挂-120	325.86	282.82	202.36	47.53	62.64	129.54	204.25
④	1.2×恒载+1.4×汽	636.21	541.09	357.98	46.54	113.63	224.04	331.68
⑤	1.2×恒载+1.1×挂	668.53	543.66	358.26	52.28	118.51	216.92	323.90
⑥	1.4×汽/④	51%	57%	62%	100%	56%	67%	70%
	S_j^{I} 提高%	0	0	0	0	0	0	0
⑦	1.1×挂/⑤	54%	57%	62%	100%	58%	66%	69%
	S_j^{III} 提高%	2	2	3	3	2	3	3
⑧	提高后 S_j^{I}	636.21	541.09	357.98	46.54	113.63	224.04	331.68
⑨	提高后 S_j^{III}	681.90	553.92	369.00	53.85	120.88	223.43	333.62
	控制设计内力	681.90	553.92	369.00	53.85	120.88	224.04	333.62

5. 正截面承载力计算

按孔面积相等、截面惯性矩相等的原则，将空心板截面等效为工字形截面（图 3-3），孔面积 $A = 2627.1 \text{cm}^2$，面积矩（以底边为轴）$S = 38\,014.1 \text{cm}^3$，形心轴 $y = 14.5 \text{cm}$，惯性矩 $I = 201\,327.5 \text{cm}^4$。

$h_k = 30.3 \text{cm}$，$b_k = 86.6 \text{cm}$。

$b_i = 119 - 86.6 = 32.4 \text{cm}$，$h_i' = 50 - 9 - 14.5 - 30.3/2 = 11.35 \text{cm}$，$h_i = 50 - 30.3 - 11.35 = 8.35 \text{cm}$。

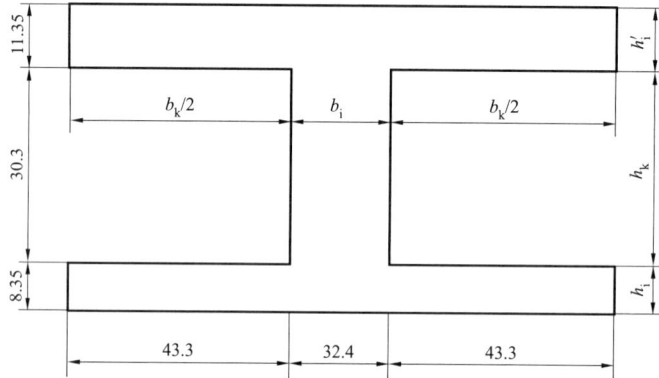

图 3-3 等效截面

按拟配 $10\phi^j 15.24$，$A_y = 139.35 \times 10 = 1393.5 \text{mm}^2 = 13.94 \text{cm}^2$，$R_y^b = 1860 \text{MPa}$，$R_y = 1488 \text{MPa}$
$x = 3.96 \text{cm}$，$h_0 = 50 - 5 = 45 \text{cm}$，$M_P = 713.62 \text{kN} \cdot \text{m}$

6. 斜截面承载力计算

各截面处箍筋布置见表 3-5。

表 3-5　　　　　　　　　　　　箍　筋　计　算　结　果

箍筋		μ_k	Q_{hk} (kN)	起点位置（m）	
直径	间距（cm）			计算	实配
$\phi 8$	20	0.002 3	200.50	2.97	3.00
$\phi 10$	15	0.004 84	384.63	0	0

7. 有效预应力计算

钢绞线张拉控制应力 $\sigma_k = 1395 \text{MPa}$。

锚具变形、钢绞线回缩引起的应力损失 $\sigma_{s2} = 22.80 \text{MPa}$。

钢绞线松弛引起的应力损失 $\sigma_{s5} = 62.78 \text{MPa}$（超张拉），预加应力阶段，取 1/2。

混凝土弹性压缩引起的应力损失 σ_{s4}

$$N_{y0} = 1868.45 \text{kN}, \quad \sigma_{h2} = 19.02 \text{MPa}, \quad \sigma_{s4} = n_y \sigma_{h2} = 92.67 \text{MPa}$$

混凝土徐变引起的应力损失 σ_{s6}

$$N_{y0} = 1739.28 \text{kN}, \quad M = 155.27 \text{kN} \cdot \text{m}, \quad \sigma_{h2} = 17.70 \text{MPa}$$

$$\mu = 0.00437，r^2 = 282.69，\rho_A = 3.246$$

查规范（JTJ 023—1985）：$\varphi(\infty, r) = 2.2$，$\varepsilon(\infty, r) = (0.23 + 0.1) \times 10^{-3} = 0.33 \times 10^{-3}$

$$\sigma_{s6} = 222.50\text{MPa}$$

预加应力阶段：$\sigma_s^{\mathrm{I}} = 54.19\text{MPa}$，$\sigma_y^{\mathrm{I}} = 1340.81\text{MPa}$

运输吊装阶段：$\sigma_s^2 = \sigma_{s4} = 92.67\text{MPa}$，$\sigma_y^2 = 1248.14\text{MPa}$

使用阶段：$\sigma_s^3 = 253.89\text{MPa}$，永久预应力 $\sigma_y^3 = 994.25\text{MPa} < 0.65 R_y^b = 1209\text{MPa}$

8. 抗裂度验算

（1）正截面应力。正截面应力汇总见表 3-6。

表 3-6　　　　　　　　　各截面应力计算结果

阶段		类别　　截面	跨中	l/4	l/8	支点
施工阶段	预加应力阶段	预应力①	-4.45	21.56	-3.12 / 15.09	
		恒载②	3.41 / -5.20	2.56 / -3.90	1.49 / -2.27	
		正应力①+②	-1.06 / 16.36	-1.89 / 17.66	-1.63 / 12.82	0
		钢绞线应力 σ_y	1361.95	1356.67	1350.04	0
	运输吊装阶段	预应力③	-4.14	20.07	-3.66 / 16.25	
		恒载④	2.90 / -4.42	2.18 / -2.55	1.26 / -1.93	
		正应力③+④	-1.24 / 15.65	-1.96 / 17.52	-2.40 / 14.32	0
		钢绞线应力 σ_y	1266.07	1258.46	1255.95	0
使用阶段		预应力⑤	-2.54	10.74	-1.78 / 7.52	
		恒载⑥	5.92 / -6.37	4.44 / -4.78	2.59 / -2.79	
		活载（汽车）⑧	5.34 / -5.74	5.05 / -5.43	3.64 / -3.91	
		活载（挂车）⑦	7.47 / -7.83	6.48 / -6.97	4.64 / -4.98	0
		正应力⑤+⑥+⑦	10.85 / -3.46	8.38 / -0.53	5.45 / -0.25	0
		正应力⑤+⑥+⑧	8.72 / -1.37	6.95 / -1.01	5.45 / -0.16	
		钢绞线应力 σ_y（汽）	1041.86	1034.38	1020.59	0
		钢绞线应力 σ_y（挂）	1050.85	1040.44	1024.79	0

注：恒载④为 0.85×恒载②。l/8 截面预应力按 7 根钢绞线计算。

（2）截面中性轴处的剪应力

1）支点剪应力

荷载组合 I（恒载+汽车-超20）下：$Q_{恒}=82.69\text{kN}$，$Q_{活}=166.04\text{kN}$，

$$Q=Q_{恒}+Q_{活}=248.73\text{kN}，\tau=2.07\text{MPa}$$

荷载组合 III（恒载+挂车-120）下：$Q=Q_{恒}+Q_{活}=82.69+204.25=286.94\text{kN}，\tau=2.39\text{MPa}$

2）1/4 跨截面剪应力

荷载组合 I（恒载+汽车-超20）下：$Q=Q_{恒}+Q_{活}=41.34+45.73=87.07\text{kN}，\tau=0.73\text{MPa}$

荷载组合 III（恒载+挂车-120）下：$Q=Q_{恒}+Q_{活}=41.34+62.64=103.98\text{kN}，\tau=0.87\text{MPa}$

3）1/8 跨截面剪应力

荷载组合 I（恒载+汽车-超20）下：$Q=Q_{恒}+Q_{活}=62.02+106.87=168.89\text{kN}，\tau=1.41\text{MPa}$

荷载组合 III（恒载+挂车-120）下的剪力值：$Q=Q_{恒}+Q_{活}=62.02+129.54=191.56\text{kN}$，

$$\tau=1.60\text{MPa}$$

（3）截面形心轴处的主应力

1）支点

荷载组合 I：$\sigma_{za}^{zl}=\mp2.07\text{MPa}$，荷载组合 III：$\sigma_{za}^{zl}=\mp2.39\text{MPa}$

2）1/4 跨截面

荷载组合 I：$\sigma_{za}^{zl}=\begin{matrix}-0.13\\4.23\end{matrix}\text{MPa}$，荷载组合 III：$\sigma_{za}^{zl}=\begin{matrix}-0.17\\4.28\end{matrix}\text{MPa}$

3）1/8 跨截面（有钢 7 根）

荷载组合 I：$\sigma_{za}^{zl}=\begin{matrix}-0.59\\3.42\end{matrix}\text{MPa}$　　荷载组合 III：$\sigma_{za}^{zl}=\begin{matrix}-0.72\\3.58\end{matrix}\text{MPa}$

9. 变形验算

（1）施工阶段

1）预加应力阶段

$$M_{y}=470.84\text{kN}\cdot\text{m}，q=7.97\text{kN/m}$$

$$f_{y}=-32.8\text{mm}，f_{g}=9.1\text{mm}。f=-32.8+9.1=-23.7\text{mm}$$

2）运输吊装阶段

$$M_{y}=438.3\text{kN}\cdot\text{m}，q=7.97\text{kN/m}$$

$$f_{y}=-30.5\text{mm}，f_{g}=9.1\text{mm}。f=-30.5+9.1=-21.4\text{mm}$$

（2）使用阶段

$$M_{y}=289.55\text{kN}\cdot\text{m}，q=13.26\text{kN/m}$$

$$f_{y}=-38.2\text{mm}，f_{g}=28.4\text{mm}$$

汽-超 20 作用下挠度：$M_{p}=232.95\text{kN}\cdot\text{m}$，$f_{p}=14.0\text{mm}$，$f=-38.2+28.4+14.0=4.2\text{mm}$

挂-120 作用下挠度：$M_{p}=325.86\text{kN}\cdot\text{m}$，$f_{p}=19.6\text{mm}$，$f=-38.2+28.4+19.6=9.8\text{mm}$

图 3-4～图 3-7 给出了跨径 13m 的空心板桥构造及配筋。

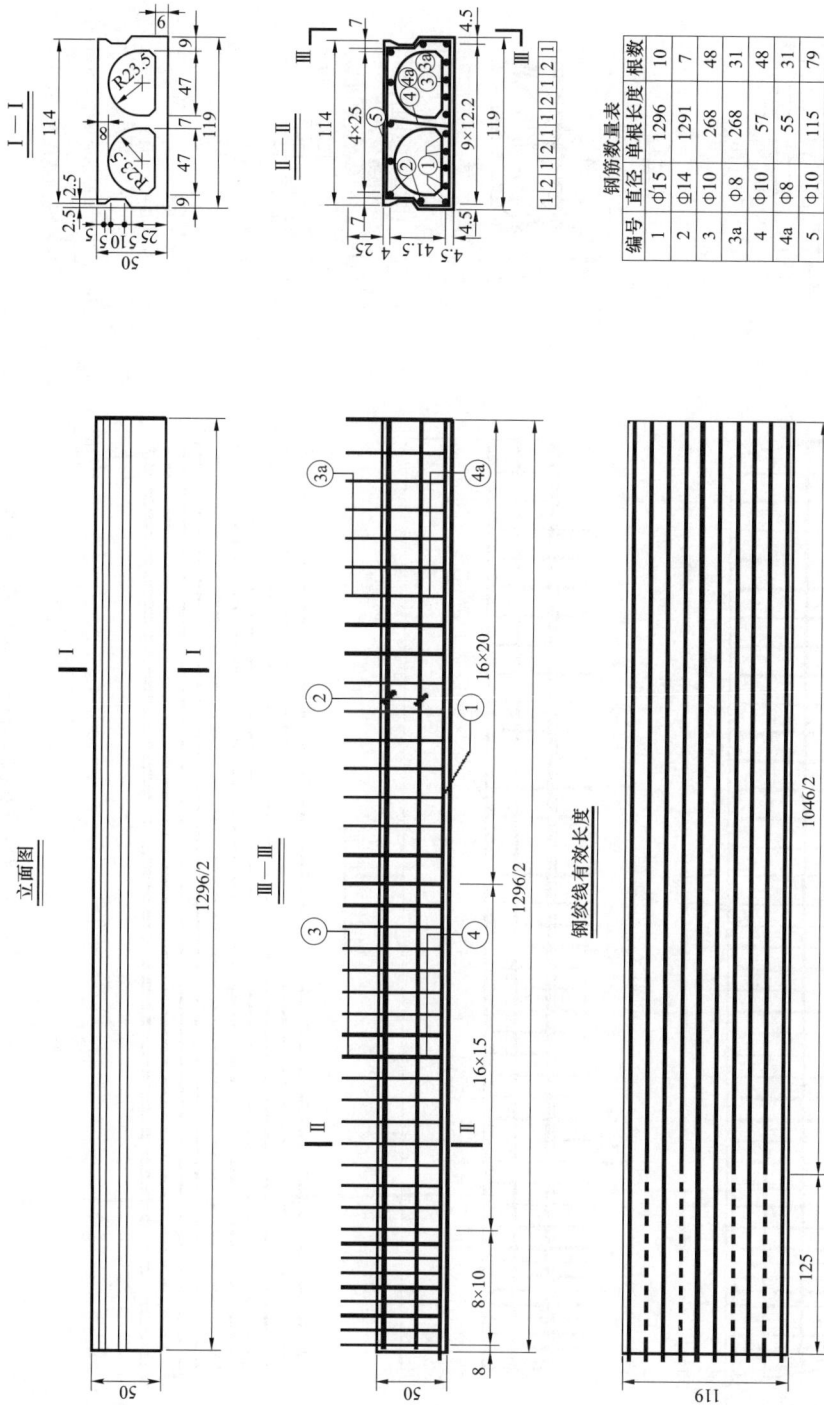

钢筋数量表

编号	直径	单根长度	根数
1	Φ15	1296	10
2	Φ14	1291	7
3	Φ10	268	48
3a	Φ8	268	31
4	Φ10	57	48
4a	Φ8	55	31
5	Φ10	115	79

注：图中尺寸除钢筋直径以mm计外，其余均为cm；混凝土强度等级为C80。

图 3-4　跨径13m空心板构造及配筋（0°）

钢筋数量表

编号	直径	单根长度	根数
1	Φ15	1296	10
2	Φ14	1291	7
3	Φ10	268	46
3a	Φ8	268	31
3b	Φ10	270	4
4	Φ10	57	48
4a	Φ8	55	31
5	Φ10	115	77
5a	Φ10	117	4

注：图中尺寸除钢筋直径以mm计外，其余均以cm；
混凝土强度等级为C80。

正断面图

I—I

板顶配筋图

II—II

钢绞线有效长度

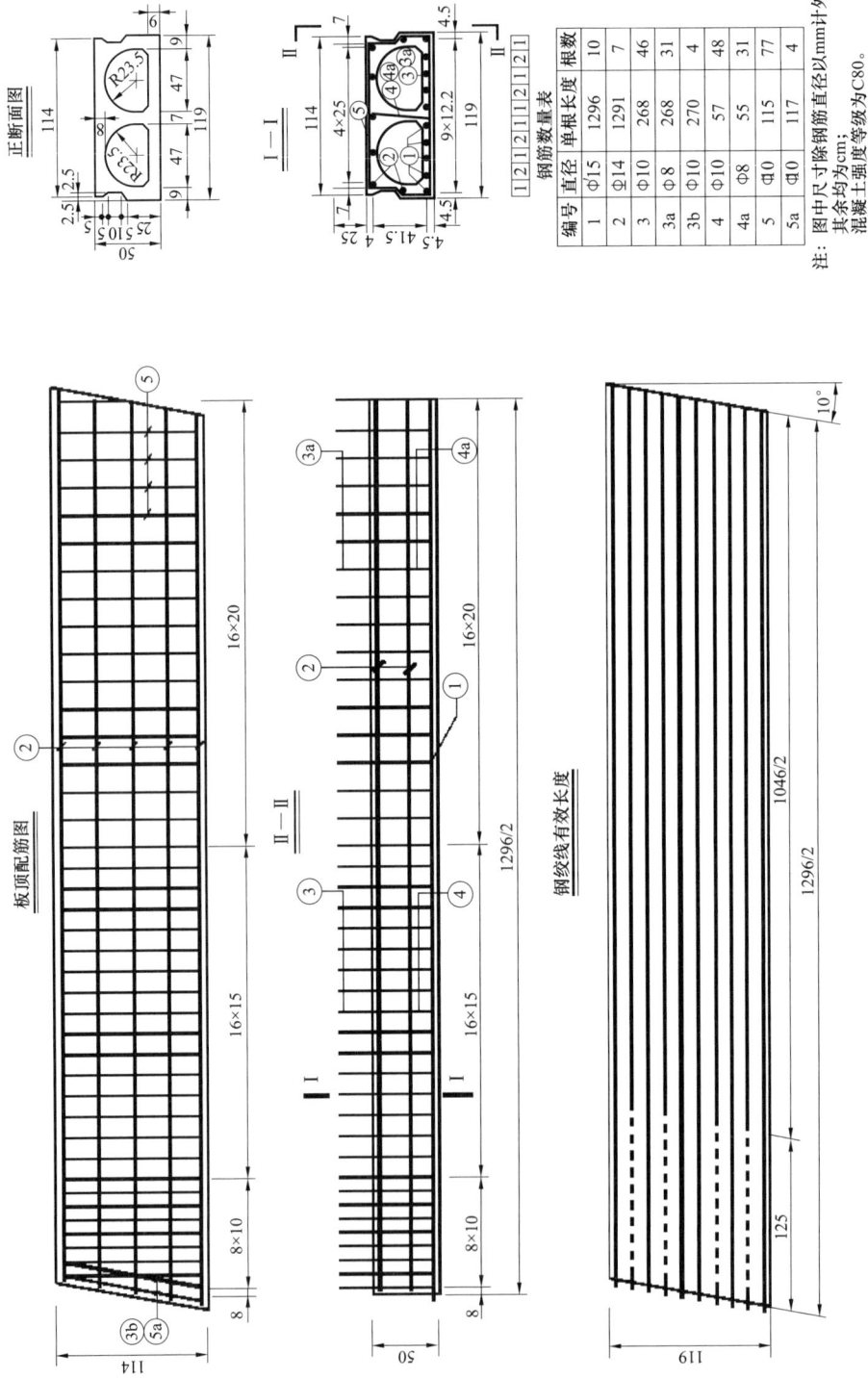

图 3-5 跨径13m空心板构造及配筋（10°）

正断面图

I — I

钢筋数量表

编号	直径	单根长度	根数
1	Φ15	1296	10
2	Φ14	1291	7
3	Φ10	268	44
3a	Φ8	268	31
3b	Φ10	275	8
4	Φ10	55	48
4a	Φ8	60	31
5	Φ10	115	75
5a	Φ10	122	8

注：图中尺寸除钢筋直径以 mm 计外，其余均为 cm；混凝土强度等级为 C80。

板顶配筋图

II — II

钢绞线有效长度

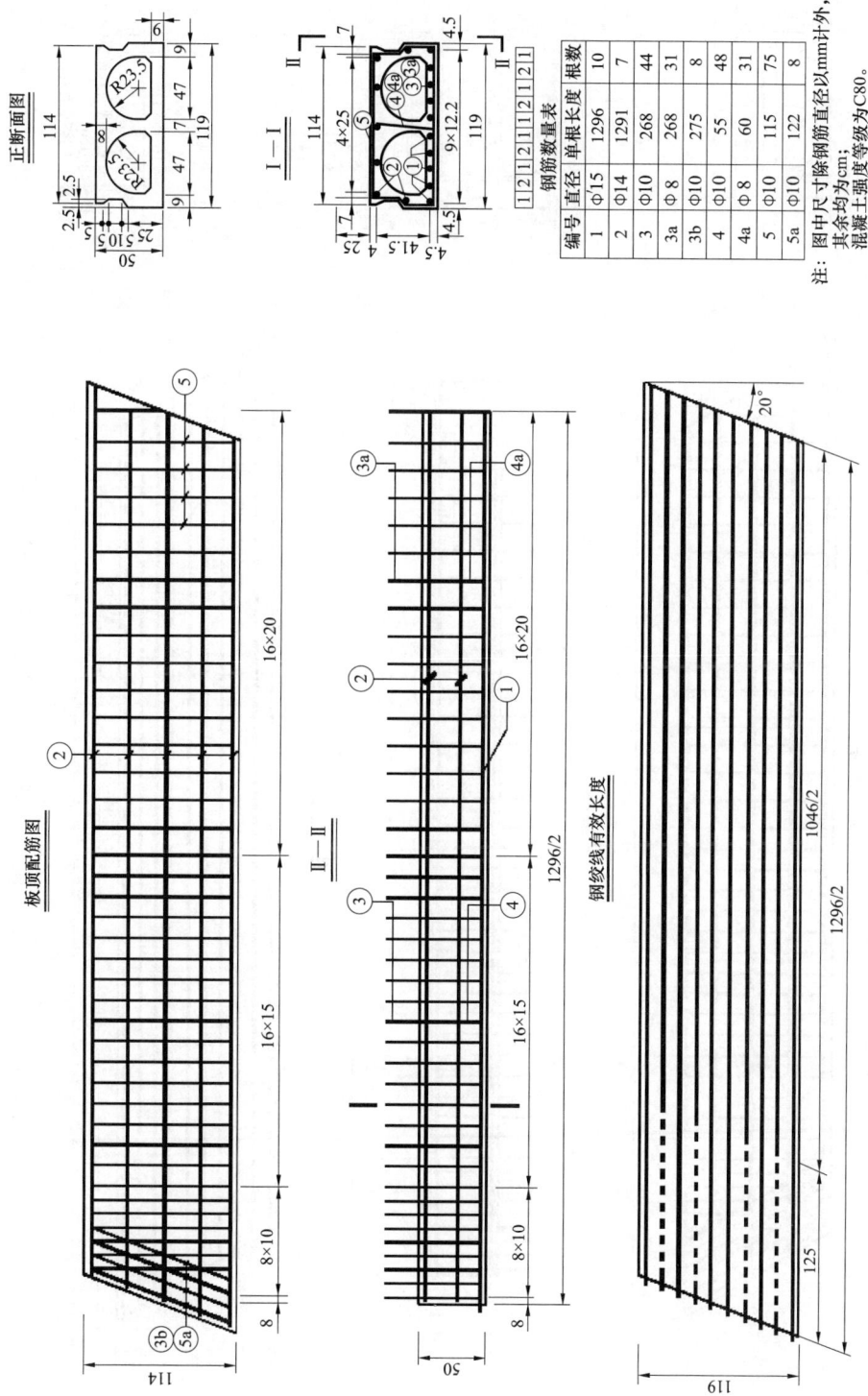

图 3-6 跨径 13m 空心板构造及配筋（20°）

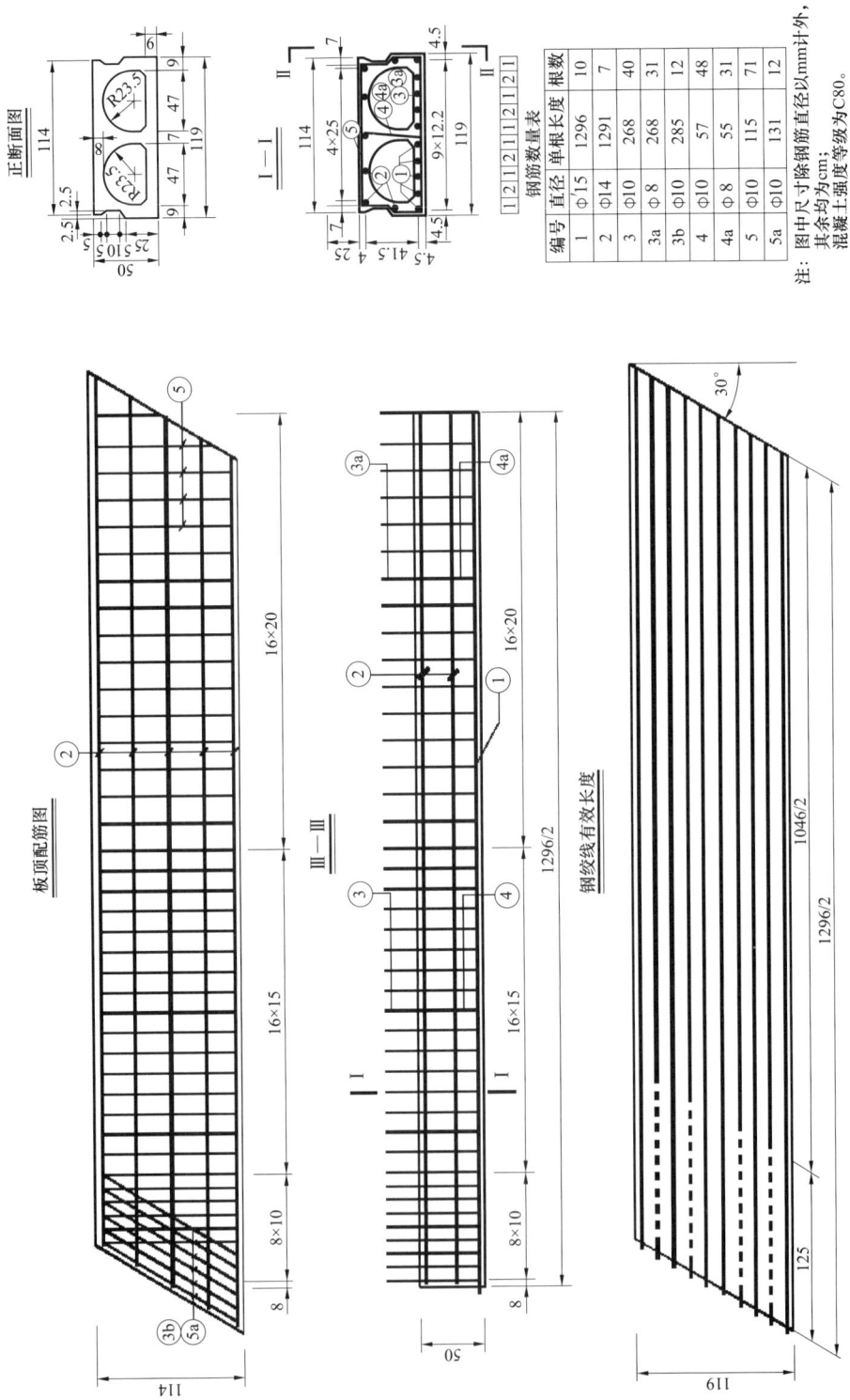

正断面图

I—I

钢筋数量表

编号	直径	单根长度	根数
1	Φ15	1296	10
2	Φ14	1291	7
3	Φ10	268	40
3a	Φ8	268	31
3b	Φ10	285	12
4	Φ10	57	48
4a	Φ8	55	31
5	Φ10	115	71
5a	Φ10	131	12

注：图中尺寸除钢筋直径以mm计外，其余均为cm；混凝土强度等级为C80。

板顶配筋图

III—III

钢绞线有效长度

图 3-7　跨径13m空心板构造及配筋（30°）

3.6 跨径 16m、高度 55cm 空心板设计主要成果

1. 截面几何特性

截面拟配 $14\phi^{\mathrm{j}}15$，$a_{\mathrm{y}}=5.0\mathrm{cm}$。截面几何特性见表 3－7。

表 3－7 截 面 几 何 特 性

截面	受力阶段	面积（cm²）	面心矩（cm³）	形心（cm）	惯心矩（cm⁴）
换算 截面	施工阶段	$A_0'=3335.8$	$S_0'=108\,079.9$	$y_0'=32.4$	$I_0'=1\,283\,451$
	使用阶段	$A_1'=3523.3$	$S_1'=100\,061.7$	$y_1'=28.4$	$I_1'=1\,359\,885$

截面扭矩 $I_\tau=2\,829\,561\mathrm{cm}^4$，刚度系数 $\gamma=0.016\,4$。

2. 恒载内力计算

空心板自重：施工阶段 $q_1=8.34\mathrm{kN/m}$，使用阶段 $q_1=8.81\mathrm{kN/m}$。

分摊到每块板上的铺装荷载 $q_2=3.42\mathrm{kN/m}$。

分摊到每块板上的人行道、栏杆荷载 $q_3=1.40\mathrm{kN/m}$。

施工阶段恒载 $q=8.34\mathrm{kN/m}$。

使用阶段恒载 $q=8.81+3.42+1.40=13.63\mathrm{kN/m}$。

3. 活载内力计算

跨中及四分点横向分布系数见表 3－8。3 号板为控制设计的板，横向分布系数 $m_{\mathrm{q}}=0.230$，$m_{\mathrm{g}}=0.129$。

表 3－8 横 向 分 布 系 数

板号	荷载形式	双汽偏心	双汽居中	挂车偏心	挂车居中
		m_{cq}	m_{zq}	m_{cg}	m_{zg}
1 号		0.217	0.139	0.117	0.053
2 号		0.225	0.148	0.123	0.056
3 号		0.230	0.167	0.129	0.064
4 号		0.226	0.187	0.126	0.075
5 号		0.215	0.202	0.110	0.091
6 号		0.191	0.202	0.089	0.105
7 号		0.157	0.192	0.069	0.109
8 号		0.124	0.170	0.054	0.100

支点处横向分布系数：$m_{\mathrm{q}}=0.50$，$m_{\mathrm{g}}=0.312\,5$。

支点到四分点的荷载横向分布系数如图 3－8 所示。

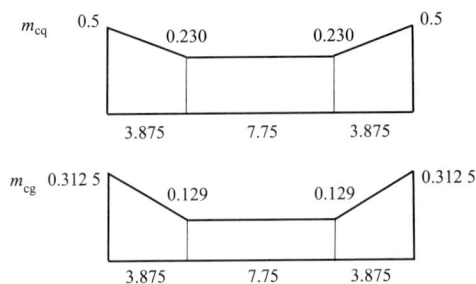

图 3-8 支点到四分点的荷载横向分布系数

4. 内力组合计算

冲击系数 1.22，内力组合见表 3-9。

表 3-9 内 力 组 合

序号	荷载类别	弯矩（kN·m）			剪力（kN）			
		跨中	1/4 点	1/8 点	跨中	1/4 点	1/8 点	支点
①	恒载	409.32	307.00	179.08	0	52.82	79.22	105.64
②	汽-超 20	301.55	247.87	216.66	32.17	48.14	112.15	177.26
③	挂-120	426.08	360.91	263.52	35.72	64.10	138.58	213.38
④	1.2×恒载+1.4×汽	913.35	665.84	518.22	45.04	130.78	252.07	374.93
⑤	1.2×恒载+1.1×挂	959.87	765.40	504.77	39.29	133.89	247.50	361.49
⑥	1.4×汽/④	46%	52%	58%	100%	51%	62%	66%
	S_j^I 提高%	3	0	0	0	0	0	0
⑦	1.1×挂/⑤	49%	52%	57%	100%	53%	62%	65%
	S_j^{III} 提高%	2	2	2	3	2	3	3
⑧	提高后 S_j^I	940.75	665.84	518.22	45.04	130.78	252.07	374.93
⑨	提高后 S_j^{III}	979.07	780.71	514.86	40.47	136.57	254.93	372.33
	控制设计内力	979.07	780.71	518.22	45.04	136.57	254.93	374.93

5. 正截面承载力计算

按孔面积相等、截面惯性矩相等的原则，将空心板截面等效为工字形截面（图 3-9）。

孔面积 $A = 3097.1 \text{cm}^2$，面积矩（以底边为轴）$S = 52\,341.0 \text{cm}^3$

形心轴 $y = 16.9 \text{cm}$，惯性矩 $I = 317\,146.0 \text{cm}^4$

$$h_k = 35.1 \text{cm}, \quad b_k = 88.2 \text{cm}$$

$b_i = 119 - 88.2 = 30.8 \text{cm}, \quad h_i' = 55 - 9 - 16.9 - \dfrac{35.1}{2} = 11.6 \text{cm}, \quad h_i = 55 - 35.1 - 11.6 = 8.3 \text{cm}$

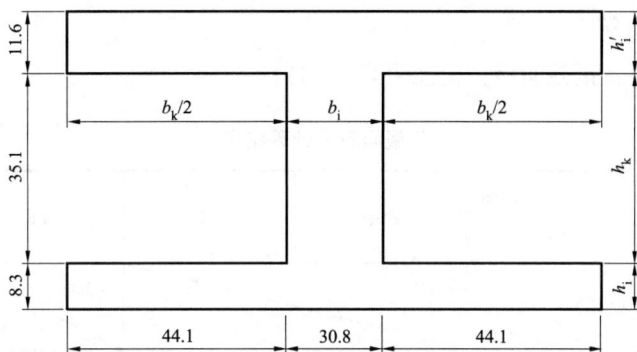

图 3－9　等效截面

按拟配 $14\phi^j 15.24$ ，$A_y = 139.35 \times 14 = 19.46\text{cm}^2$ ，$R_y^b = 1860\text{MPa}$ ，$R_y = 1488\text{MPa}$

$x = 5.53\text{cm}$ ，$h_0 = 55 - 5 = 50\text{cm}$ ，$M_P = 1094.2\text{kN} \cdot \text{m}$

6. 斜截面承载力计算

各截面处箍筋布置见表 3－10。

表 3－10　　　　　　　　　　　箍 筋 计 算 结 果

箍　　　筋		μ_k	Q_{hk}（kN）	起点位置（m）	
直径	间距（cm）			计算	实配
$\phi 8$	20	0.002 45	223.51	4.19	4.50
$\phi 10$	15	0.005 1	428.88	0	0

7. 有效预应力计算

钢绞线张拉控制应力 $\sigma_k = 1395\text{MPa}$。

锚具变形、钢绞线回缩引起的应力损失 $\sigma_{s2} = 22.80\text{MPa}$。

钢绞线松弛引起的应力损失 $\sigma_{s5} = 62.78\text{MPa}$（超张拉），预加应力阶段，取 1/2。

混凝土弹性压缩引起的应力损失 σ_{s4}

$$N_{y0} = 2615.8\text{kN}, \quad \sigma_{h2} = 23.14\text{MPa}, \quad \sigma_{s4} = n_y\sigma_{h2} = 112.75\text{MPa}$$

混凝土徐变引起的应力损失 σ_{s6}

$$N_y = 2395.82\text{kN}, \quad M = 250.46\text{kN} \cdot \text{m}, \quad \sigma_{h2} = 18.4\text{MPa}$$

$$\mu = 0.005\ 85, \quad r^2 = 384.75, \quad \rho_A = 2.95$$

查规范（JTJ 023—1985）：$\varphi(\infty,r) = 2.2, \varepsilon(\infty,r) = (0.23 + 0.1) \times 10^{-3} = 0.33 \times 10^{-3}$

$$\sigma_{s6} = 223.1\text{MPa}$$

预加应力阶段：$\sigma_s^I = 54.19\text{MPa}$ ，$\sigma_y^I = 1340.81\text{MPa}$

运输吊装阶段：$\sigma_s^2 = \sigma_{s4} = 112.75\text{MPa}$ ，$\sigma_y^2 = 1340.81 - 112.75 = 1228.06\text{MPa}$

使用阶段：$\sigma_s^3 = 254.49\text{MPa}$ ，

永久预应力 $\sigma_y^3 = 1228.06 - 254.49 = 973.57\text{MPa} < 0.65 R_y^b = 1209\text{MPa}$

8. 截面抗裂度验算

（1）正截面应力。正截面应力汇总见表 3-11。

表 3-11　　　　　　　　　　各截面应力计算结果

阶段	类别		跨中	l/4	l/8	支点
施工阶段	预加应力阶段	预应力①	-4.78 / 25.93		-3.41 / 18.52	
		恒载②	4.41 / -6.32	3.31 / -4.74	1.92 / -2.77	
		正应力①+②	-0.37 / 19.61	-1.47 / 21.19	-1.49 / 15.75	0
		钢绞线应力 σ_y	1366.8	1360.3	1352.2	0
	运输吊装阶段	预应力③	-4.38 / 23.74		-3.13 / 16.96	
		恒载④	3.75 / -5.37	2.81 / -4.03	1.63 / -2.35	
		正应力③+④	-0.63 / 18.37	-1.57 / 19.71	-1.50 / 14.61	0
		钢绞线应力 σ_y	1250.2	1244.7	1237.7	0
使用阶段		预应力⑤	-3.31 / 14.67		-2.36 / 10.47	
		恒载⑥	8.01 / -8.55	6.01 / -6.41	3.50 / -3.74	
		活载（汽车）⑧	5.90 / -6.30	4.85 / -5.17	4.24 / -4.52	
		活载（挂车）⑦	8.34 / -8.90	7.06 / -7.54	5.15 / -5.50	0
		正应力⑤+⑥+⑦	11.18 / -2.78	9.88 / 0.72	6.29 / 1.23	0
		正应力⑤+⑥+⑧	10.60 / -0.18	7.67 / 3.09	5.38 / 2.21	
		钢绞线应力 σ_y（汽）	1033.1	1020.0	1006.7	
		钢绞线应力 σ_y（挂）	1043.5	1029.5	1100.6	0

注：恒载④为 0.85×恒载②。l/8 截面预应力按 10 根钢绞线计算。

（2）截面中性轴处的剪应力

1）支点

荷载组合Ⅰ（恒载＋汽车－超 20）下：$Q_恒 = 105.64\text{kN}$，$Q_活 = 177.26\text{kN}$，

$$Q = Q_恒 + Q_活 = 282.9\text{kN}，\tau = 2.08\text{MPa}$$

荷载组合Ⅲ（恒载＋挂车－120）下：$Q = Q_恒 + Q_活 = 105.64 + 213.38 = 319.02\text{kN}$，

$$\tau = 2.34\text{MPa}$$

2）1/4 跨截面

荷载组合Ⅰ（恒载＋汽车－超 20）下：$Q = Q_恒 + Q_活 = 52.82 + 48.14 = 100.96\text{kN}$，$\tau = 0.74\text{MPa}$

荷载组合Ⅲ（恒载＋挂车－120）下：$Q = Q_恒 + Q_活 = 52.82 + 64.10 = 116.92\text{kN}$，$\tau = 0.86\text{MPa}$

3）1/8 跨截面

荷载组合Ⅰ（恒载＋汽车－超 20）下：$Q = Q_恒 + Q_活 = 79.22 + 112.15 = 191.37\text{kN}$，

$$\tau = 1.40\text{MPa}$$

荷载组合Ⅲ（恒载＋挂车－120）下的剪力值：$Q = Q_恒 + Q_活 = 79.22 + 138.58 = 217.80\text{kN}$，

$$\tau = 1.59\text{MPa}$$

（3）截面中性轴处的主应力

1）支点

荷载组合Ⅰ：$\sigma_{za}^{zl} = \mp 2.08\text{MPa}$　　　荷载组合Ⅲ：$\sigma_{za}^{zl} = \mp 2.34\text{MPa}$

2）1/4 跨截面

荷载组合Ⅰ：$\sigma_{za}^{zl} = \dfrac{-0.10}{5.48}\text{MPa}$　　　荷载组合Ⅲ：$\sigma_{za}^{zl} = \dfrac{-0.13}{5.51}\text{MPa}$

3）1/8 跨截面（有钢筋 10 根）

荷载组合Ⅰ：$\sigma_{za}^{zl} = \dfrac{-0.46}{4.29}\text{MPa}$　　　荷载组合Ⅲ：$\sigma_{za}^{zl} = \dfrac{-0.57}{4.41}\text{MPa}$

9. 变形验算

（1）施工阶段

预加应力阶段

$$M_y = 716.72\text{kN} \cdot \text{m}，q = 8.34\text{kN/m}$$

$$f_y = -54.1\text{mm}，f_g = 15.7\text{mm}，f = -54.1 + 15.7 = -38.4\text{mm}$$

运输吊装阶段

$$M_y = 656.45\text{kN} \cdot \text{m}，q = 8.34\text{kN/m}$$

$$f_y = -46.3\text{mm}，f_g = 15.7\text{mm}，f = -46.3 + 15.7 = -30.6\text{mm}$$

（2）使用阶段

$$M_y = 444.44\text{kN} \cdot \text{m}，q = 13.63\text{kN/m}$$

$$f_y = -94.7\text{mm}，f_g = 72.7\text{mm}$$

汽－超 20 作用下挠度：$M_p = 301.55\text{kN} \cdot \text{m}$，$f_p = 16.7\text{mm}$，$f = -94.7 + 72.7 + 16.7 = -5.30\text{mm}$

挂－120 作用下挠度：$M_p = 426.08\text{kN} \cdot \text{m}$，$f_p = 23.6\text{mm}$，$f = -94.7 + 72.7 + 23.6 = 1.6\text{mm}$

图 3-10～图 3-13 给出了跨径 16m、高度 55cm 的空心板桥构造及配筋。

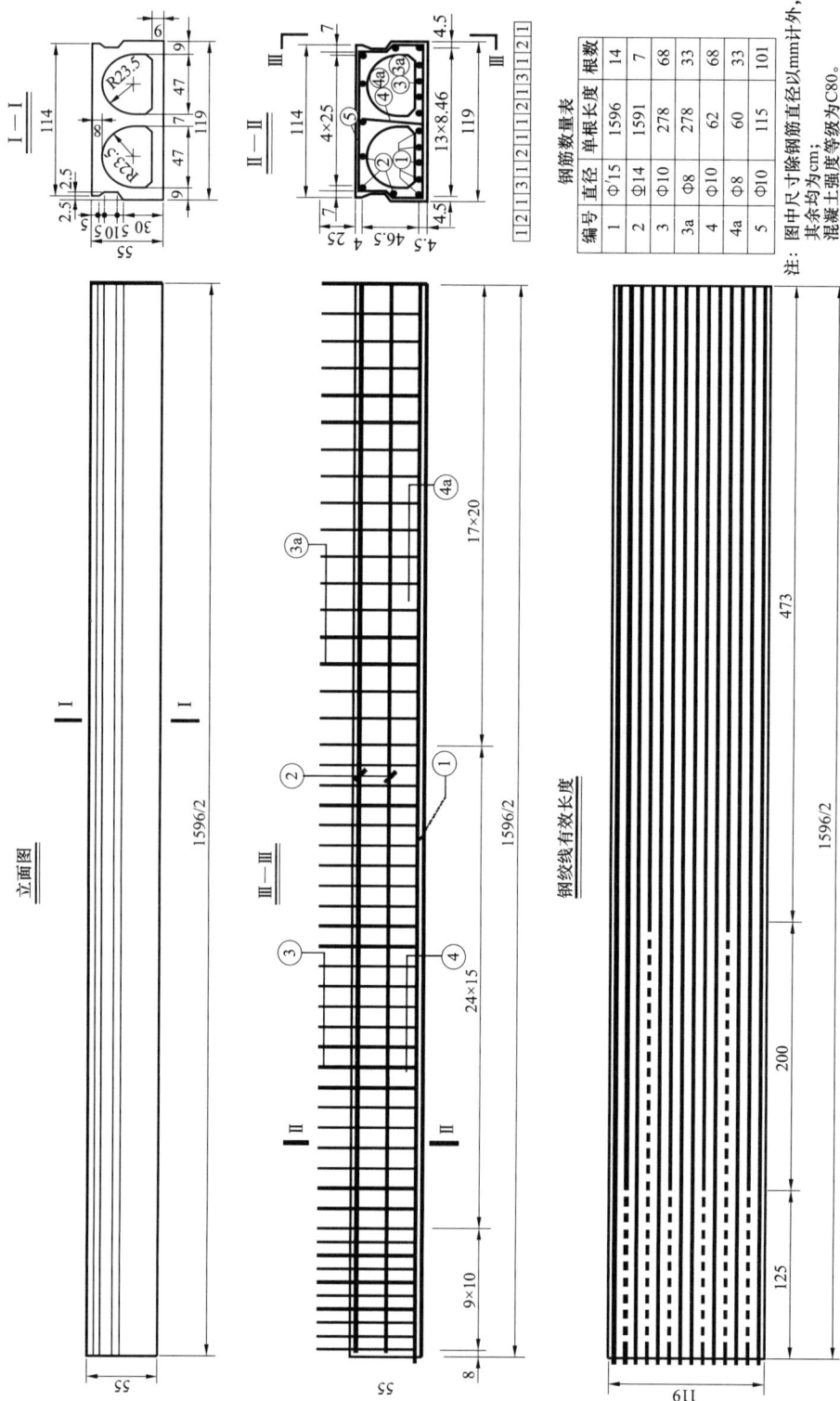

图 3-10 跨径16m、高度55cm空心板构造及配筋（0°）

钢筋数量表

编号	直径	单根长度	根数
1	Φ'15	1596	14
2	Φ14	1591	7
3	Φ10	278	68
3a	Φ8	278	33
4	Φ10	62	68
4a	Φ8	60	33
5	Φ10	115	101

注：图中尺寸除钢筋直径以mm计外，其余均为cm；混凝土强度等级为C80。

正断面图

板顶配筋图

I—I

II—II

钢绞线有效长度

钢筋数量表

编号	直径	单根长度	根数
1	Φ15	1596	14
2	Φ14	1591	7
3	Φ10	278	66
3a	Φ8	278	33
3b	Φ10	280	4
4	Φ10	62	68
4a	Φ8	60	33
5	Φ10	115	99
5a	Φ10	117	4

注：图中尺寸除钢筋直径以mm计外，
其余均为cm；
混凝土强度等级为C80。

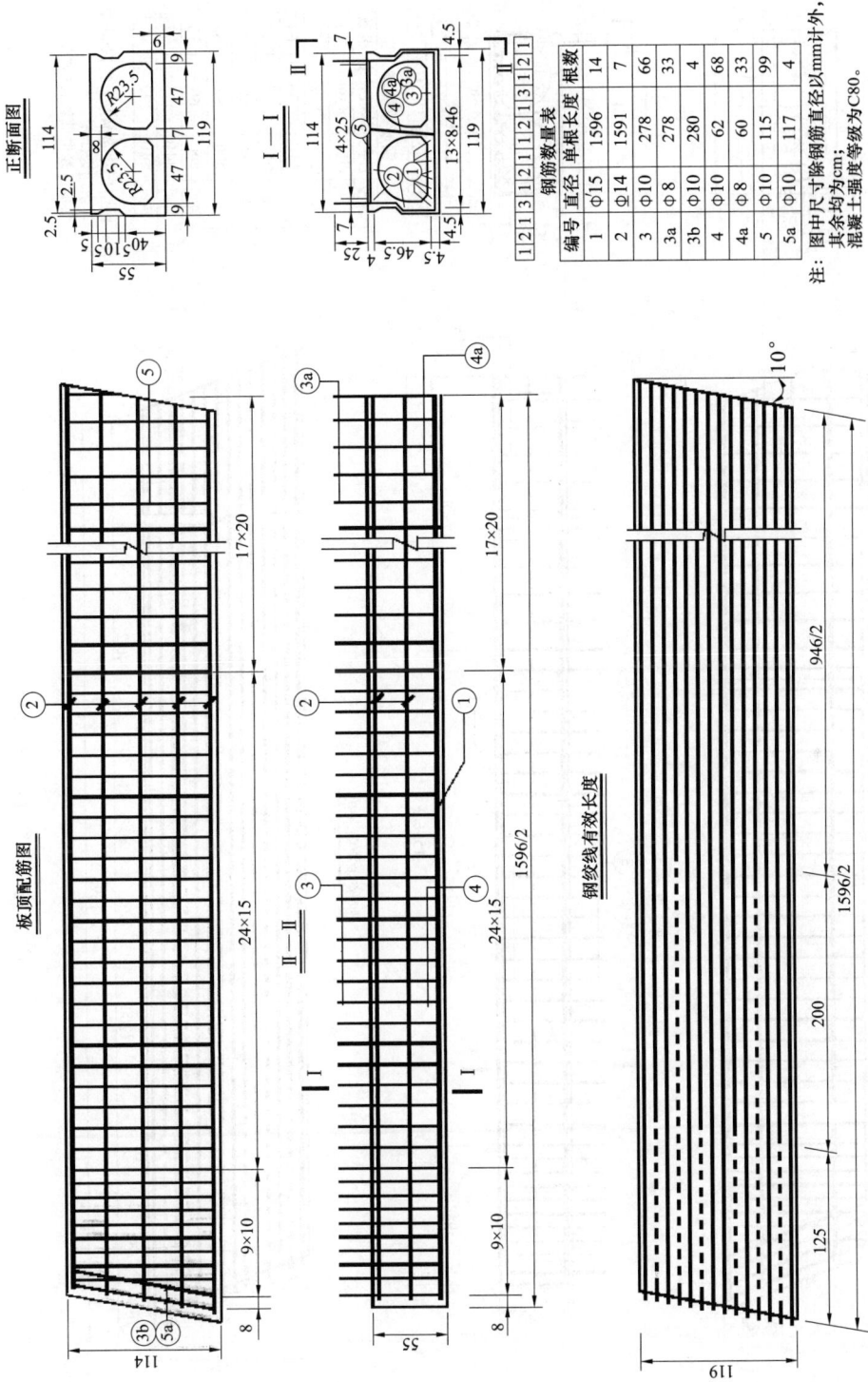

图 3-11　跨径16m、高度55cm空心板构造及配筋（10°）

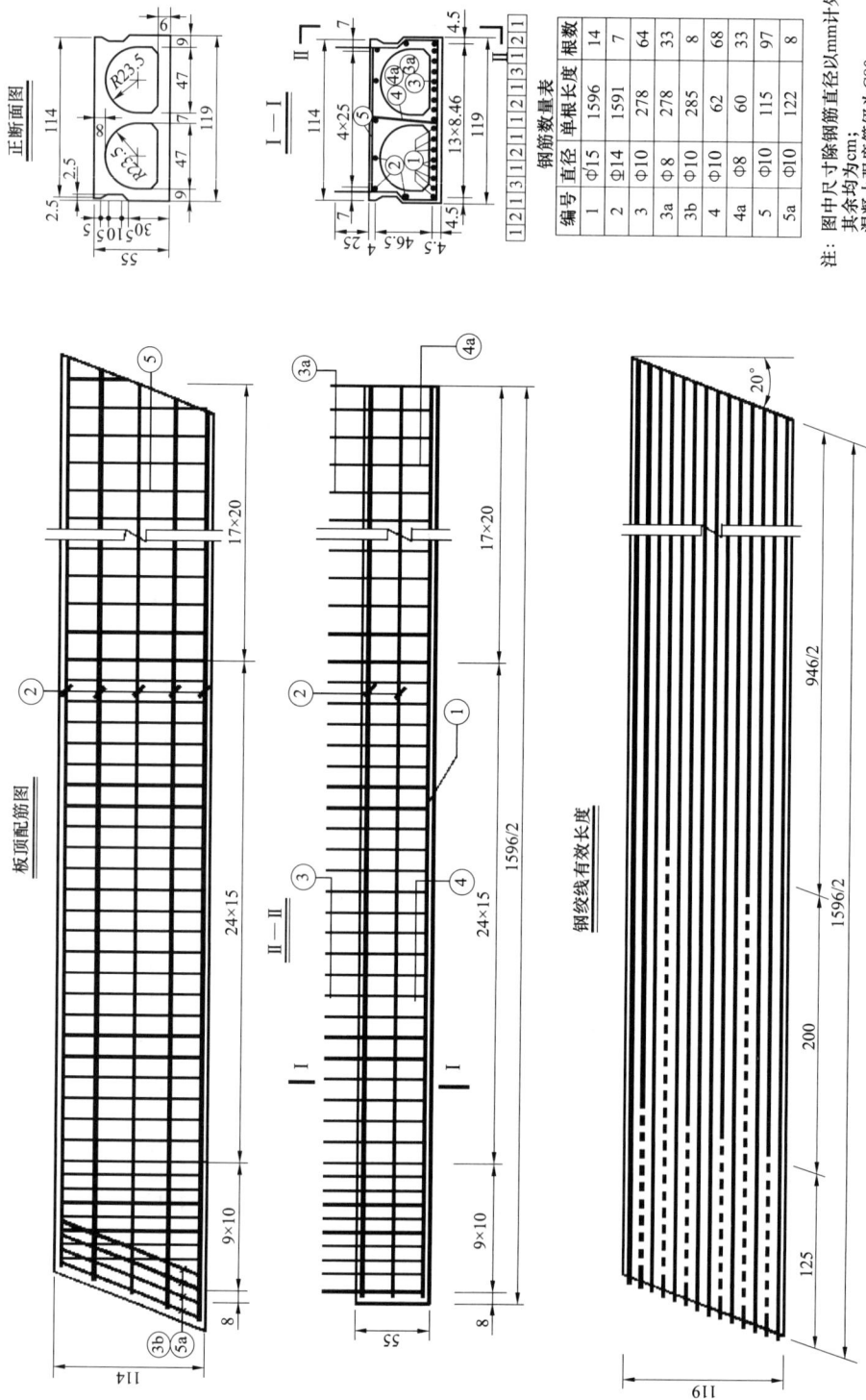

钢筋数量表

编号	直径	单根长度	根数
1	Φ15	1596	14
2	Φ14	1591	7
3	Φ10	278	64
3a	Φ8	278	33
3b	Φ10	285	8
4	Φ10	62	68
4a	Φ8	60	33
5	Φ10	115	97
5a	Φ10	122	8

注：图中尺寸除钢筋直径以mm计外，
其余均为cm；
混凝土强度等级为C80。

图 3-12 跨径16m、高度55cm空心板构造及配筋（20°）

正断面图

I—I

钢筋数量表

编号	直径	单根长度	根数
1	Φ15	1596	14
2	Φ14	1591	7
3	Φ10	278	62
3a	Φ8	278	33
3b	Φ10	295	12
4	Φ10	62	68
4a	Φ8	60	33
5	Φ10	115	95
5a	Φ10	131	12

注：图中尺寸除钢筋直径以mm计外，
其余均为cm；
混凝土强度等级为C80。

板顶配筋图

II—II

钢绞线有效长度

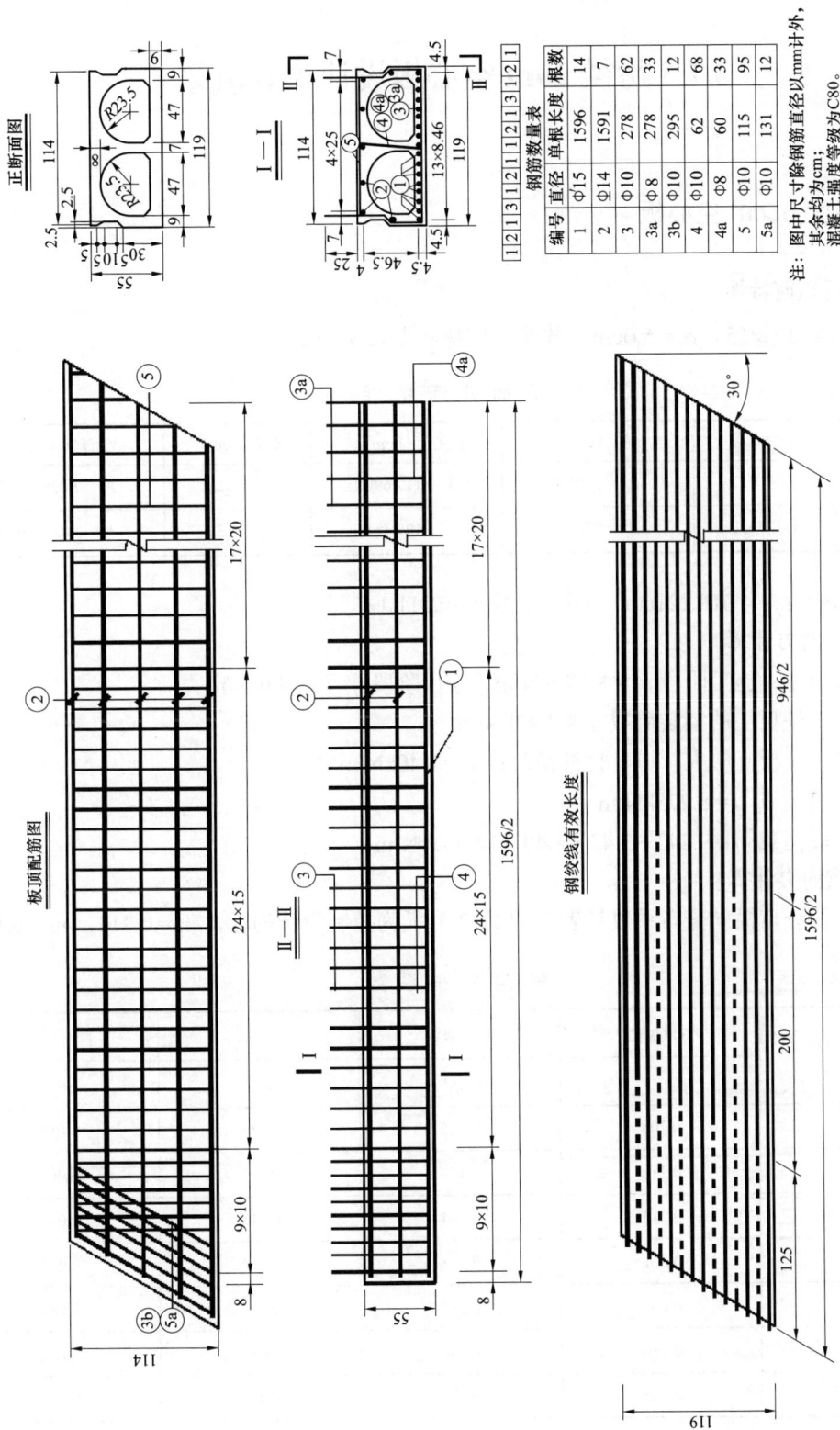

图 3-13　跨径16m、高度55cm空心板构造及配筋（30°）

3.7 跨径 20m 空心板设计主要成果

3.7.1 高度 65cm 空心板

1. 截面几何特性

截面拟配 $17\phi^j 15$，$a_y = 5.0$cm。截面几何特性见表 3-12。

表 3-12　　　　　　　　截面几何特性

截面	受力阶段	面积（cm²）	面心矩（cm³）	形心（cm）	惯心矩（cm⁴）
换算截面	施工阶段	$A'_0 = 3601.1$	$S'_0 = 117\,690.1$	$y'_0 = 32.7$	$I'_0 = 2\,029\,757.2$
	使用阶段	$A'_1 = 3788.6$	$S'_1 = 127\,481.7$	$y'_1 = 33.6$	$I'_1 = 2\,081\,656.4$

截面扭矩 $I_\tau = 4\,010\,221$cm⁴，刚度系数 $\gamma = 0.011\,1$。

2. 恒载内力计算

空心板自重：施工阶段 $q_1 = 8.775$kN/m，使用阶段 $q_1 = 9.243$kN/m

分摊到每快板上的铺装荷载 $q_2 = 3.42$kN/m

分摊到每快板上的人行道、栏杆荷载：$q_3 = 1.40$kN/m

施工阶段恒载 $q = 8.775$kN/m

使用阶段恒载 $q = 9.243 + 3.42 + 1.40 = 14.063$kN/m

3. 活载内力计算

跨中及四分点横向分布系数见表 3-13。3 号板为控制设计的板，$m_q = 0.213$，$m_g = 0.118$。

表 3-13　　　　　　　　横向分布系数

板号	荷载形式 双汽偏心 m_{cq}	双汽居中 m_{zq}	挂车偏心 m_{cg}	挂车居中 m_{zg}
1 号	0.208	0.145	0.111	0.058
2 号	0.212	0.151	0.115	0.061
3 号	0.213	0.164	0.118	0.066
4 号	0.211	0.178	0.114	0.074
5 号	0.200	0.187	0.103	0.086
6 号	0.180	0.187	0.086	0.096
7 号	0.153	0.179	0.070	0.098
8 号	0.128	0.162	0.057	0.092

支点处横向分布系数：$m_q = 0.50$，$m_g = 0.3125$。

支点到四分点的荷载横向分布系数如图 3-14 所示。

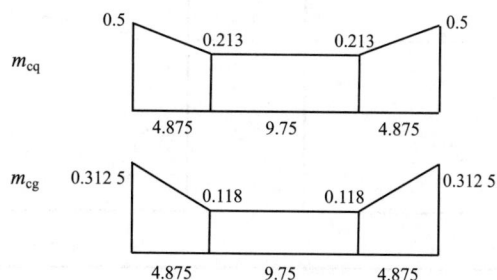

图 3-14　支点到四分点的荷载横向分布系数

4. 内力组合计算

冲击系数 1.191。内力组合见表 3-14。

表 3-14　　　　　　　　　　内　力　组　合

序号	荷载类别	弯矩（kN·m）			剪力（kN）			
		跨中	1/4 点	1/8 点	跨中	1/4 点	1/8 点	支点
①	恒载	668.43	501.32	292.44	0	68.56	102.84	137.11
②	汽-超 20	428.45	372.34	281.78	32.96	48.31	115.56	183.12
③	挂-120	515.09	444.10	336.61	33.21	68.00	138.06	219.47
④	1.2×恒载+1.4×汽	1401.95	1122.86	745.42	46.14	149.91	285.19	420.90
⑤	1.2×恒载+1.1×挂	1368.72	1090.09	721.20	36.53	157.07	275.27	405.95
⑥	1.4×汽/④	43%	46%	53%	100%	45%	57%	61%
	S_j^I 提高%	3	3	0	0	3	0	0
⑦	1.1×挂/⑤	41%	45%	51%	100%	48%	55%	59%
	S_j^{III} 提高%	2	2	2	3	2	2	2
⑧	提高后 S_j^I	1444.01	1156.54	745.42	46.14	154.41	285.19	420.90
⑨	提高后 S_j^{III}	1396.10	1111.89	735.62	37.62	160.21	280.77	414.07
	控制设计内力	1444.01	1156.54	745.42	46.14	160.21	285.19	420.90

5. 正截面承载力计算

按孔面积相等、截面惯性矩相等的原则，将空心板截面等效为工字形截面（图 3-15）。

孔面积　$A = 4037.9 \text{cm}^2$　　面积矩（以底边为轴）　$S = 88\,022.0 \text{cm}^3$

形心轴　$y = 21.8 \text{cm}$　惯性矩　$I = 577\,415.9 \text{cm}^4$

$h_k = 41.4 \text{cm}$　　$b_k = 97.5 \text{cm}$

$b_i = 119 - 97.5 = 21.5 \text{cm}$　　$h_i' = 65 - 9 - 21.8 - \dfrac{41.4}{2} = 13.5 \text{cm}$　　$h_i = 65 - 41.4 - 13.5 = 10.1 \text{cm}$

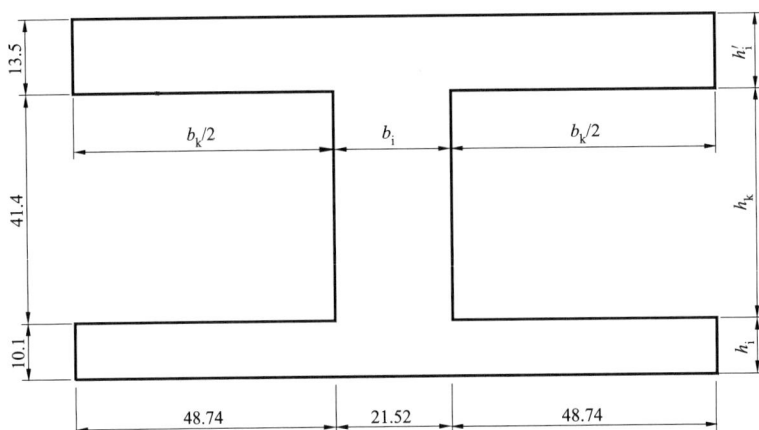

图 3－15 等效截面

按拟配 $17\phi^j15.24$，$A_y = 139.35 \times 17 = 2363 \text{mm}^2 = 23.63 \text{cm}^2$，$R_y^b = 1860 \text{MPa}$，$R_y = 1488 \text{MPa}$

$x = 6.70 \text{cm}$，$h_0 = 65 - 5 = 60 \text{cm}$，$M_p = 1593. \text{kN} \cdot \text{m}$

6. 斜截面承载力计算

各截面处箍筋布置见表 3－15。

表 3－15   箍 筋 计 算 结 果

箍　　筋		μ_k	Q_{hk} (kN)	起点位置（m）	
直径	间距（cm）			计算	实配
$\phi 8$	20	0.003 5	228.40	4.49	4.00
$\phi 10$	15	0.007 3	389.24	0.82	0.80
$\phi 10$	10	0.010 9	613.48	0	0

7. 有效预应力计算

钢绞线张拉控制应力 $\sigma_k = 0.75 \times 1860 = 1395 \text{MPa}$

锚具变形、钢绞线回缩引起的应力损失 $\sigma_{s2} = 22.80 \text{MPa}$

钢绞线松弛引起的应力损失 $\sigma_{s5} = 62.78 \text{MPa}$（超张拉），预加应力阶段，取 1/2。

混凝土弹性压缩引起的应力损失 σ_{s4}

$$N_{y0} = 3176.37 \text{kN}，\quad \sigma_{h2} = 20.82 \text{MPa}，\quad \sigma_{s4} = n_y \sigma_{h2} = 101.43 \text{MPa}$$

混凝土徐变引起的应力损失 σ_{s6}

$$N_{y0} = 2936.03 \text{kN}，\quad M = 417.09 \text{kN} \cdot \text{m}，\quad \sigma_{h2} = 13.55 \text{MPa}$$

$$\mu = 0.006\ 6 \quad\quad r^2 = 563.64 \quad\quad \rho_A = 2.361$$

查规范（JTJ 023—1985）：$\varphi(\infty, r) = 2.2$ $\varepsilon(\infty, r) = (0.23 + 0.1) \times 10^{-3} = 0.33 \times 10^{-3}$

$$\sigma_{s6} = 179.90 \text{MPa}$$

预加应力阶段：$\sigma_s^I = 54.19 \text{MPa}$，$\sigma_y^I = 1340.81 \text{MPa}$

运输吊装阶段：$\sigma_s^2 = \sigma_{s4} = 101.43 \text{MPa}$，$\sigma_y^2 = 1340.81 - 101.43 = 1239.38 \text{MPa}$

使用阶段：$\sigma_s^3 = 211.29\text{MPa}$ ，

　　　永久预应力 $\sigma_y^3 = 1239.38 - 211.29 = 1028.09\text{MPa} < 0.65 R_y^b = 1209\text{MPa}$

8. 截面抗裂度验算

（1）正截面应力

正截面应力汇总见表3-16。

表3-16　　　　　　　　各截面应力计算结果

阶段		类别＼截面	跨中	l/4	l/8	支点
施工阶段	预加应力阶段	预应力①	-5.18 / 22.99		-3.96 / 17.58	
		恒载②	6.63 / -6.72	4.97 / -5.04	2.90 / -2.94	
		正应力①+②	1.45 / 16.27	-0.21 / 17.95	-1.06 / 14.64	0
		钢绞线应力 σ_y	1368.5	1361.6	1352.9	0
	运输吊装阶段	预应力③	-4.79 / 21.25		-3.66 / 16.25	
		恒载④	3.59 / -3.68	2.69 / -2.67	1.56 / -1.61	
		正应力③+④	-1.20 / 17.57	-2.10 / 18.58	-2.10 / 14.64	0
		钢绞线应力 σ_y	1254.6	1250.4	1246.0	0
使用阶段		预应力⑤	-4.07 / 17.67		-3.11 / 13.51	
		恒载⑥	10.08 / -10.79	7.56 / -8.09	4.41 / -4.72	
		活载（汽车）⑧	6.46 / -6.92	5.61 / -6.01	4.25 / -4.55	
		活载（挂车）⑦	7.77 / -8.31	6.70 / -7.16	5.08 / -5.43	0
		正应力⑤+⑥+⑦	13.78 / -1.43	10.19 / 2.42	6.38 / 3.36	0
		正应力⑤+⑥+⑧	12.47 / -0.04	9.10 / 3.57	5.55 / 4.24	
		钢绞线应力 σ_y（汽）	1101.2	1086.3	1066.3	0
		钢绞线应力 σ_y（挂）	1106.9	1091.0	1070.0	0

注：恒载④为0.85×恒载②。l/8截面预应力按13根钢绞线计算。

（2）截面中性轴处的剪应力

1）支点

荷载组合 I （恒载＋汽车－超 20）下：$Q_恒 = 137.11\text{kN}$，$Q_活 = 183.12\text{kN}$，

$$Q = Q_恒 + Q_活 = 320.23\text{kN}，\quad \tau = 2.41\text{MPa}$$

荷载组合 III（恒载＋挂车－120）下：$Q_恒 = 137.11\text{kN}$，$Q_活 = 219.47\text{kN}$，

$$Q = Q_恒 + Q_活 = 356.58\text{kN}，\quad \tau = 2.69\text{MPa}$$

2）1/4 跨截面

荷载组合 I（恒载＋汽车－超 20）下：$Q = Q_恒 + Q_活 = 68.56 + 48.31 = 116.87\text{kN}$，$\tau = 0.88\text{MPa}$

荷载组合 III（恒载＋挂车－120）下：$Q = Q_恒 + Q_活 = 68.56 + 68.00 = 134.56\text{kN}$，$\tau = 1.02\text{MPa}$

3）1/8 跨截面剪应力

荷载组合 I （恒载＋汽车－超 20）下：$Q = Q_恒 + Q_活 = 102.84 + 115.56 = 218.40\text{kN}$，

$$\tau = 1.65\text{MPa}$$

荷载组合 III（恒载＋挂车－120）下的剪力值：$Q = Q_恒 + Q_活 = 102.84 + 138.06 = 240.90\text{kN}$，

$$\tau = 1.82\text{MPa}$$

（3）截面中性轴处的主应力

1）支点

荷载组合 I：$\sigma_{za}^{zl} = \mp 2.41\text{MPa}$　　　　荷载组合 III：$\sigma_{za}^{zl} = \mp 2.69\text{MPa}$

2）1/4 跨截面

荷载组合 I：$\sigma_{za}^{zl} = \dfrac{-0.12}{6.56}\text{MPa}$　　　荷载组合 III：$\sigma_{za}^{zl} = \dfrac{-0.16}{6.60}\text{MPa}$

3）1/8 跨截面（有钢筋 13 根）

荷载组合 I：$\sigma_{za}^{zl} = \dfrac{-0.50}{5.42}\text{MPa}$　　　荷载组合 III：$\sigma_{za}^{zl} = \dfrac{-0.60}{5.52}\text{MPa}$

9. 变形验算

（1）施工阶段

预加应力阶段

$$M_y = 879.84\text{kN} \cdot \text{m}，\quad q = 8.775\text{kN/m}$$

$$f_y = -66.4\text{mm}，\quad f_g = 26.2\text{mm}，\quad f = -66.4 + 26.2 = -40.2\text{mm}$$

运输吊装阶段

$$M_y = 813.28\text{kN} \cdot \text{m}，\quad q = 8.775\text{kN/m}$$

$$f_y = -57.4\text{mm}，\quad f_g = 24.6\text{mm}，\quad f = -57.4 + 24.6 = -32.8\text{mm}$$

（2）使用阶段

$$M_y = 696.55\text{kN} \cdot \text{m}，\quad q = 14.063\text{kN/m}$$

$$f_y = -105.6\text{mm}，\quad f_g = 84.4\text{mm}$$

汽－超 20 作用下挠度：$M_p = 428.45\text{kN} \cdot \text{m}$，$f_p = 24.5\text{mm}$，$f = -105.6 + 84.4 + 24.5 = 3.3\text{mm}$

挂－120 作用下挠度：$M_p = 515.09\text{kN} \cdot \text{m}$，$f_p = 29.5\text{mm}$，$f = -105.6 + 84.4 + 29.5 = 8.3\text{mm}$

3.7.2　高度 75cm 空心板

1. 截面几何特征

截面拟配 $14\phi^j15$，$a_y = 5.0$cm。截面几何特性见表 3–17。

表 3–17　　　　　　　　　　　　　　截面几何特性

截面	受力阶段	面积（cm²）	面心矩（cm³）	形心（cm）	惯心矩（cm⁴）
换算截面	施工阶段	$A_0' = 3836.0$	$S_0' = 161\,495.6$	$y_0' = 42.1$	$I_0' = 3\,188\,758$
	使用阶段	$A_1' = 4023.5$	$S_1' = 157\,318.9$	$y_1' = 39.1$	$I_1' = 3\,011\,864$

截面扭矩 $I_\tau = 5\,187\,898$cm⁴，刚度系数 $\gamma = 0.012\,5$。

2. 恒载内力计算

空心板自重：施工阶段 $q_1 = 9.59$kN/m，使用阶段 $q_1 = 10.06$kN/m

分摊到每块板上的铺装荷载 $q_2 = 3.42$kN/m

分摊到每块板上的人行道、栏杆荷载　$q_3 = 1.40$kN/m

施工阶段恒载　$q = 9.59$kN/m

使用阶段恒载　$q = 10.06 + 3.42 + 1.40 = 14.88$kN/m

3. 活载内力计算

跨中及四分点横向分布系数见表 3–18。3 号板为控制设计的板，$m_q = 0.219$，$m_g = 0.121$

表 3–18　　　　　　　　　　　　　　横向分布系数

板号	荷载形式	双汽偏心	双汽居中	挂车偏心	挂车居中
		m_{cq}	m_{zq}	m_{cg}	m_{zg}
1 号		0.212	0.145	0.113	0.057
2 号		0.216	0.151	0.117	0.060
3 号		0.219	0.165	0.121	0.066
4 号		0.216	0.181	0.118	0.075
5 号		0.204	0.191	0.105	0.087
6 号		0.182	0.191	0.087	0.098
7 号		0.155	0.182	0.070	0.101
8 号		0.127	0.164	0.057	0.094

支点处横向分布系数：$m_q = 0.50$，$m_g = 0.312\,5$

支点到四分点的荷载横向分布系数如图 3–16 所示。

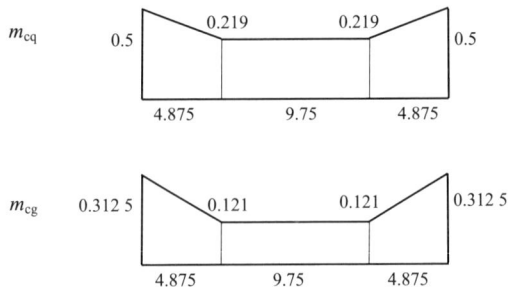

图 3-16 支点到四分点的荷载横向分布系数

4. 内力组合计算

冲击系数 1.191。内力组合见表 3-19。

表 3-19 内 力 组 合

序号	荷载类别	弯矩（kN·m）			剪力（kN）			
		跨中	1/4 点	1/8 点	跨中	1/4 点	1/8 点	支点
①	恒载	707.27	530.45	309.43	0	72.54	108.81	145.08
②	汽-超20	438.19	381.26	286.28	33.89	51.46	117.41	187.97
③	挂-120	527.96	453.55	342.21	34.05	69.73	140.35	220.77
④	1.2×恒载+1.4×汽	1462.19	1170.30	772.11	47.45	159.09	294.95	437.25
⑤	1.2×恒载+1.1×挂	1429.48	1135.45	747.75	37.45	163.75	284.96	416.94
⑥	1.4×汽/④	42%	46%	52%	100%	45%	56%	60%
	S_j^I 提高%	3	3	0	0	3	0	0
⑦	1.1×挂/⑤	41%	44%	50%	100%	47%	54%	58%
	S_j^{III} 提高%	2	2	2	3	2	2	2
⑧	提高后 S_j^I	1506.06	1205.41	772.11	47.45	163.86	294.95	437.25
⑨	提高后 S_j^{III}	1458.07	1158.16	762.71	38.57	167.03	290.66	425.28
	控制设计内力	1506.06	1205.41	772.11	47.45	167.03	294.95	437.25

5. 正截面承载力计算

按孔面积相等、截面惯性矩相等的原则，将空心板截面等效为工字形截面（图 3-17）。

孔面积 $A = 4977.1 \text{cm}^2$，面积矩（以底边为轴）$S = 132\,888.6 \text{cm}^3$

形心轴 $y = 26.7 \text{cm}$，惯性矩 $I = 1\,226\,116 \text{cm}^4$

$$h_k = 54.4 \text{cm}, \quad b_k = 91.5 \text{cm}$$

$b_i = 119 - 91.5 = 27.5 \text{cm}, \quad h_i' = 75 - 9 - 26.7 - 54.4/2 = 12.1 \text{cm}, \quad h_i = 75 - 54.4 - 12.1 = 8.5 \text{cm}$

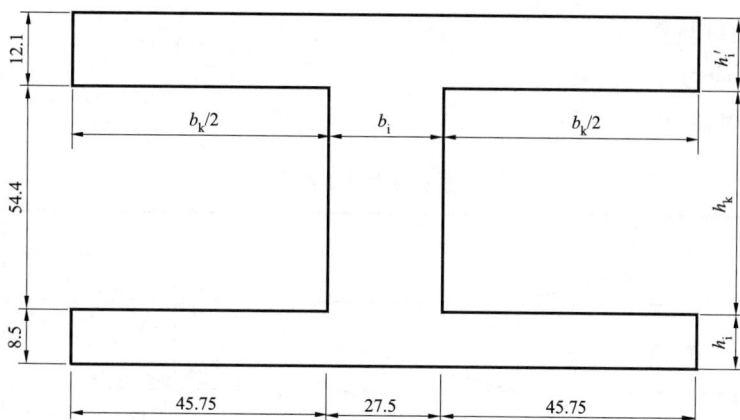

图 3-17　等效截面

按拟配 $14\phi^j15.24$ ，$A_y = 139.35 \times 14 = 19.51\text{cm}^2$，$R_y^b = 1860\text{MPa}$，$R_y = 1488\text{MPa}$，
$x = 5.14\text{cm}$，$h_0 = 75 - 5 = 70\text{cm}$，$M_P = 1561.3\text{kN} \cdot \text{m}$

6. 斜截面承载力计算

各截面处箍筋布置见表 3-20。

表 3-20　　　　　　　　　　　　　　箍　筋　计　算　结　果

箍　　筋		μ_k	Q_{hk}（kN）	起点位置（m）	
直径	间距（cm）			计算	实配
$\phi 8$	20	0.002 74	290.31	4.07	4.50
$\phi 10$	15	0.004 28	481.17	0	0

7. 有效预应力计算

钢绞线张拉控制应力　$\sigma_k = 1395\text{MPa}$

锚具变形、钢绞线回缩引起的应力损失 $\sigma_{s2} = 22.80\text{MPa}$

钢绞线松弛引起的应力损失 $\sigma_{s5} = 62.78\text{MPa}$（超张拉），预加应力阶段，取 1/2。

混凝土弹性压缩引起的应力损失 σ_{s4}

$$N_{y0} = 2615.83\text{kN}，\quad \sigma_{h2} = 18.11\text{MPa}，\quad \sigma_{s4} = n_y\sigma_{h2} = 88.23\text{MPa}$$

混凝土徐变引起的应力损失 σ_{s6}

$$N_{y0} = 2443.66\text{kN}，\quad M = 455.82\text{kN} \cdot \text{m}，\quad \sigma_{h2} = 11.61\text{MPa}$$
$$\mu = 0.005\,1，\quad r^2 = 831.27，\quad \rho_A = 2.656$$

查规范（JTJ 023—1985）：$\varphi(\propto,\text{r}) = 2.2, \varepsilon(\propto,\text{r}) = (0.23 + 0.1) \times 10^{-3} = 0.33 \times 10^{-3}$

$$\sigma_{s6} = 166.27\text{MPa}$$

预加应力阶段：$\sigma_s^I = 54.19\text{MPa}$，　$\sigma_y^I = 1340.81\text{MPa}$

运输吊装阶段：$\sigma_s^2 = \sigma_{s4} = 101.43\text{MPa}$，　$\sigma_y^2 = 1340.81 - 88.23 = 1252.58\text{MPa}$

使用阶段：$\sigma_s^3 = 197.66\text{MPa}$，

永久预应力 $\sigma_y^3 = 1252.58 - 197.66 = 1054.92\text{MPa} < 0.65 R_y^b = 1209\text{MPa}$

8. 截面抗裂度验算

（1）正截面应力

正截面应力汇总见表 3-21。

表 3-21　　　　　　　　　　各截面应力计算结果

阶段		类别	跨中	l/4	l/8	支点
施工阶段	预加应力阶段	预应力①	−3.19	19.63	−2.28 14.02	
		恒载②	4.70 −6.02	3.53 −4.52	2.06 −2.63	
		正应力①+②	1.51 13.61	0.34 15.11	−0.22 11.39	0
		钢绞线应力 σ_y	1366.6	1360.2	1352.1	0
	运输吊装阶段	预应力③	−2.98	18.34	−2.13 13.10	
		恒载④	4.00 −5.12	3.00 −3.84	1.75 −2.23	
		正应力③+④	−1.02 13.22	0.02 14.50	−0.38 10.87	0
		钢绞线应力 σ_y	1274.3	1268.9	1262.1	0
使用阶段		预应力⑤	−3.25	14.23	−2.32 10.16	
		恒载⑥	8.43 −9.18	6.32 −6.88	3.69 −4.02	
		活载（汽车）⑧	5.22 −5.69	4.54 −4.95	3.41 −3.72	
		活载（挂车）⑦	6.29 −6.86	5.40 −5.89	4.08 −4.45	0
		正应力⑤+⑥+⑦	11.47 −1.81	8.47 1.46	5.45 1.69	0
		正应力⑤+⑥+⑧	10.40 −0.64	7.61 2.40	4.78 2.42	
		钢绞线应力 σ_y（汽）	1118.7	1105.7	1088.3	0
		钢绞线应力 σ_y（挂）	1123.1	1109.2	1090.9	0

注：恒载④为 0.85×恒载②。l/8 截面预应力按 10 根钢绞线计算。

（2）截面中性轴处的剪应力

1）支点

荷载组合 Ⅰ（恒载＋汽车－超 20）下：$Q_恒 = 145.08\text{kN}$，$Q_活 = 187.97\text{kN}$，

$$Q = Q_恒 + Q_活 = 332.78\text{kN}，\tau = 1.74\text{MPa}$$

荷载组合 Ⅲ（恒载＋挂车－120）下：$Q = Q_恒 + Q_活 = 145.08 + 220.77 = 365.85\text{kN}$，

$$\tau = 1.91\text{MPa}$$

2）1/4 跨截面

荷载组合 Ⅰ（恒载＋汽车－超 20）下：$Q = Q_恒 + Q_活 = 72.54 + 51.46 = 124.00\text{kN}$，$\tau = 0.65\text{MPa}$

荷载组合 Ⅲ（恒载＋挂车－120）下：$Q = Q_恒 + Q_活 = 72.54 + 69.73 = 142.27\text{kN}$，$\tau = 0.74\text{MPa}$

3）1/8 跨截面剪应力

荷载组合 Ⅰ（恒载＋汽车－超 20）下：$Q = Q_恒 + Q_活 = 108.81 + 117.41 = 226.22\text{kN}$，

$$\tau = 1.18\text{MPa}$$

荷载组合 Ⅲ（恒载＋挂车－120）下的剪力值：$Q = Q_恒 + Q_活 = 108.81 + 140.35 = 249.16\text{kN}$，

$$\tau = 1.29\text{MPa}$$

（3）截面中性轴处的主应力

1）支点

荷载组合 Ⅰ：$\sigma_{za}^{zl} = \mp 1.74\text{MPa}$　　　　荷载组合 Ⅲ：$\sigma_{za}^{zl} = \mp 1.91\text{MPa}$

2）1/4 跨截面

荷载组合 Ⅰ：$\sigma_{za}^{zl} = \dfrac{-0.08}{5.20}\text{MPa}$　　　　荷载组合 Ⅲ：$\sigma_{za}^{zl} = \dfrac{-0.10}{5.22}\text{MPa}$

3）1/8 跨截面（有钢筋 10 根）

荷载组合 Ⅰ：$\sigma_{za}^{zl} = \dfrac{-0.34}{4.01}\text{MPa}$　　　　荷载组合 Ⅲ：$\sigma_{za}^{zl} = \dfrac{-0.40}{4.07}\text{MPa}$

9. 变形验算

（1）施工阶段

预加应力阶段

$$M_y = 970.38\text{kN·m}，q = 9.59\text{kN/m}$$

$$f_y = -46.6\text{mm}，f_g = 18.2\text{mm}，f = -46.6 + 18.2 = -28.4\text{mm}$$

运输吊装阶段

$$M_y = 906.60\text{kN·m}，q = 9.59\text{kN/m}$$

$$f_y = -43.5\text{mm}，f_g = 18.2\text{mm}，f = -43.5 + 18.2 = -25.3\text{mm}$$

（2）使用阶段

$$M_y = 701.79\text{kN·m}，q = 14.88\text{kN/m}$$

$$f_y = -106.9\text{mm}，f_g = 89.8\text{mm}$$

汽－超 20 作用下挠度：$M_p = 438.19\text{kN·m}$，$f_p = 17.4\text{mm}$，$f = -106.9 + 89.8 + 17.4 = 0.3\text{mm}$

挂－120 作用下挠度：$M_p = 527.96\text{kN·m}$，$f_p = 21.0\text{mm}$，$f = -106.9 + 89.8 + 21.0 = 3.9\text{mm}$

图 3－18～图 3－21 给出了跨径 20m、高度 65cm 的空心板构造及配筋。

图 3－22～图 3－25 给出了跨径 20m、高度 75cm 的空心板构造及配筋。

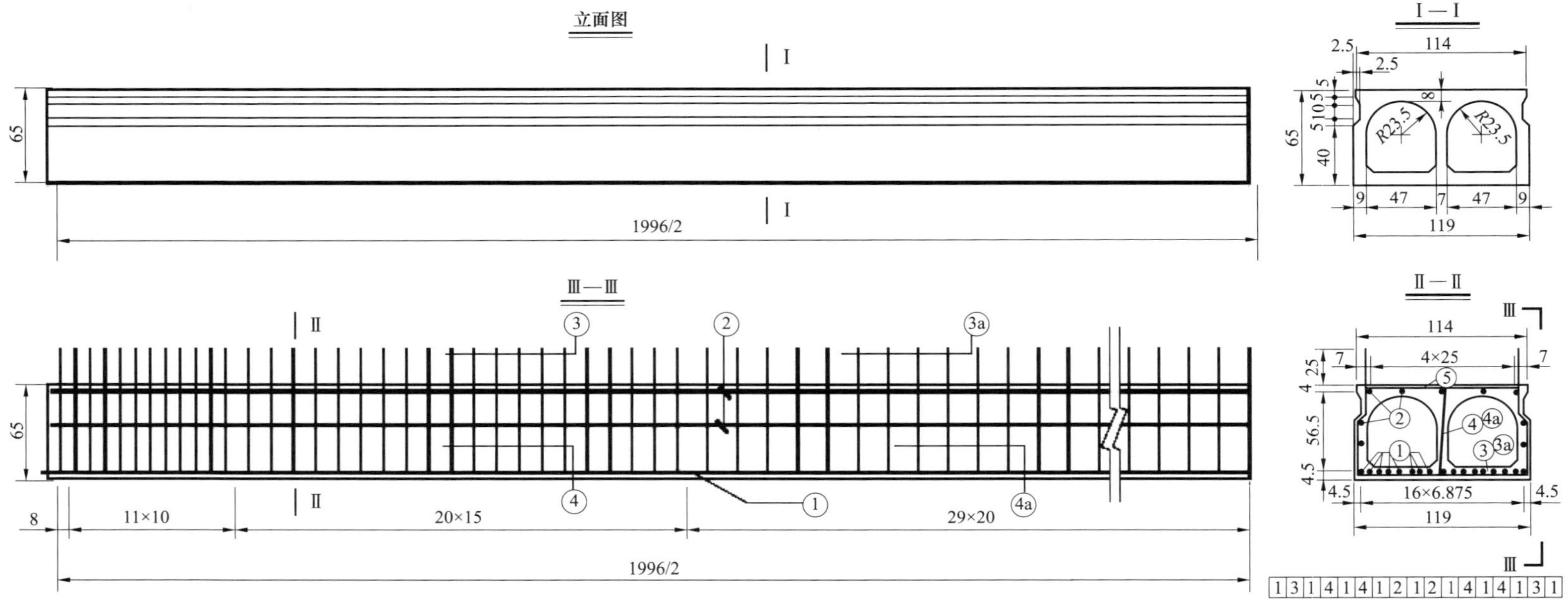

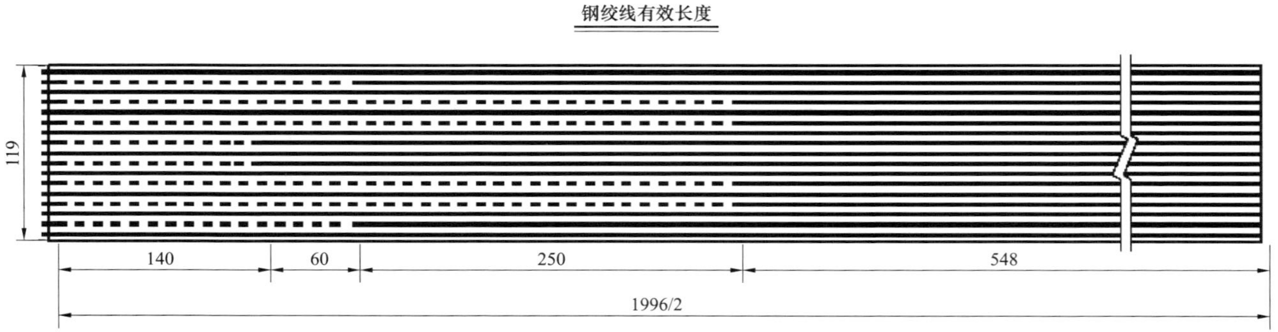

钢筋数量表

编号	直径	单根长度	根数
1	Φ'15	1996	17
2	Φ14	1991	7
3	Φ10	298	64
3a	Φ8	298	57
4	Φ10	72	64
4a	Φ8	70	57
5	Φ10	115	121

注：图中尺寸除钢筋直径以mm计外，其余均为cm；混凝土强度等级为C80。

图 3-18 跨径20m、高度65cm空心板构造及配筋（0°）

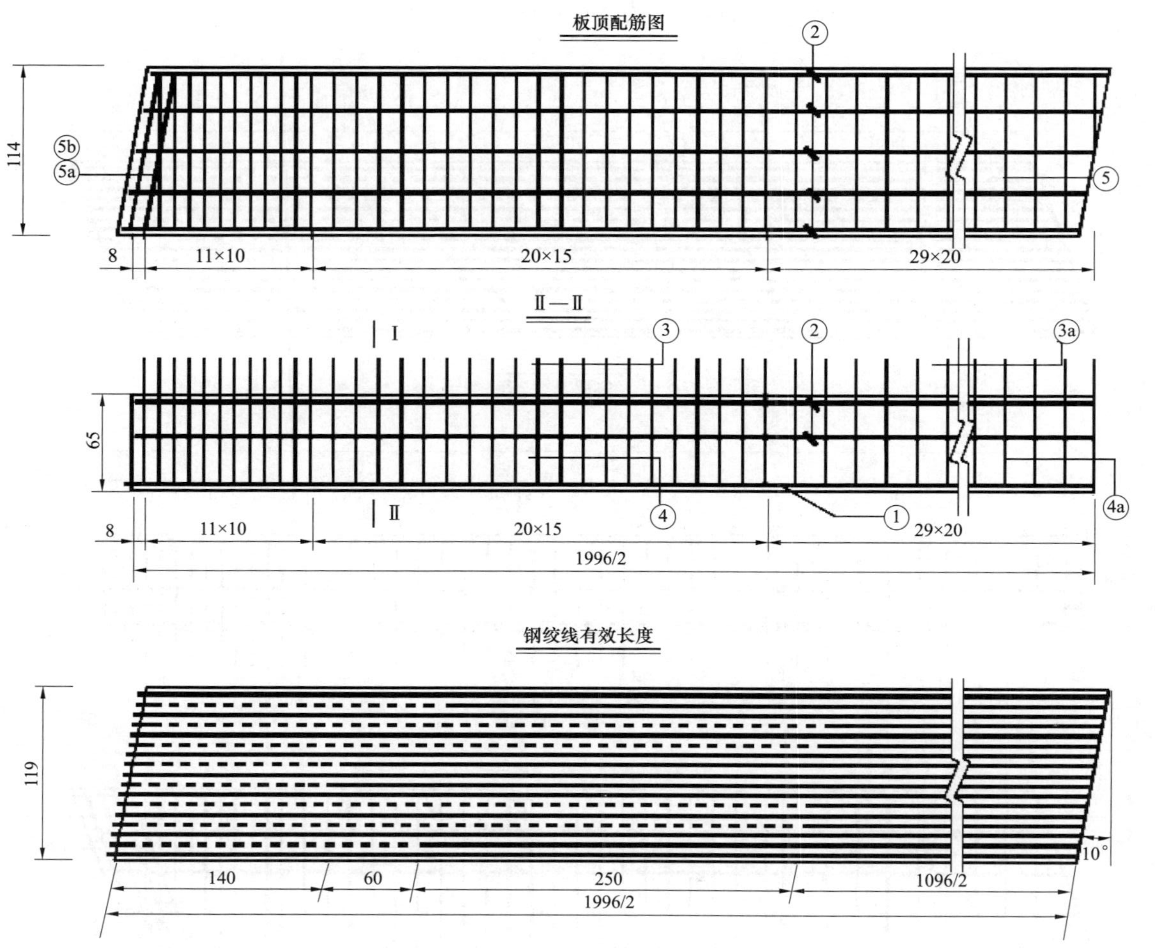

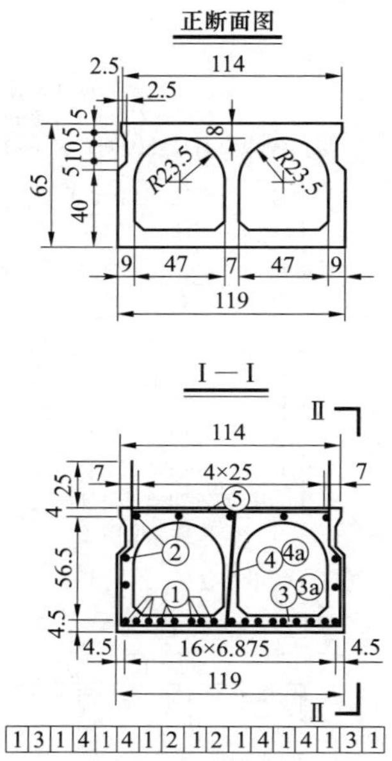

钢筋数量表

编号	直径	单根长度	根数
1	Φ^s15	1996	17
2	Φ14	1991	7
3	Φ10	298	62
3a	Φ8	298	57
3b	Φ10	300	4
4	Φ10	72	64
4a	Φ8	70	57
5	Φ10	115	119
5a	Φ10	117	4

注：图中尺寸除钢筋直径以mm计外，
其余均为cm；
混凝土强度等级为C80。

正断面图

I—I

板顶配筋图

II—II

钢绞线有效长度

图 3-19　跨径20m、高度65cm空心板构造及配筋（10°）

钢筋数量表

编号	直径	单根长度	根数
1	Φ'15	1996	17
2	Φ14	1991	7
3	Φ10	298	60
3a	Φ8	298	57
3b	Φ10	305	8
4	Φ10	72	64
4a	Φ8	70	57
5	Φ10	115	117
5a	Φ10	122	8

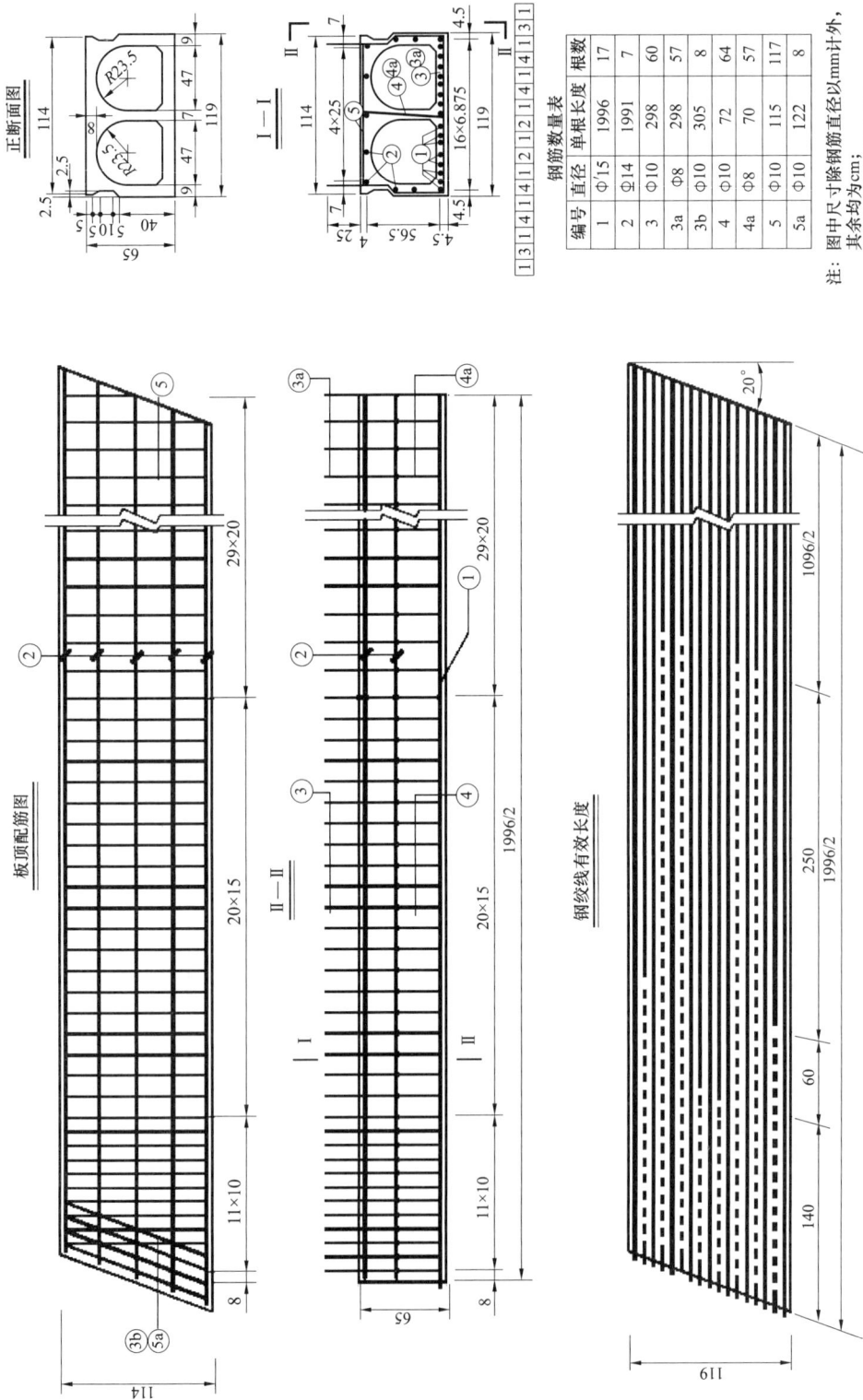

注：图中尺寸除钢筋直径以mm计外，
其余均为cm；
混凝土强度等级为C80。

正断面图

I—I

板顶配筋图

II—II

钢铰线有效长度

图 3-20 跨径20m、高度65cm空心板构造及配筋（20°）

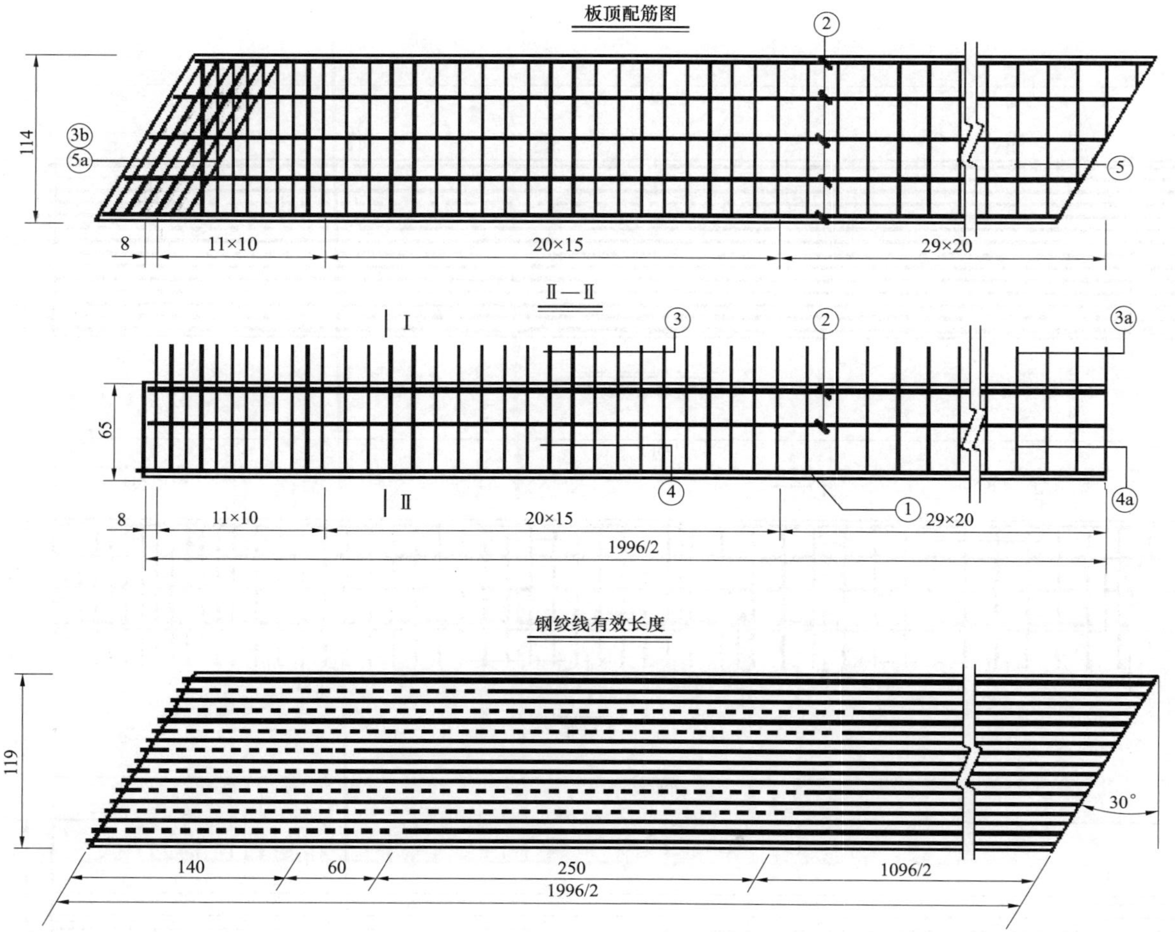

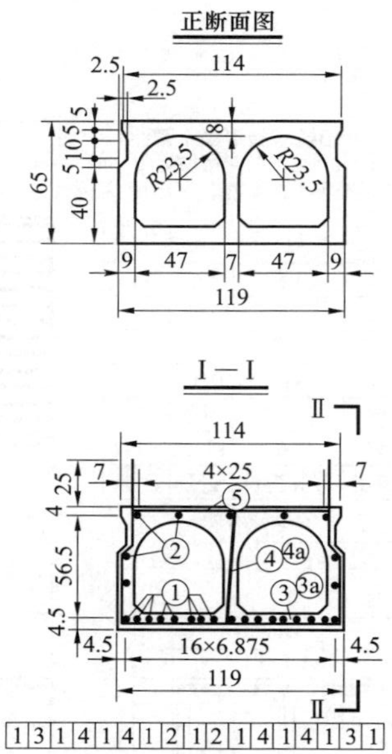

钢筋数量表

编号	直径	单根长度	根数
1	Φ′15	1996	17
2	Φ14	1991	7
3	Φ10	298	58
3a	Φ8	298	57
3b	Φ10	315	12
4	Φ10	72	64
4a	Φ8	70	57
5	Φ10	115	115
5a	Φ10	131	12

注：图中尺寸除钢筋直径以mm计外，其余均为cm；
混凝土强度等级为C80。

图 3-21　跨径20m、高度65cm空心板构造及配筋（30°）

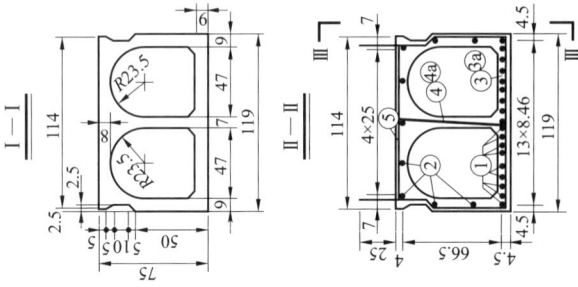

钢筋数量表

编号	直径	单根长度	根数
1	Φ15	1996	14
2	Φ14	1991	9
3	Φ10	318	64
3a	Φ8	318	57
4	Φ10	82	64
4a	Φ8	80	57
5	Φ10	115	121

注：图中尺寸除钢筋直径以mm计外，
其余均为cm；
混凝土强度等级为C80。

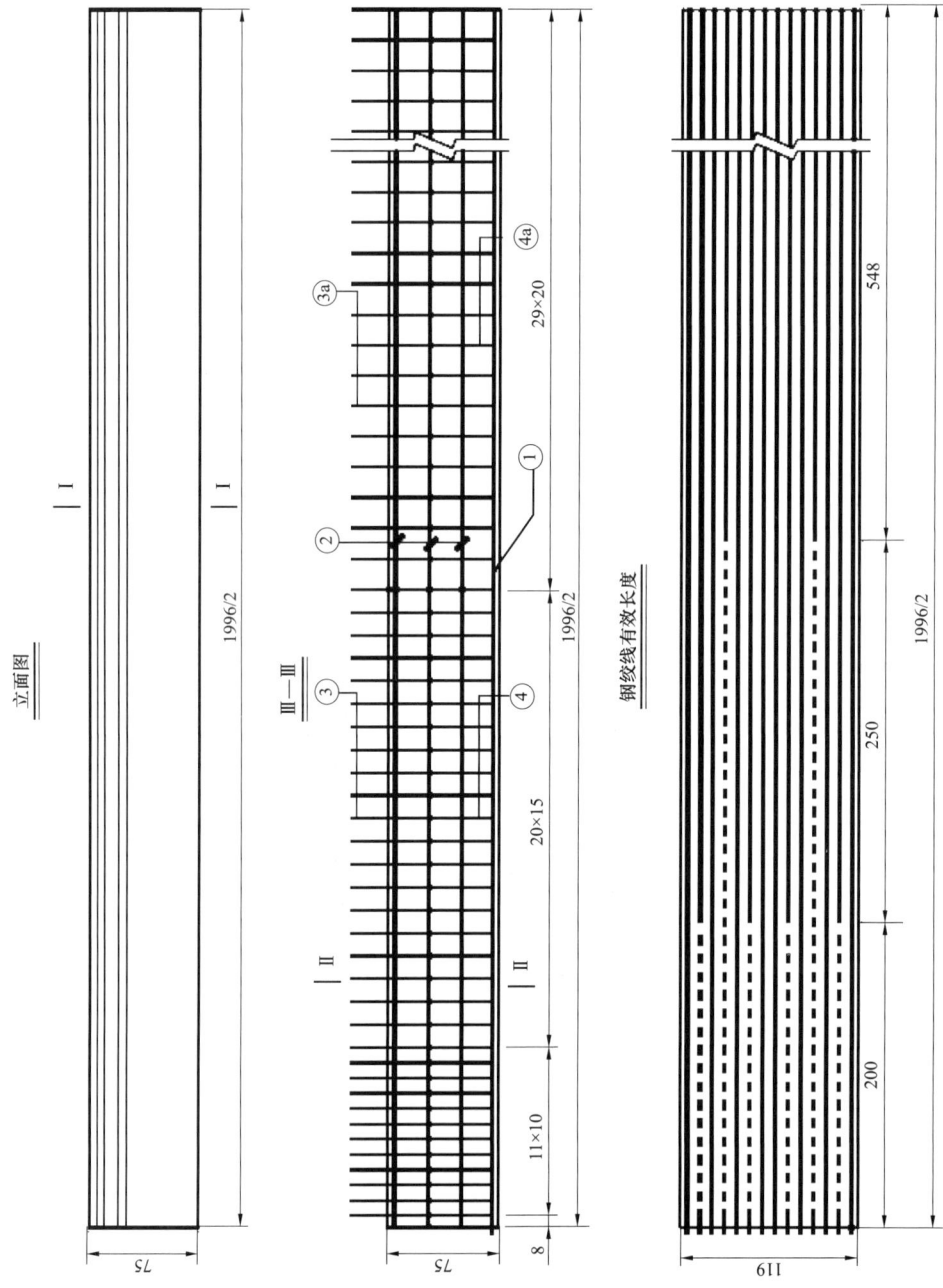

图 3-22 跨径20m，高度75cm空心板构造及配筋（0°）

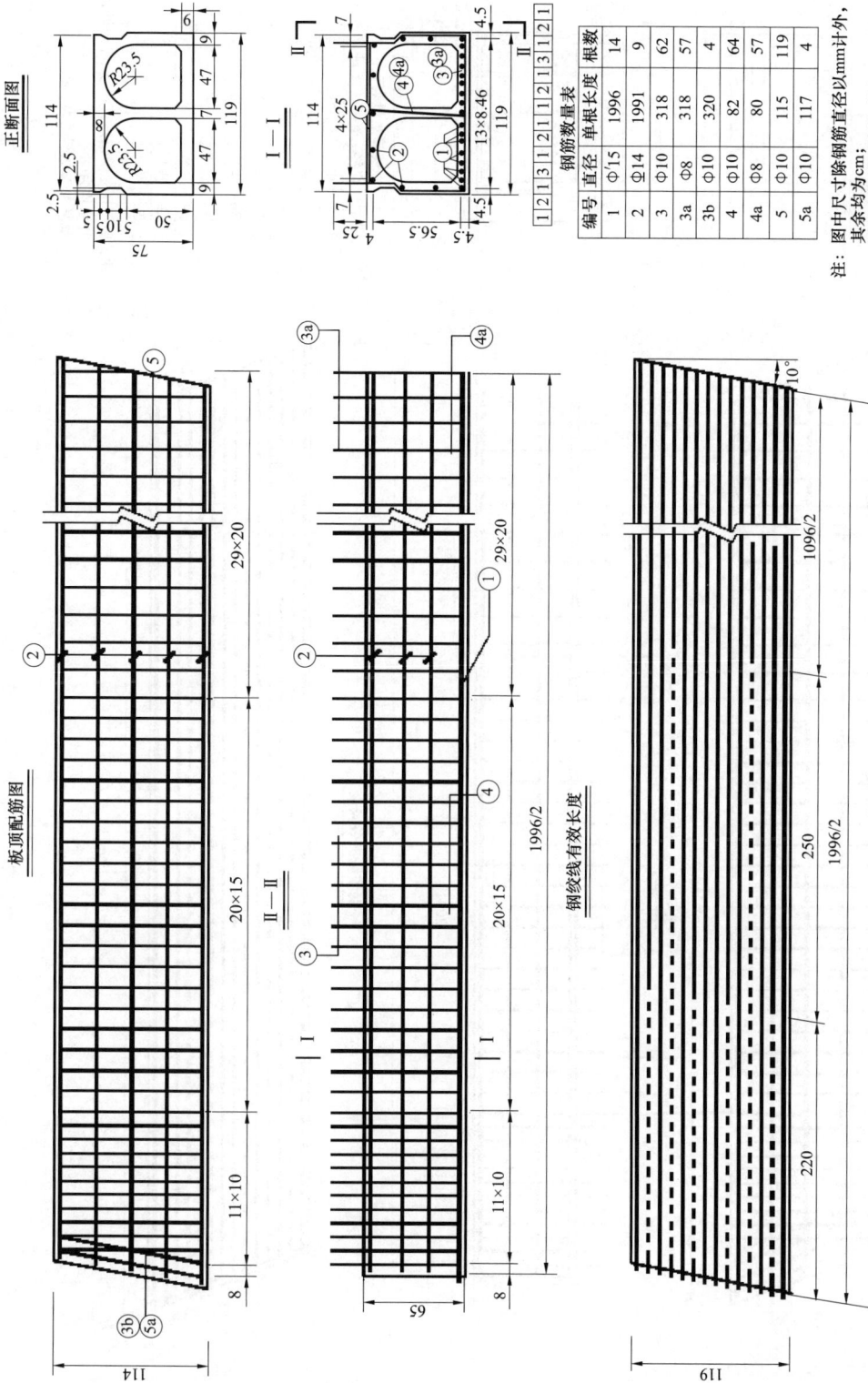

钢筋数量表

编号	直径	单根长度	根数
1	Φ'15	1996	14
2	Φ14	1991	9
3	Φ10	318	62
3a	Φ8	318	57
3b	Φ10	320	4
4	Φ10	82	64
4a	Φ8	80	57
5	Φ8	115	119
5a	Φ10	117	4

注：图中尺寸除钢筋直径以mm计外，
其余均为cm；
混凝土强度等级为C80。

图 3-23　跨径20m、高度75cm空心板构造及配筋（10°）

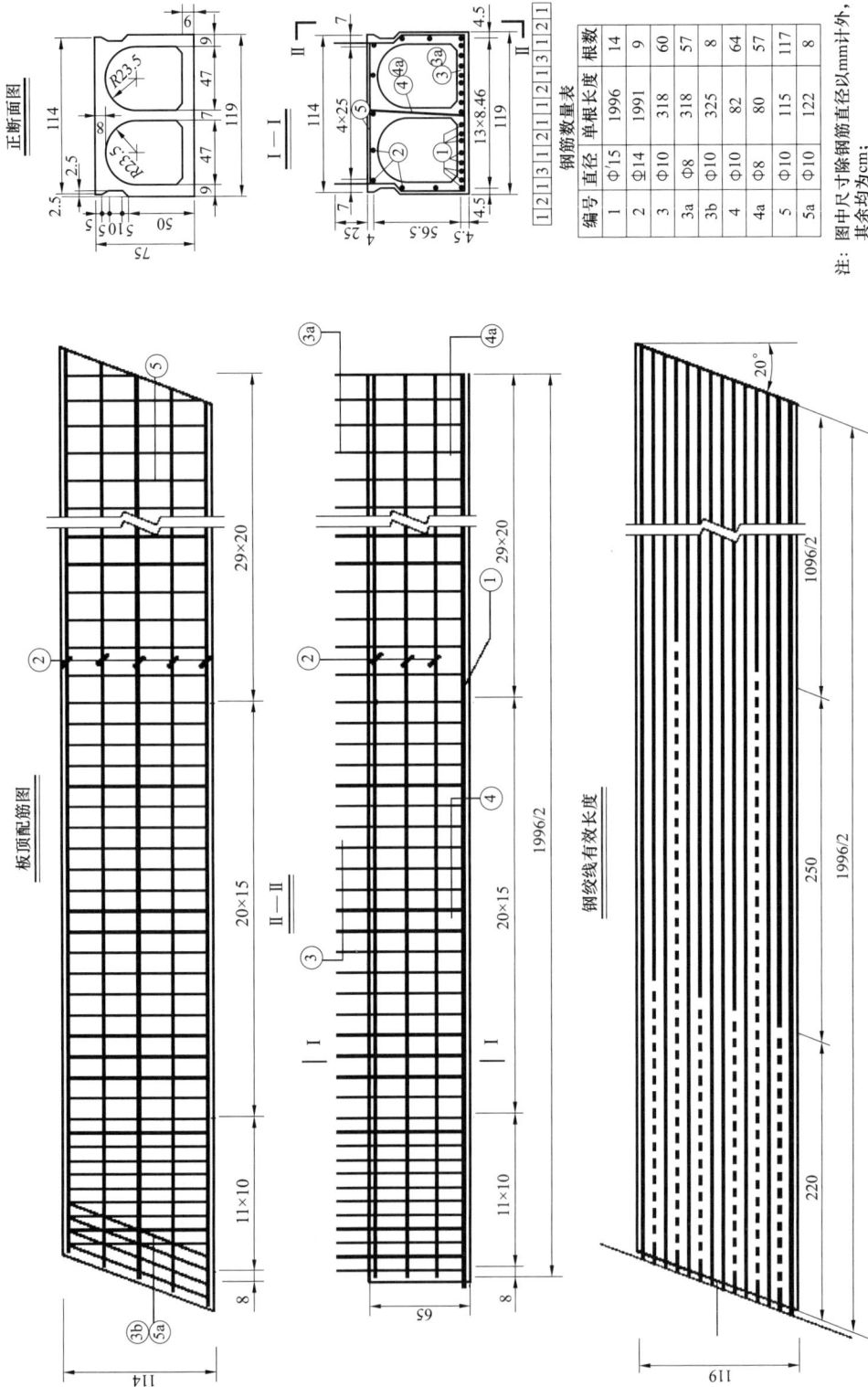

图 3-24 跨径20m、高度75cm空心板构造及配筋（20°）

正断面图

I—I

板顶配筋图

II—II

钢绞线有效长度

钢筋数量表

编号	直径	单根长度	根数
1	Φ'15	1996	14
2	Φ14	1991	9
3	Φ10	318	58
3a	Φ8	318	57
3b	Φ10	335	12
4	Φ10	82	64
4a	Φ8	80	57
5	Φ10	115	115
5a	Φ10	131	12

注：图中尺寸除钢筋直径以mm计外，其余均为cm；混凝土强度等级为C80。

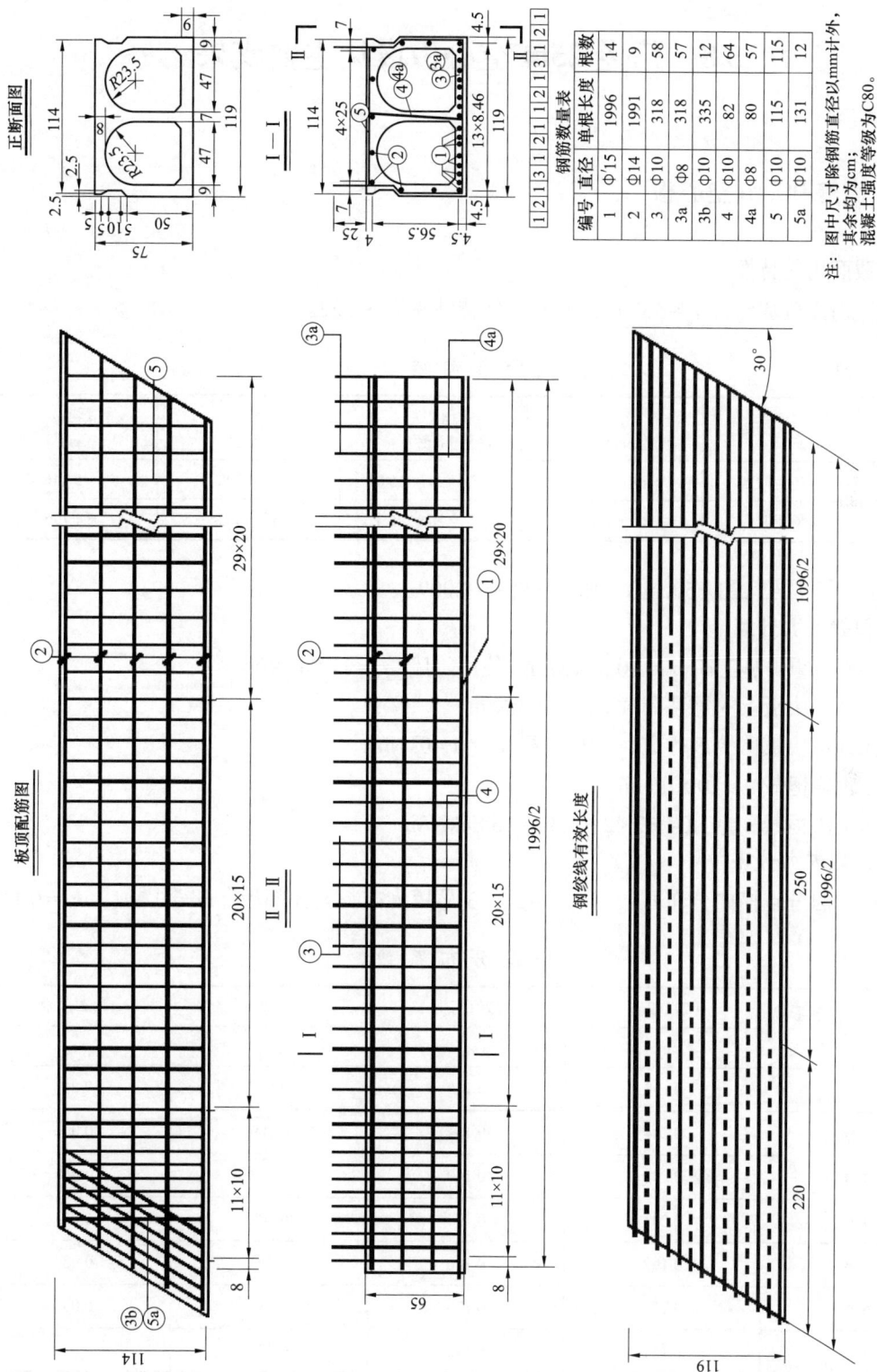

图 3-25　跨径20m、高度75cm空心板构造及配筋（30°）

3.8 跨径 25m 空心板设计主要成果

3.8.1 高度 90cm 空心板

1. 截面几何特性

截面拟配 $17\phi^j15$，$a_y = 5.0$cm。截面几何特性见表 3-22。

表 3-22 截 面 几 何 特 性

截面	受力阶段	面积（cm²）	面心矩（cm³）	形心（cm）	惯心矩（cm⁴）
换算截面	施工阶段	$A'_0 = 4226.9$	$S'_0 = 207\,965.0$	$y'_0 = 49.2$	$I'_0 = 5\,146\,533$
	使用阶段	$A'_1 = 4414.4$	$S'_1 = 206\,595.3$	$y'_1 = 46.8$	$I'_1 = 4\,799\,617$

截面扭矩 $I_\tau = 7\,221\,659$cm⁴，刚度系数 $\gamma = 0.009\,1$。

2. 恒载内力计算

空心板自重：施工阶 $q_1 = 10.57$kN/m，使用阶段 $q_1 = 11.04$kN/m

分摊到每块板上的铺装荷载 $q_2 = 3.42$kN/m

分摊到每块板上的人行道、栏杆荷载 $q_3 = 1.40$kN/m

施工阶段恒载 $q = 10.57$kN/m

使用阶段恒载 $q = 11.04 + 3.42 + 1.40 = 15.86$kN/m

3. 活载内力计算

跨中及四分点横向分布系数见表 3-23。3 号板为控制设计的板，$m_q = 0.204$，$m_g = 0.112$。

表 3-23 横 向 分 布 系 数

板号	荷载形式 双汽偏心 m_{cq}	双汽居中 m_{zq}	挂车偏心 m_{cg}	挂车居中 m_{zg}
1 号	0.198	0.145	0.107	0.061
2 号	0.204	0.151	0.109	0.063
3 号	0.204	0.160	0.112	0.068
4 号	0.201	0.173	0.108	0.074
5 号	0.192	0.180	0.097	0.084
6 号	0.174	0.178	0.083	0.091
7 号	0.151	0.172	0.070	0.093
8 号	0.129	0.157	0.059	0.088

支点处横向分布系数：$m_q = 0.50$，$m_g = 0.3125$。

支点到四分点的荷载横向分布系数如图 3-26 所示。

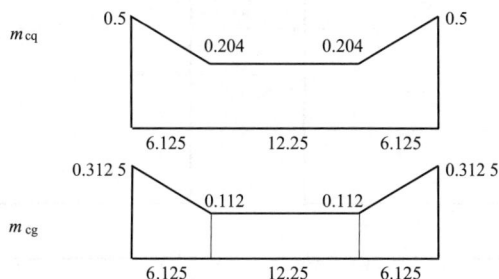

图 3-26　支点到四分点的荷载横向分布系数

4. 内力组合计算

冲击系数 1.154。内力组合见表 3-24。

表 3-24　　　　　　　　　　　　内　力　组　合

序号	荷载类别	弯矩（kN·m）			剪力（kN）			
		跨中	1/4 点	1/8 点	跨中	1/4 点	1/8 点	支点
①	恒载	1190.0	892.50	520.62	0	97.14	145.71	194.29
②	汽-超 20	576.30	470.23	361.89	32.37	51.34	118.23	189.81
③	挂-120	648.48	509.88	433.13	59.34	83.26	141.43	230.04
④	1.2×恒载+1.4×汽	2234.8	1729.32	1131.39	45.32	188.44	340.37	498.88
⑤	1.2×恒载+1.1×挂	2141.3	1631.87	1101.19	65.27	208.15	330.43	486.19
⑥	1.4×汽/④	36%	38%	45%	100%	38%	49%	53%
	S_j^I 提高%	3	3	3	0	3	3	0
⑦	1.1×挂/⑤	33%	34%	43%	100%	44%	47%	52%
	S_j^{III} 提高%	0	0	0	3	0	2	2
⑧	提高后 S_j^I	2301.84	1781.20	1165.33	45.32	194.09	350.58	498.88
⑨	提高后 S_j^{III}	2141.3	1631.87	1101.19	67.23	208.15	337.04	495.91
	控制设计内力	2301.84	1781.20	1165.33	67.23	208.15	350.58	498.88

5. 正截面承载力计算

按孔面积相等、截面惯性矩相等的原则，将空心板截面等效为工字形截面（图 3-27）。

孔面积　$A = 6387.07\text{cm}^2$，面积矩（以底边为轴）$S = 218\,310.05\text{cm}^3$

形心轴　$y = 34.18\text{cm}$，惯性矩　$I = 2\,540\,440.0\text{cm}^4$

$$h_k = 69.1\text{cm}, \quad b_k = 92.4\text{cm}$$

$b_i = 119 - 92.4 = 26.6\text{cm}$，$h_i' = 90 - 9 - 34.2 - 69.1/2 = 12.25\text{cm}$，$h_i = 90 - 69.1 - 12.25 = 8.65\text{cm}$

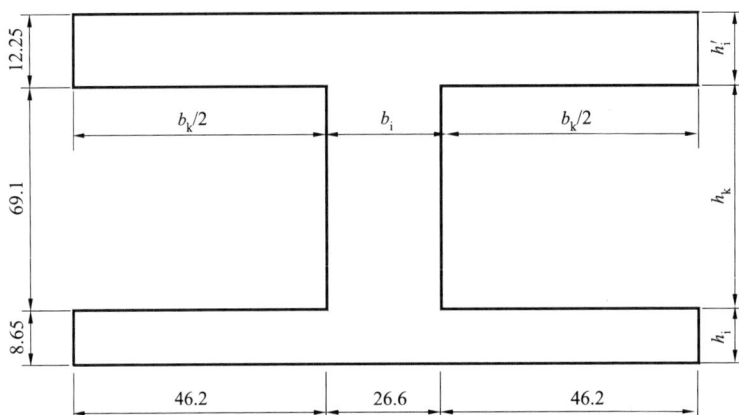

图 3-27 等效截面

按拟配 $17\phi^j 15.24$ ，$A_y = 139.35 \times 17 = 23.69\text{cm}^2$ ，$R_y^b = 1860\text{MPa}$ ，$R_y = 1488\text{MPa}$

$$x = 6.73\text{cm}, \quad h_0 = 90 - 5 = 85\text{cm}, \quad M_p = 2302.2\text{kN} \cdot \text{m}$$

6. 斜截面承载力计算

各截面处箍筋布置见表 3-25。

表 3-25　　　　　　　　　　箍 筋 计 算 结 果

箍　　筋		μ_k	Q_{hk}（kN）	起点位置（m）	
直径	间距（cm）			计算	实配
$\phi 8$	20	0.002 84	349.41	4.24	4.50
$\phi 10$	20	0.004 43	578.72	0	0

7. 有效预应力计算

钢绞线张拉控制应力　　$\sigma_k = 0.75 \times 1860 = 1395\text{MPa}$

锚具变形、钢绞线回缩引起的应力损失 $\sigma_{s2} = 22.80\text{MPa}$

钢绞线松弛引起的应力损失 $\sigma_{s5} = 62.78\text{MPa}$（超张拉），预加应力阶段，取 1/2。

混凝土弹性压缩引起的应力损失 σ_{s4}

$$N_{y0} = 3176.37\text{kN}, \quad \sigma_{h2} = 19.57\text{MPa}, \quad \sigma_{s4} = n_y\sigma_{h2} = 95.36\text{MPa}$$

混凝土徐变引起的应力损失 σ_{s6}

$$N_{y0} = 2950.41\text{kN}, \quad M = 793.08\text{kN} \cdot \text{m}, \quad \sigma_{h2} = 11.37\text{MPa}$$

$$\mu = 0.0056, \quad r^2 = 1217.56, \quad \rho_A = 2.604$$

查规范（JTJ 023—1985）：$\varphi(\infty, \text{r}) = 2.2$，$\varepsilon(\infty, \text{r}) = (0.23 + 0.1) \times 10^{-3} = 0.33 \times 10^{-3}$

$$\sigma_{s6} = 162.52\text{MPa}$$

预加应力阶段：$\sigma_s^1 = 54.19\text{MPa}$ ，$\sigma_y^1 = 1340.81\text{MPa}$

运输吊装阶段：$\sigma_s^2 = \sigma_{s4} = 95.36\text{MPa}$ ，$\sigma_y^2 = 1340.81 - 95.36 = 1245.45\text{MPa}$

使用阶段：$\sigma_s^3 = 193.91\text{MPa}$ ，

永久预应力 $\sigma_y^3 = 1245.45 - 193.91 = 1051.54\text{MPa} < 0.65 R_y^b = 1209\text{MPa}$

8. 截面抗裂度验算

（1）正截面应力

正截面应力汇总见表 3-26。

表 3-26　　　　　　　　　　各截面应力计算结果

阶段	截面 ＼ 类别		跨中	l/4	l/8	支点
施工阶段	预加应力阶段	预应力①	-3.62 20.94		-2.77 16.01	
		恒载②	6.29 -7.58	4.72 -5.69	2.75 -3.32	
		正应力①+②	2.67 13.36	1.10 15.25	-0.02 12.69	0
		钢绞线应力 σ_y	1374.0	1365.7	1355.3	0
	运输吊装阶段	预应力③	-3.36 19.45		-2.57 14.87	
		恒载④	5.35 -6.44	4.01 -4.84	2.34 -2.82	
		正应力③+④	1.99 13.01	-0.65 14.61	-0.23 12.05	0
		钢绞线应力 σ_y	1273.6	1266.6	1257.8	0
使用阶段		预应力⑤	-3.73 15.80		-3.11 13.51	
		恒载⑥	10.71 -11.60	8.03 -8.70	4.69 -5.07	
		活载（汽车）⑧	5.13 -5.56	4.19 -4.54	3.22 -3.49	
		活载（挂车）⑦	5.77 -6.26	4.54 -4.92	3.85 -4.18	0
		正应力⑤+⑥+⑦	12.75 -2.06	8.84 2.18	5.43 4.26	0
		正应力⑤+⑥+⑧	12.11 -1.36	8.49 2.56	4.80 5.04	0
		钢绞线应力 σ_y（汽）	1126.2	1109.1	1090.3	0
		钢绞线应力 σ_y（挂）	1129.2	1110.8	1091.8	0

注：恒载④为 0.85×恒载②。l/8 截面预应力按 13 根钢绞线计算。

（2）截面中性轴处的剪应力

1）支点

荷载组合 I（恒载＋汽车-超 20）下：$Q_恒 = 194.29\text{kN}$，$Q_活 = 189.81\text{kN}$，

$$Q = Q_恒 + Q_活 = 384.10\text{kN}, \quad \tau = 1.65\text{MPa}$$

荷载组合Ⅲ（恒载＋挂车－120）下：$Q = Q_恒 + Q_活 = 194.29 + 230.04 = 424.33\text{kN}，\tau = 1.83\text{MPa}$

2）1/4 跨截面剪应力

荷载组合Ⅰ（恒载＋汽车－超20）下：$Q = Q_恒 + Q_活 = 97.14 + 51.34 = 148.48\text{kN}，\tau = 0.64\text{MPa}$

荷载组合Ⅲ（恒载＋挂车－120）下：$Q = Q_恒 + Q_活 = 97.14 + 83.26 = 180.40\text{kN}，\tau = 0.78\text{MPa}$

3）1/8 跨截面剪应力

荷载组合Ⅰ（恒载＋汽车－超20）下：$Q = Q_恒 + Q_活 = 145.71 + 118.23 = 263.94\text{kN}，$
$$\tau = 1.14\text{MPa}$$

荷载组合Ⅲ（恒载＋挂车－120）下的剪力值：$Q = Q_恒 + Q_活 = 145.71 + 141.43 = 287.14\text{kN}，$
$$\tau = 1.24\text{MPa}$$

（3）截面中性轴处的主应力

1）支点

荷载组合Ⅰ：$\sigma_{za}^{zl} = \mp 1.65\text{MPa}$ 　　　　荷载组合Ⅲ：$\sigma_{za}^{zl} = \mp 1.83\text{MPa}$

2）1/4 跨截面

荷载组合Ⅰ：$\sigma_{za}^{zl} = \dfrac{-0.06}{6.06}\text{MPa}$ 　　荷载组合Ⅲ：$\sigma_{za}^{zl} = \dfrac{-0.10}{6.10}\text{MPa}$

3）1/8 跨截面（有钢筋 13 根）

荷载组合Ⅰ：$\sigma_{za}^{zl} = \dfrac{-0.27}{4.87}\text{MPa}$ 　　荷载组合Ⅲ：$\sigma_{za}^{zl} = \dfrac{-0.31}{4.91}\text{MPa}$

9. 变形验算

（1）施工阶段

1）预加应力阶段

$$M_y = 1403.93\text{kN} \cdot \text{m}，q = 10.57\text{kN/m}$$
$$f_y = -65.9\text{mm}，f_g = 31.1\text{mm}，f = -65.9 + 31.1 = -34.8\text{mm}$$

2）运输吊装阶段

$$M_y = 11\,068.1\text{kN} \cdot \text{m}，q = 10.57\text{kN/m}$$
$$f_y = -51.9\text{mm}，f_g = 31.1\text{mm}，f = -51.9 + 31.1 = -20.8\text{mm}$$

（2）使用阶段

$$M_y = 1041.25\text{kN} \cdot \text{m}，q = 15.86\text{kN/m}$$
$$f_y = -157.1\text{mm}，f_g = 149.6\text{mm}$$

汽－超 20 作用下挠度：$M_p = 576.3\text{kN} \cdot \text{m}，f_p = 22.6\text{mm}，f = -157.1 + 149.6 + 22.6 = 15.1\text{mm}$

挂－120 作用下挠度：$M_p = 648.48\text{kN} \cdot \text{m}，f_p = 25.5\text{mm}，f = -157.1 + 149.6 + 25.5 = 18.0\text{mm}$

3.8.2　高度 105cm 空心板

1. 截面几何特性

拟配 $15\phi^j15$，$a_y = 5.0\text{cm}$。截面几何特性见表 3－27。

表 3-27　　　　　　　　　　　　　　　截 面 几 何 特 性

截面	受力阶段	面积（cm²）	面心矩（cm³）	形心（cm）	惯心矩（cm⁴）
换算截面	施工阶段	$A_0' = 4591.4$	$S_0' = 260\,332.4$	$y_0' = 56.7$	$I_0' = 7\,519\,479$
	使用阶段	$A_1' = 4778.9$	$S_1' = 261\,405.8$	$y_1' = 54.7$	$I_1' = 7\,038\,469$

截面扭矩 $I_\tau = 9\,429\,218\text{cm}^4$，刚度系数 $\gamma = 0.010\,2$。

2. 恒载内力计算

空心板自重：施工阶段 $q_1 = 11.48\text{kN/m}$，使用阶段 $q_1 = 11.95\text{kN/m}$

分摊到每块板上的铺装荷载 $q_2 = 3.42\text{kN/m}$

分摊到每块板上的人行道、栏杆荷载 $q_3 = 1.40\text{kN/m}$

施工阶段恒载 $q = 11.48\text{kN/m}$

使用阶段恒载 $q = 11.95 + 3.42 + 1.40 = 16.77\text{kN/m}$

3. 活载内力计算

跨中及四分点横向分布系数见表 3-28。3 号板为控制设计的板，$m_q = 0.211$，$m_g = 0.116$。

表 3-28　　　　　　　　　　　　　　　横 向 分 布 系 数

板号 \ 荷载形式	双汽偏心 m_{cq}	双汽居中 m_{zq}	挂车偏心 m_{cg}	挂车居中 m_{zg}
1 号	0.206	0.146	0.110	0.060
2 号	0.210	0.152	0.113	0.062
3 号	0.211	0.163	0.116	0.066
4 号	0.207	0.176	0.112	0.074
5 号	0.197	0.184	0.101	0.085
6 号	0.178	0.183	0.085	0.093
7 号	0.153	0.175	0.070	0.096
8 号	0.128	0.160	0.058	0.089

支点处横向分布系数：$m_q = 0.50$，$m_g = 0.312\,5$。

支点到四分点的荷载横向分布系数如图 3-28 所示。

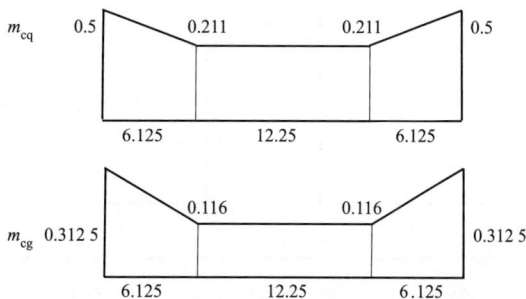

图 3-28　支点到四分点的荷载横向分布系数

4. 内力组合计算

冲击系数 1.154。内力组合见表 3－29。

表 3－29　　　　　　　　　　　　　　　内　力　组　合

序号	荷载类别	弯矩（kN·m）			剪力（kN）			
		跨中	1/4 点	1/8 点	跨中	1/4 点	1/8 点	支点
①	恒载	1258.27	943.7	550.49	0	102.72	154.07	205.43
②	汽－超 20	592.66	483.88	368.90	33.43	53.10	120.5	191.47
③	挂－120	671.64	528.09	441.71	52.08	86.23	144.22	232.15
④	1.2×恒载＋1.4×汽	2339.65	1809.87	1177.05	46.80	197.60	353.58	514.57
⑤	1.2×恒载＋1.1×挂	2248.73	1713.34	1146.47	57.29	218.12	343.53	501.88
⑥	1.4×汽/④	35%	37%	44%	100%	38%	48%	52%
	S_j^I 提高%	3	3	3	0	3	3	0
⑦	1.1×挂/⑤	33%	34%	42%	100%	43%	46%	51%
	S_j^{III} 提高%	0	0	0	3	0	2	2
⑧	提高后 S_j^I	2409.84	1864.17	1212.36	46.80	203.53	364.19	514.57
⑨	提高后 S_j^{III}	2248.73	1713.34	1146.47	59.00	218.12	350.40	511.92
	控制设计内力	2409.84	1864.17	1212.36	59.00	203.53	364.19	514.57

5. 正截面承载力计算

按孔面积相等、截面惯性矩相等的原则，将空心板截面等效为工字形截面（图 3－29）。

孔面积　$A = 7797.06 \text{cm}^2$，面积矩（以底边为轴）$S = 324\,357.7 \text{cm}^3$

形心轴　$y = 41.6 \text{cm}$，惯性矩　$I = 4\,573\,281.0 \text{cm}^4$

$$h_k = 83.9 \text{cm}, \quad b_k = 92.9 \text{cm}$$

$$b_i = 119 - 92.9 = 26.1 \text{cm}, \quad h_i' = 105 - 9 - 41.6 - 83.9/2 = 12.45 \text{cm},$$

$$h_i = 105 - 83.9 - 12.45 = 8.65 \text{cm}$$

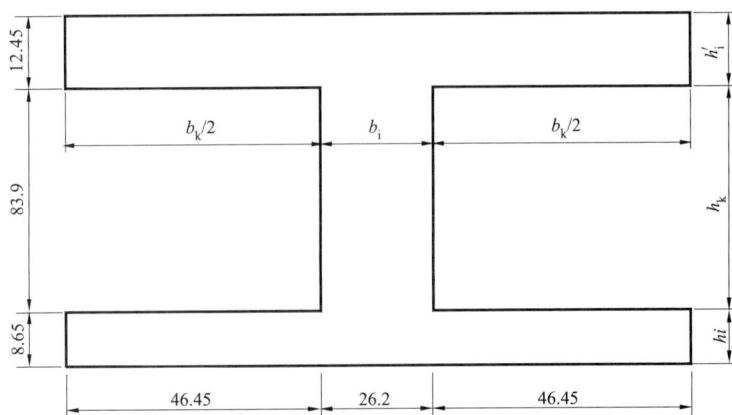

图 3－29　等效截面

按拟配 $15\phi^j15.24$ ，$A_y = 139.35 \times 15 = 20.90 \mathrm{cm}^2$ ，$R_y^b = 1860 \mathrm{MPa}$ ，$R_y = 1488 \mathrm{MPa}$

$$x = 5.94 \mathrm{cm}, \quad h_0 = 105 - 5 = 100 \mathrm{cm}, \quad M_p = 2414.05 \mathrm{kN \cdot m}$$

6. 斜截面承载力计算

各截面处箍筋布置见表 3 – 30。

表 3 – 30　　　　　　　　　　　箍 筋 计 算 结 果

箍　　筋		μ_k	Q_{hk}（kN）	起点位置（m）	
直径	间距（cm）			计算	实配
$\phi 8$	25	0.002 31	348.14	4.47	4.50
$\phi 10$	25	0.004 43	578.95	0	0

7. 有效预应力计算

钢绞线张拉控制应力　$\sigma_k = 0.75 \times 1860 = 1395 \mathrm{MPa}$

锚具变形、钢绞线回缩引起的应力损失 $\sigma_{s2} = 22.80 \mathrm{MPa}$

钢绞线松弛引起的应力损失 $\sigma_{s5} = 62.78 \mathrm{MPa}$（超张拉），预加应力阶段，取 1/2。

混凝土弹性压缩引起的应力损失 σ_{s4}

$$N_{y0} = 2802.63 \mathrm{kN}, \quad \sigma_{h2} = 16.05 \mathrm{MPa}, \quad \sigma_{s4} = n_y \sigma_{h2} = 78.2 \mathrm{MPa}$$

混凝土徐变引起的应力损失 σ_{s6}

$$N_{y0} = 2639.17 \mathrm{kN}, \quad M = 861.36 \mathrm{kN \cdot m}, \quad \sigma_{h2} = 9.2 \mathrm{MPa}$$

$$\mu = 0.004\,55, \quad r^2 = 1639.9, \quad \rho_A = 2.63$$

查规范（JTJ 023—1985）：$\varphi(\infty, r) = 2.2$，$\varepsilon(\infty, r) = (0.23 + 0.1) \times 10^{-3} = 0.33 \times 10^{-3}$

$$\sigma_{s6} = 145.54 \mathrm{MPa}$$

预加应力阶段：$\sigma_s^{\mathrm{I}} = 54.19 \mathrm{MPa}$，$\sigma_y^{\mathrm{I}} = 1340.81 \mathrm{MPa}$

运输吊装阶段：$\sigma_s^2 = \sigma_{s4} = 78.2 \mathrm{MPa}$，$\sigma_y^2 = 1340.81 - 78.2 = 1262.61 \mathrm{MPa}$

使用阶段：$\sigma_s^3 = 176.93 \mathrm{MPa}$，

　　　　永久预应力 $\sigma_y^3 = 1262.61 - 176.93 = 1085.68 \mathrm{MPa} < 0.65 R_y^b = 1209 \mathrm{MPa}$

8. 截面抗裂度验算

（1）正截面应力

正截面应力汇总见表 3 – 31。

表 3 – 31　　　　　　　　　　　各截面应力计算结果

阶段		截面 类别	跨中	$l/4$	$l/8$	支点
施工阶段	预加应力阶段	预应力①	−3.19 ＼ 17.02		−2.76 ＼ 14.75	
		恒载②	5.52 ＼ −6.49	4.14 ＼ −4.87	2.41 ＼ −2.84	

续表

阶段		类别 \ 截面	跨中	l/4	l/8	支点
施工阶段	预加应力阶段	正应力①+②	2.33 / 10.53	0.95 / 12.15	−0.35 / 11.91	0
		钢绞线应力 σ_y	1369.6	1362.4	1353.4	0
	运输吊装阶段	预应力③	−3.00	16.03	−2.60 / 13.89	
		恒载④	4.69 / −5.52	3.52 / −4.14	2.05 / −2.41	
		正应力③+④	1.69 / 10.51	0.52 / 11.89	−0.55 / 11.48	0
		钢绞线应力 σ_y	1287.1	1281.0	1273.3	0
使用阶段		预应力⑤	−3.31	13.51	−2.87 / 11.71	
		恒载⑥	8.99 / −9.78	6.74 / −7.33	3.93 / −4.28	
		活载（汽车）⑧	4.23 / −4.61	3.45 / −3.76	2.63 / −2.87	
		活载（挂车）⑦	4.79 / −5.22	3.77 / −4.10	3.15 / −3.43	0
		正应力⑤+⑥+⑦	10.47 / −1.49	7.20 / 2.08	4.21 / 4.00	0
		正应力⑤+⑥+⑧	9.91 / −0.88	6.88 / 2.42	3.69 / 4.56	
		钢绞线应力 σ_y（汽）	1149.4	1134.8	1117.3	0
		钢绞线应力 σ_y（挂）	1152.1	1136.3	1119.8	0

注：恒载④为 $0.85 \times$ 恒载②。l/8 截面预应力按 13 根钢绞线计算。

（2）截面中性轴处的剪应力

1）支点

荷载组合 I（恒载+汽车–超 20）下：$Q = Q_恒 + Q_活 = 396.9 \text{kN}$，$\tau = 1.47 \text{MPa}$

荷载组合 Ⅲ（恒载+挂车–120）下：$Q = Q_恒 + Q_活 = 205.43 + 232.15 = 437.8 \text{kN}$，$\tau = 1.62 \text{MPa}$

2）1/4 跨截面

荷载组合 I（恒载+汽车–超 20）下：$Q = Q_恒 + Q_活 = 102.72 + 53.1 = 155.2 \text{kN}$，$\tau = 0.57 \text{MPa}$

荷载组合 Ⅲ（恒载+挂车–120）下：$Q = Q_恒 + Q_活 = 102.72 + 86.23 = 188.95 \text{kN}$，$\tau = 0.70 \text{MPa}$

3）1/8 跨截面

荷载组合 I（恒载+汽车–超 20）下：$Q = Q_恒 + Q_活 = 154.07 + 120.5 = 274.57 \text{kN}$，

$\tau = 1.02 \text{MPa}$

荷载组合Ⅲ（恒载＋挂车－120）下的剪力值：$Q = Q_{恒} + Q_{活} = 154.07 + 144.22 = 298.29 \text{kN}$，

$$\tau = 1.10 \text{MPa}$$

（3）主应力验算

1）支点

荷载组合Ⅰ：$\sigma_{za}^{zl} = \mp 1.47 \text{MPa}$　　　　　荷载组合Ⅲ：$\sigma_{za}^{zl} = \mp 1.62 \text{MPa}$

2）1/4 跨截面

荷载组合Ⅰ：$\sigma_{za}^{zl} = \dfrac{-0.06}{4.83} \text{MPa}$　　　　荷载组合Ⅲ：$\sigma_{za}^{zl} = \dfrac{-0.10}{4.86} \text{MPa}$

3）1/8 跨截面（有钢筋 13 根）

荷载组合Ⅰ：$\sigma_{za}^{zl} = \dfrac{-0.23}{4.36} \text{MPa}$　　　　荷载组合Ⅲ：$\sigma_{za}^{zl} = \dfrac{-0.27}{4.40} \text{MPa}$

9. 变形验算

（1）施工阶段

1）预加应力阶段

$$M_y = 1448.96 \text{kN} \cdot \text{m}, \quad q = 11.48 \text{kN/m}$$

$$f_y = -46.5 \text{mm}, \quad f_g = 23.1 \text{mm}, \quad f = -46.5 + 23.1 = -23.4 \text{mm}$$

2）运输吊装阶段

$$M_y = 1364.45 \text{kN} \cdot \text{m}, \quad q = 11.48 \text{kN/m}$$

$$f_y = -43.8 \text{mm}, \quad f_g = 23.1 \text{mm}。 \quad f = -43.8 + 23.1 = -20.7 \text{mm}$$

（2）使用阶段

$$M_y = 1127.86 \text{kN} \cdot \text{m}, \quad q = 16.77 \text{kN/m}$$

$$f_y = -116.1 \text{mm}, \quad f_g = 107.9 \text{mm}$$

汽－超 20 作用下挠度：$M_p = 592.66 \text{kN} \cdot \text{m}$，$f_p = 15.9 \text{mm}$，$f = -116.1 + 107.9 + 15.9 = 7.7 \text{mm}$

挂－120 作用下挠度：$M_p = 671.64 \text{kN} \cdot \text{m}$，$f_p = 18.0 \text{mm}$，$f = -116.1 + 107.9 + 18.0 = 9.8 \text{mm}$

图 3－30～图 3－33 给出了跨径 25m、高度 90cm 的空心板构造及配筋。

图 3－34～图 3－37 给出了跨径 25m、高度 105cm 的空心板构造及配筋。

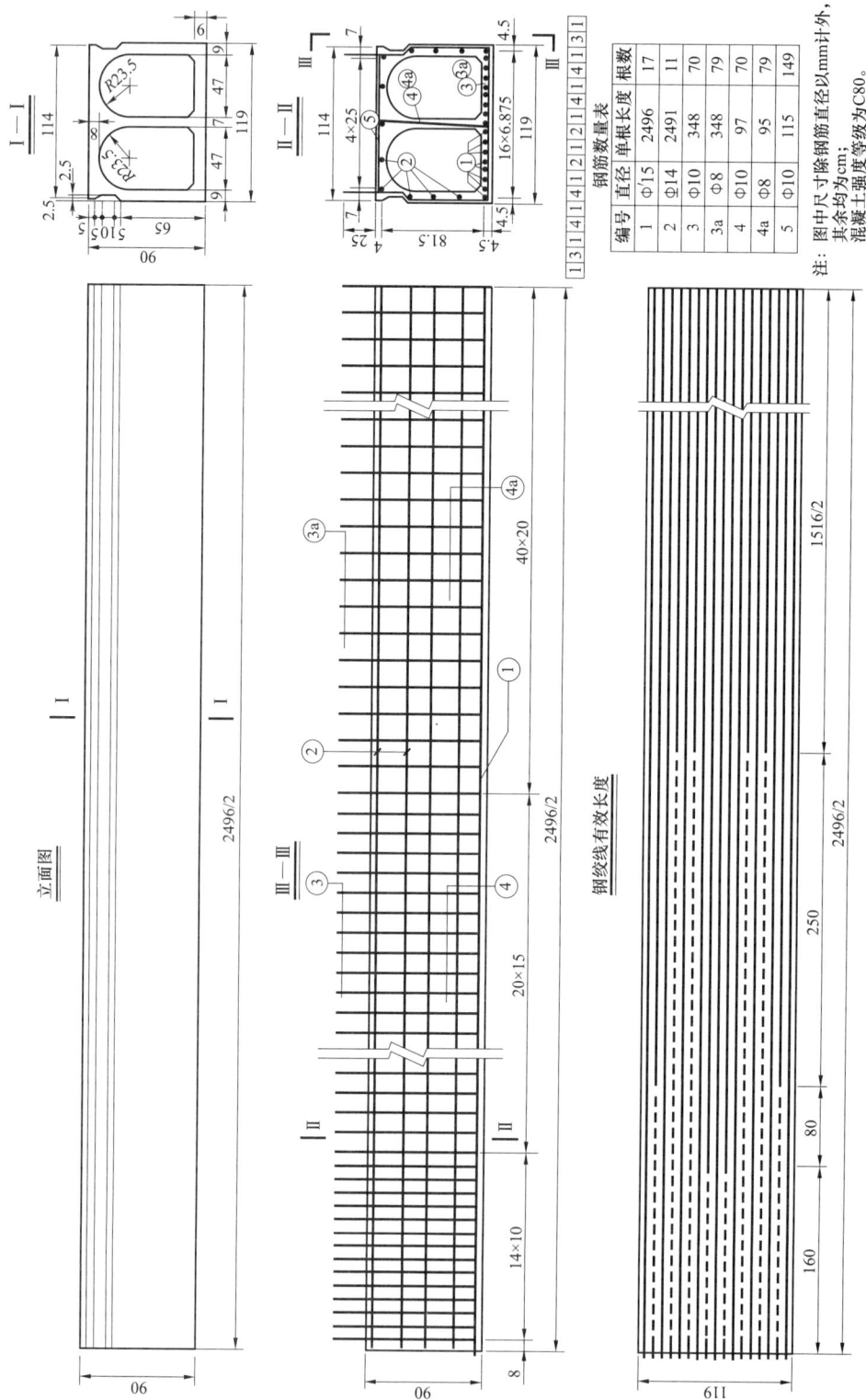

图 3-30 跨径25m、高度90cm空心板构造及配筋（0°）

钢筋数量表			
编号	直径	单根长度	根数
1	Φ'15	2496	17
2	Φ14	2491	11
3	Φ10	348	70
3a	Φ8	348	79
4	Φ10	97	70
4a	Φ8	95	79
5	Φ10	115	149

注：图中尺寸除钢筋直径以mm计外，
其余均为cm；
混凝土强度等级为C80。

正断面图

II — II

板顶配筋图

II — II

钢绞线有效长度

钢筋数量表

编号	直径	单根长度	根数
1	Φ15	2496	17
2	Φ14	2491	11
3	Φ10	348	68
3a	Φ8	348	79
3b	Φ10	350	4
4	Φ10	97	70
4a	Φ8	95	79
5	Φ10	115	147
5a	Φ10	117	4

注：图中尺寸除钢筋直径以mm计外，其条均为cm；混凝土强度等级为C80。

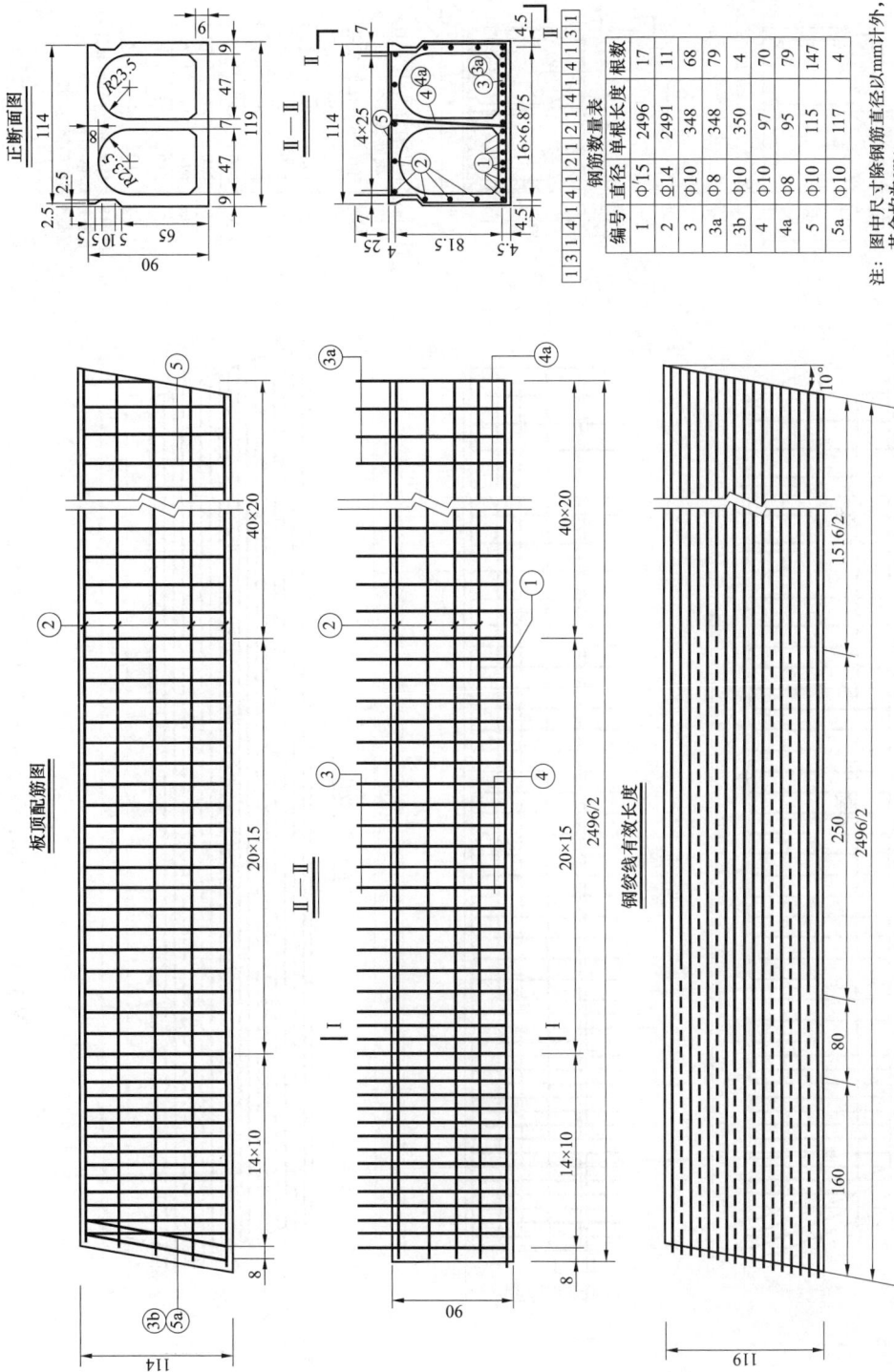

图 3-31　跨径25m、高度90cm空心板构造及配筋（10°）

钢筋数量表

编号	直径	单根长度	根数
1	Φ15	2496	17
2	Φ14	2491	11
3	Φ10	348	66
3a	Φ8	348	79
3b	Φ10	350	8
4	Φ10	97	70
4a	Φ8	95	79
5	Φ10	115	145
5a	Φ10	122	8

注：图中尺寸除钢筋直径以mm计外，其余均为cm；混凝土强度等级为C80。

正断面图

II—II

板顶配筋图

II—II

钢绞线有效长度

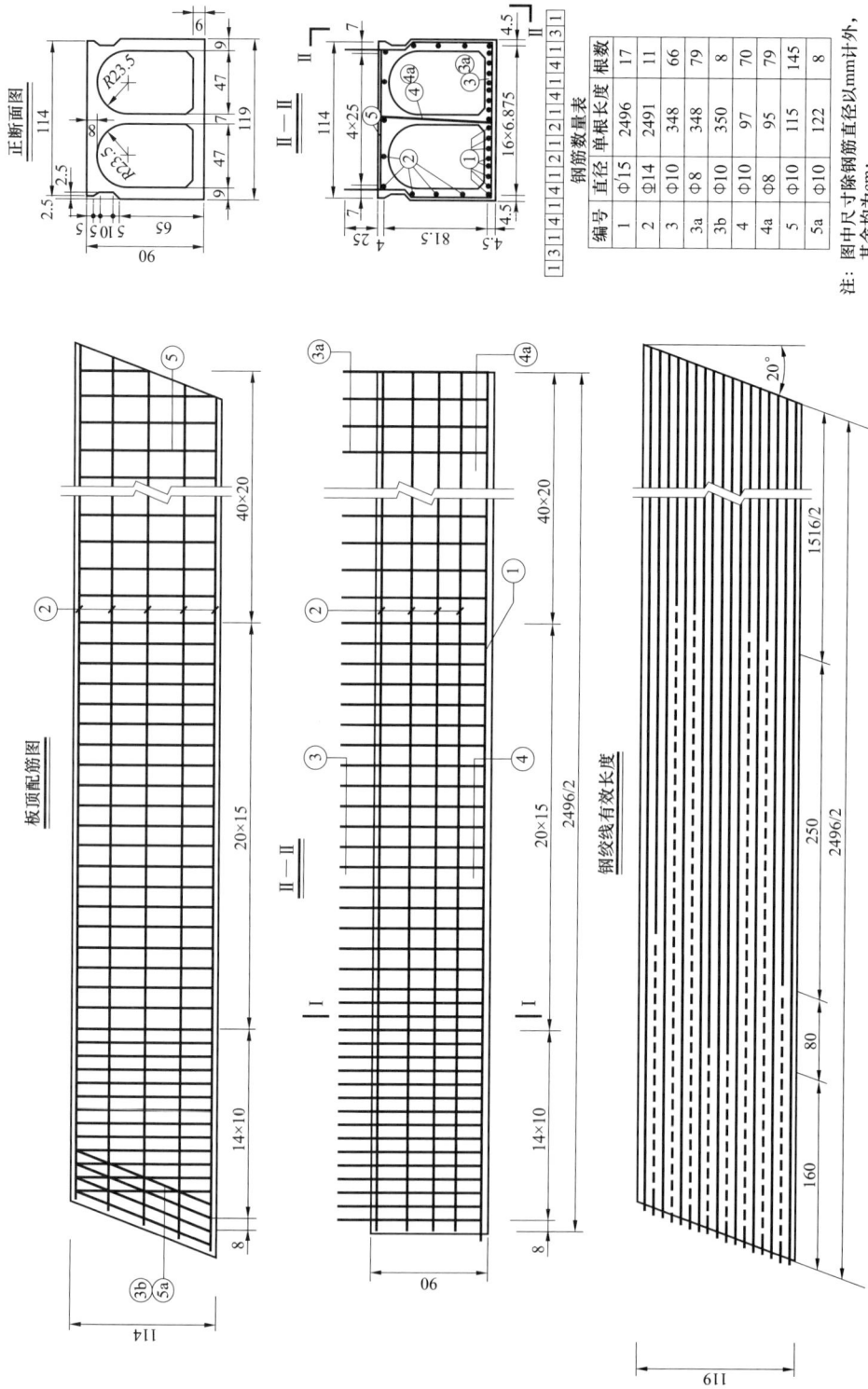

图 3-32 跨径25m、高度90cm空心板构造及配筋（20°）

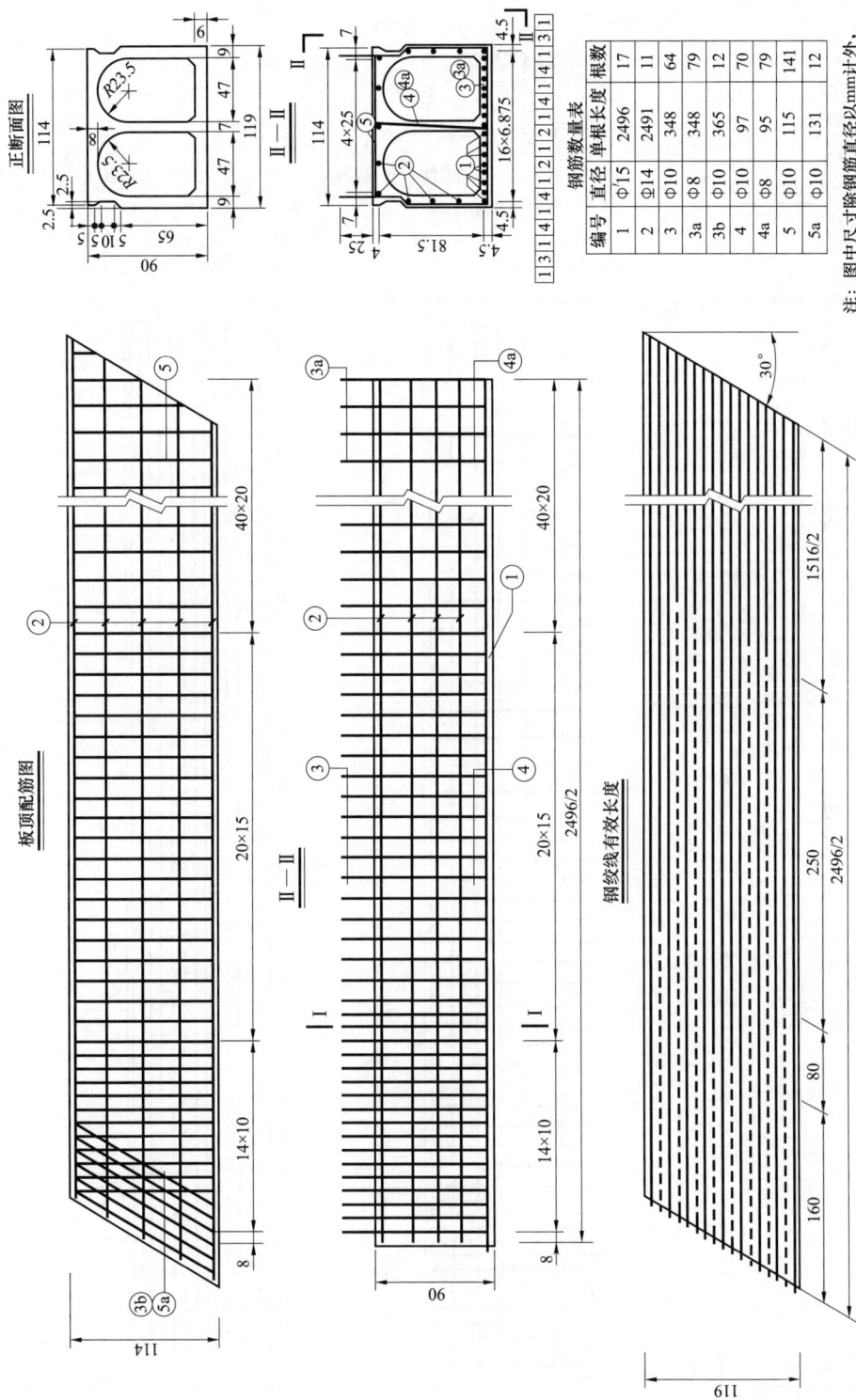

正断面图

II—II

板顶配筋图

II—II

钢绞线有效长度

钢筋数量表

编号	直径	单根长度	根数
1	Φ15	2496	17
2	Φ14	2491	11
3	Φ10	348	64
3a	Φ8	348	79
3b	Φ10	365	12
4	Φ10	97	70
4a	Φ8	95	79
5	Φ10	115	141
5a	Φ10	131	12

注：图中尺寸除钢筋直径以mm计外，其余均为cm；
混凝土强度等级为C80。

图 3-33　跨径25m、高度90cm空心板构造及配筋（30°）

钢筋数量表

编号	直径	单根长度	根数
1	Φ15	2496	15
2	Φ14	2491	13
3	Φ10	378	70
3a	Φ8	378	79
4	Φ10	112	70
4a	Φ8	110	79
5	Φ10	115	149

注：图中尺寸除钢筋直径以mm计外，其余均为cm；混凝土强度等级为C80。

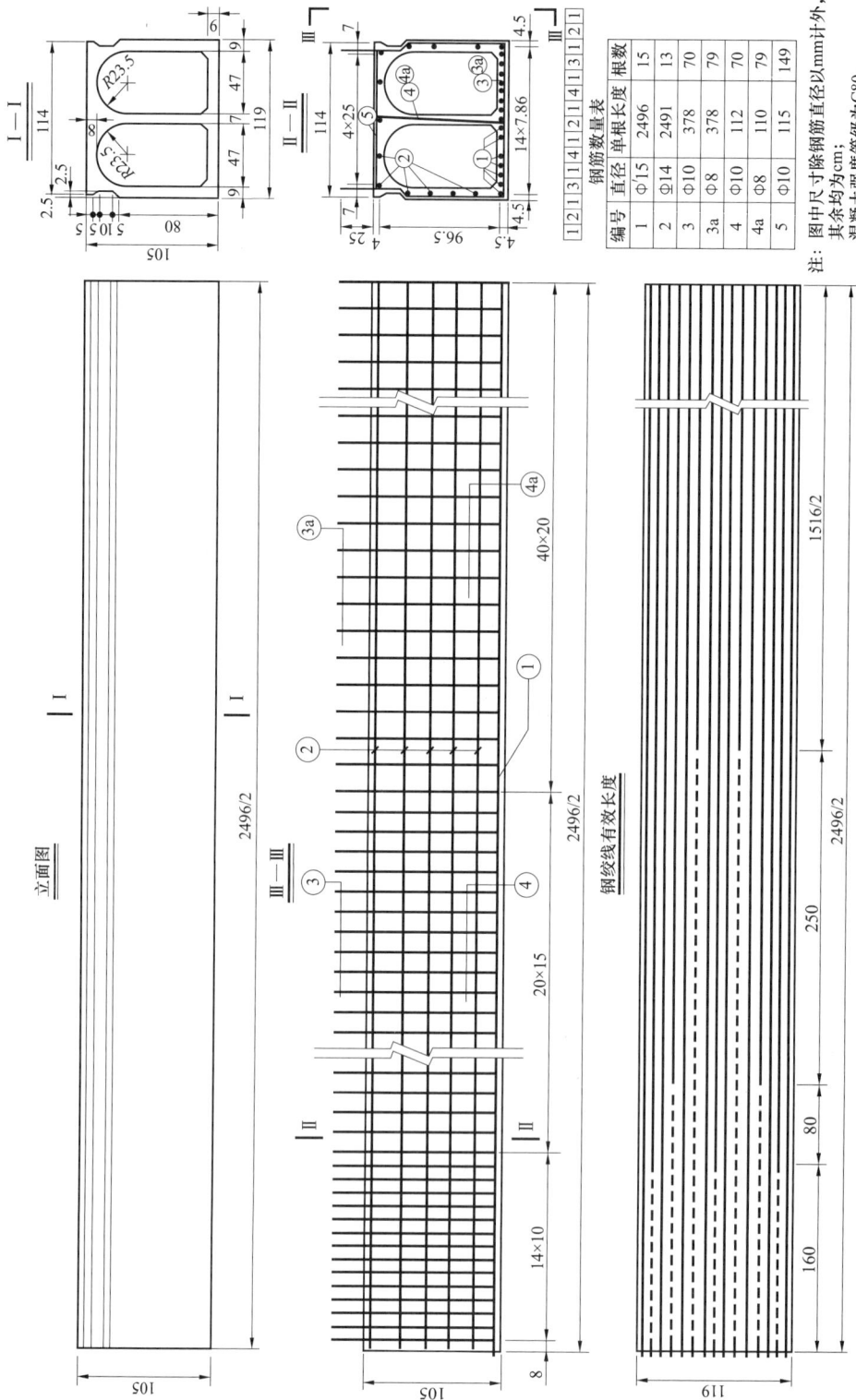

图 3-34 跨径25m、高度105cm空心板构造及配筋（0°）

钢筋数量表

编号	直径	单根长度	根数
1	Φ15	2496	15
2	Φ14	2491	13
3	Φ10	378	68
3a	Φ8	378	79
3b	Φ10	380	4
4	Φ10	112	70
4a	Φ8	110	79
5	Φ10	115	147
5a	Φ10	117	4

正断面图

I — I

II — II

板顶配筋图

II — II

钢绞线有效长度

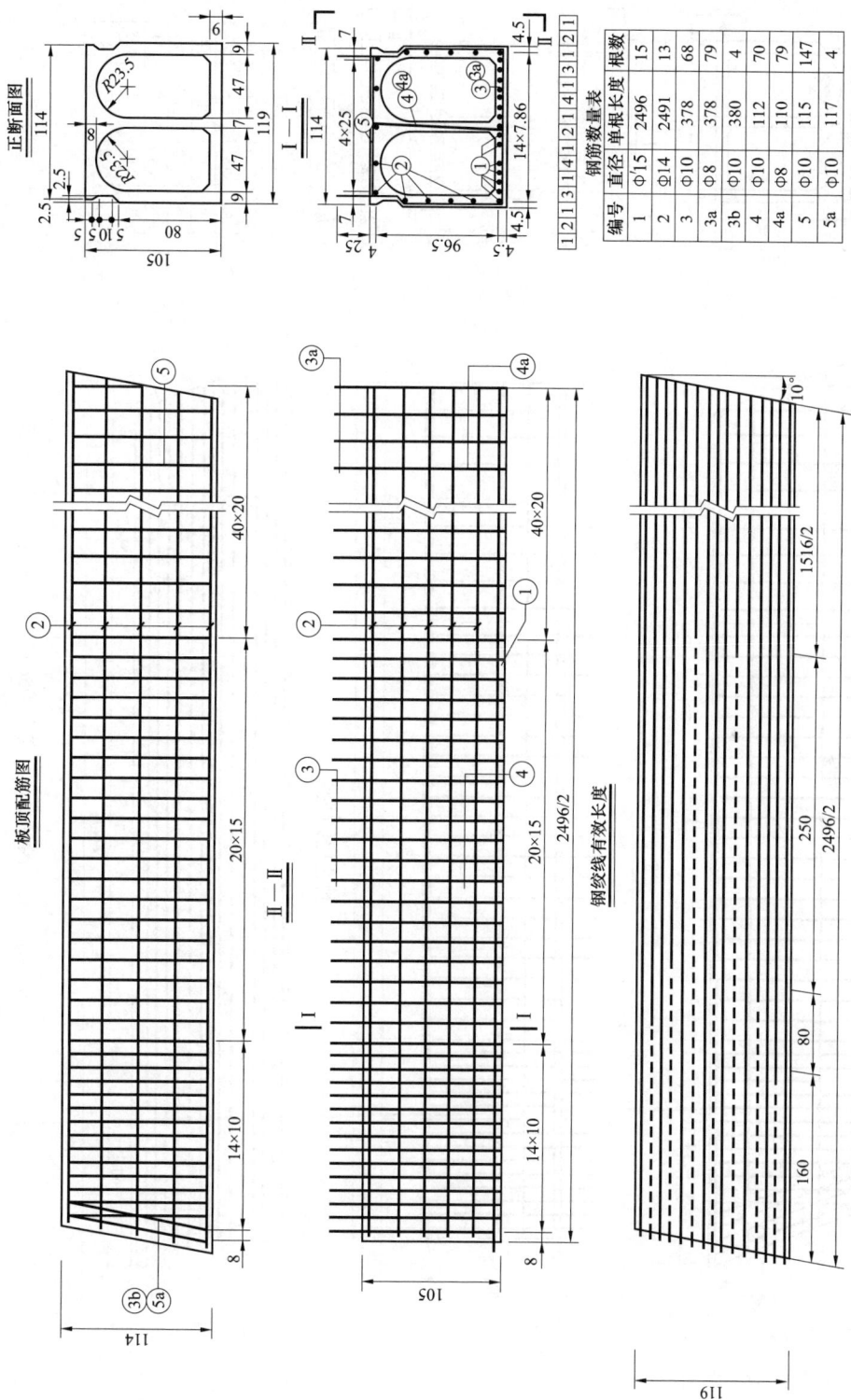

图 3-35　跨径25m、高度105cm空心板构造及配筋（10°）

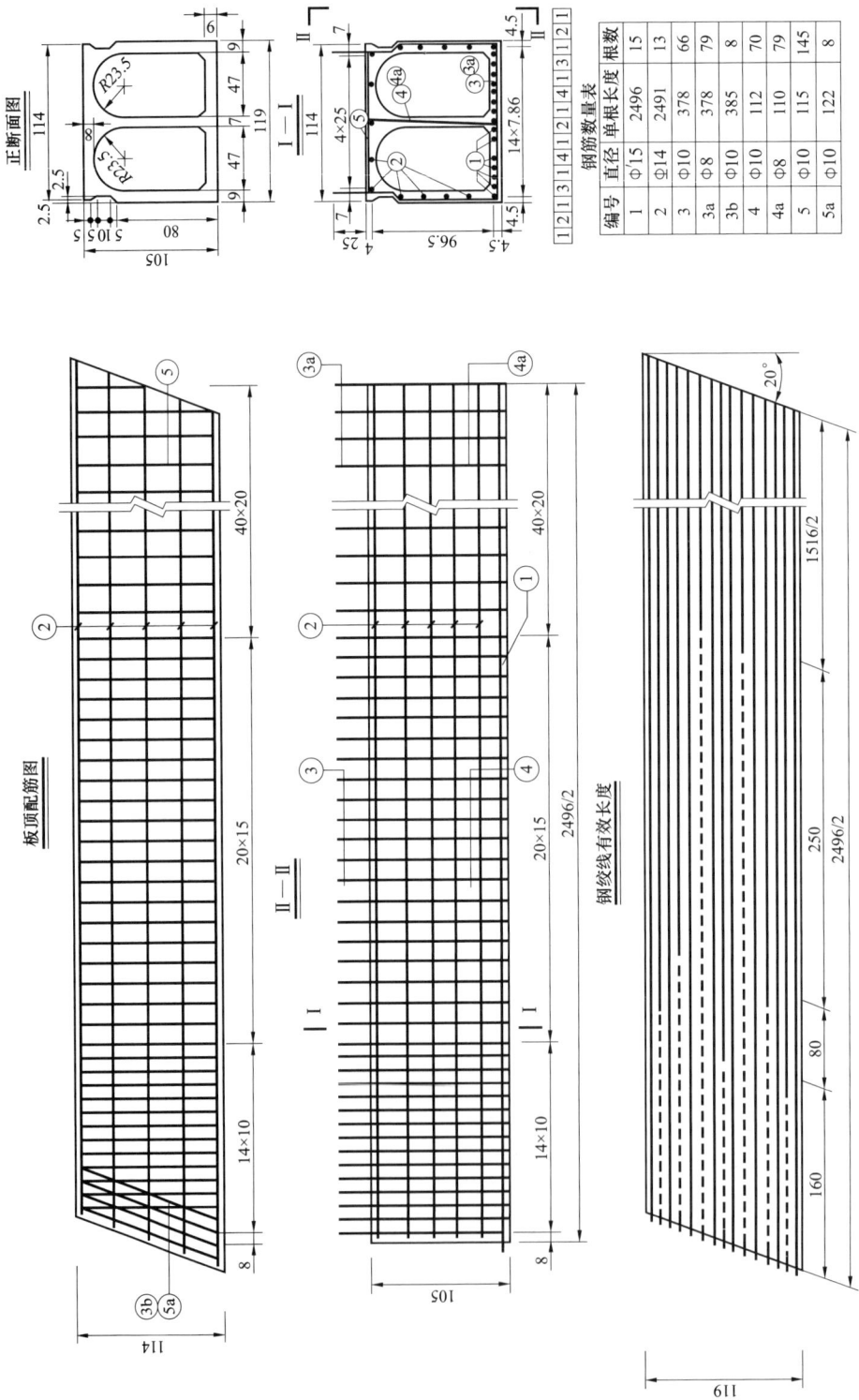

钢筋数量表

编号	直径	单根长度	根数
1	Φ15	2496	15
2	Φ14	2491	13
3	Φ10	378	66
3a	Φ8	378	79
3b	Φ10	385	8
4	Φ10	112	70
4a	Φ8	110	79
5	Φ10	115	145
5a	Φ10	122	8

图 3-36　跨径25m、高度105cm空心板构造及配筋（20°）

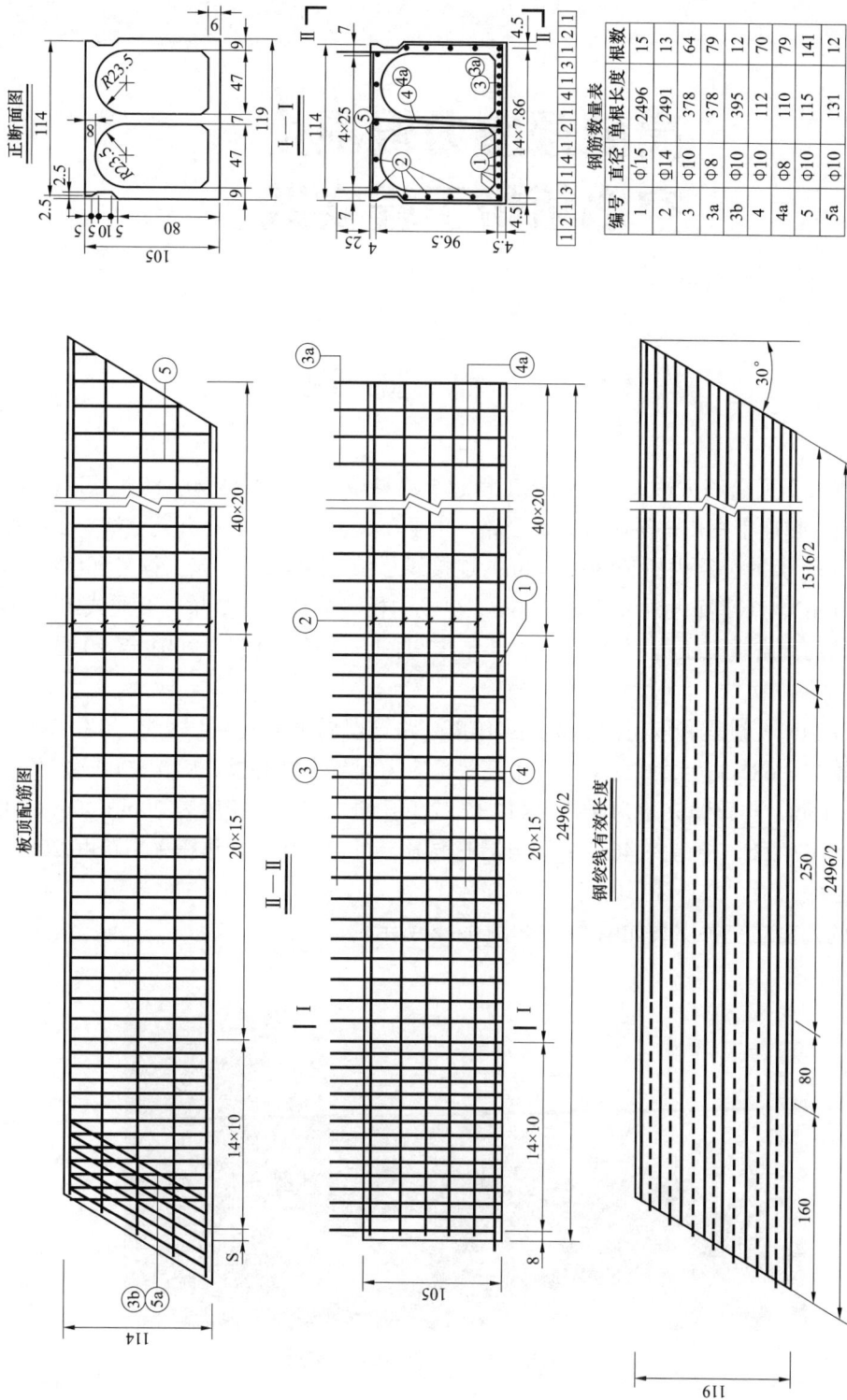

钢筋数量表

编号	直径	单根长度	根数
1	Φ15	2496	15
2	Φ14	2491	13
3	Φ10	378	64
3a	Φ8	378	79
3b	Φ10	395	12
4	Φ10	112	70
4a	Φ8	110	79
5	Φ10	115	141
5a	Φ10	131	12

图 3-37 跨径25m、高度105cm空心板构造及配筋（30°）

第4章

高效预应力混凝土
空心板桥工程实践

4.1 工 程 概 况

焦作至巩义黄河公路大桥及其连接线工程起于温县境新孟公路 K90+895 处,向南经关白庄,跨黄河、越连霍郑州—洛阳段高速公路,止于巩义市东站镇,与巩义至站街公路相连,全长 18.502km。黄河公路大桥长 3010.13m,连接线总长 15.492km。该工程另含伊洛河特大桥(长 760.80m)、新蟒河大桥(长 245.06m)以及中桥、分离式立交桥、互通式立交桥各 1 座。该工程是河南省重点工程项目,于 1998 年 12 月 11 日开工建设,2001 年 10 月 16 日正式通车。

根据本课题研究进程和取得的成果,焦作市公路管理局决定在该工程的 K13+909 分离式立交桥和 K17+687.3 互通式立交桥采用高效预应力混凝土空心板。K13+909 分离式立交桥跨度为 3×16m,与路线夹角为 45°。K17+687.3 互通式立交桥跨度为 20m+40m+20m,与路线夹角为 67°23′,中跨为 40m 钢梁与钢筋混凝土组合结构,两边跨采用跨度 20m 高效预应力混凝土空心板,共计 30 块。

建成后的两座立交桥实景如图 4-1 和图 4-2 所示。

图 4-1 K13+909 分离式立交桥实景

图 4-2 K17+687.3 互通式立交桥实景

图 4-3～图 4-5 为 K17+687.3 互通式立交桥的空心板梁吊装施工过程。

图 4-3 空心板运输到场起吊

图 4-4 空心板起吊安装

图 4-5 空心板就位

4.2 高效预应力混凝土空心板预制

4.2.1 施工技术

1. 施工工序

根据《公路桥涵施工技术规范》(JTJ 041—2000,同 JTG/T F50—2011)[74,75],制定施工工艺流程如图 4-6 所示。

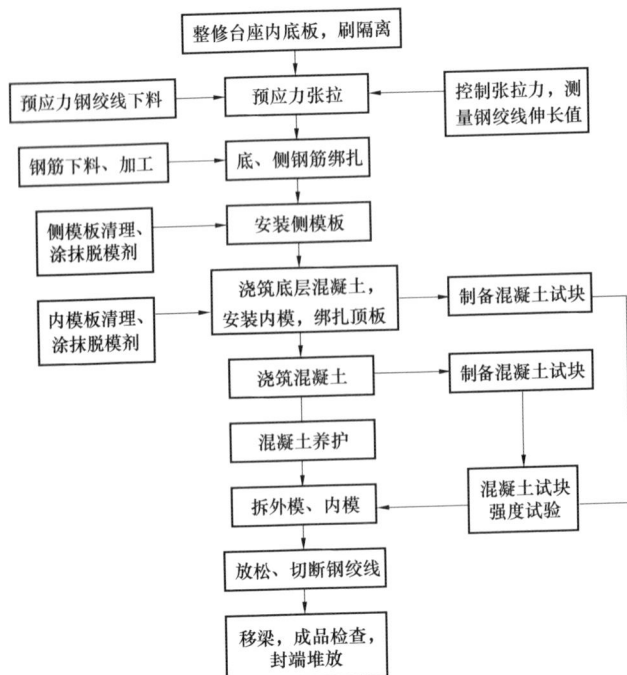

图 4-6 空心板施工工艺流程

2. 施工方法和技术要求

(1)台座、锚具和仪表。预应力张拉台座为槽形钢筋混凝土纵向传力梁承力整体式台座,通过台面、纵向传力梁、钢横梁使张拉台座具有很大的刚度,同时有利于大批量生产和便于保温保湿养护。台座台面板直接作为空心板梁的底模板,为表面敷设在槽式固定台座上的钢板,施工前应清理干净并打蜡及涂抹隔离剂,保证其光滑以尽量减小底模对空心板构件的约束。钢横梁受力后必须有足够的刚度,挠度不应大于 2mm。锚具应具有可靠的锚固性能,选用 Ⅰ 类夹具。对千斤顶、油泵和压力表要进行配套校验,以确定张拉力与压力表读数之间的关系曲线。

(2)外模板和内模板。侧模采用具有足够强度和刚度的定型钢模板,板面平整度应满足施工要求，使用前要清理干净、刷脱模剂。安装时应防止受力后模板变形和漏浆，在安装过程中，对模板的各项尺寸和端头斜度应进行反复检查和校正，以满足设计尺寸的要求。图 4-7 为正在进行侧模定位的情况。

图 4-7　侧模板定位

　　跨度 16m 空心板的内模板采用人工编制的竹笆敷设油毡，以一定间隔的横向钢筋支撑来保证其具有承受浇筑的流态混凝土压力的强度和刚度，放置位置要端正，保证孔芯和板肋的尺寸（图 4-8）。

　　跨度 20m 空心板的内模板采用泡沫塑料成型为与孔芯尺寸一致的芯模，直接埋置于混凝土中，由于其重量轻而不再取出。同时这种泡沫塑料芯模具有成本低、便于施工定位的优点，值得推广应用。

　　（3）钢筋和钢绞线加工。空心板用的钢筋和钢绞线进场必须有质检单和合格证，并进行外观检查。使用前应进行力学

图 4-8　16m 空心板的竹制内模板

性能和可焊性试验，经自检和监理抽检合格后方可使用。钢筋、钢绞线下料长度要保证设计尺寸，钢筋骨架中各品种钢筋的位置应准确，绑扎牢固，不得有松脱；钢绞线位置规格按设计图纸进行布置，不得错位，空心板端部钢绞线与混凝土的黏结失效长度范围内套以塑料管。

　　（4）钢绞线张拉。在台面上布置钢绞线时，应防止粘上脱模剂，并检查预应力失效 PE 套管和每根钢绞线的位置是否与设计相符。采用先张法施工，以钢绞线应力控制、伸长值校核，实际伸长值与理论伸长值的差值不得大于 ±6%。否则，暂停张拉，待查明原因并采取措施调整后方可继续张拉。张拉时，应使千斤顶的张拉力作用线与钢绞线的轴线重合一致，整体张拉千斤顶应同步供油。张拉的全过程应做详细记录。

　　张拉程序：$0 \rightarrow 10\%\sigma_{con}$（初应力）$\rightarrow 75\%\sigma_{con} \rightarrow 105\%\sigma_{con}$（持荷 2min）$\rightarrow 10\%\sigma_{con}$（锚固）。

　　为了对称张拉，使横梁受力均匀，先单根张拉，再整体张拉，使所有钢绞线受力均匀，

满足设计要求。张拉次序列入表 4-1。单根张拉时，张拉力、油表读数和理论伸长值的对应关系列入表 4-2，整体张拉时，张拉力、油表读数和理论伸长值的对应关系列入表 4-3。

表 4-1　　　　　　　　　　　　预应力钢筋张拉次序

跨度 16m 空心板										
孔位	1	2	3	4	5	6	7	8	9	10	11
次序	6	5	4	3	2	1	2	3	4	5	6

跨度 20m 空心板																
孔位	1	2	3	4	5	6	7	8	9	10	11	12	13	14	15	16	17
次序	9	8	7	6	5	4	3	2	1	2	3	4	5	6	7	8	9

表 4-2　　　　单根张拉时，张拉力、油表读数和理论伸长值的对应关系

张拉力 （kN）	油表读数（MPa）		理论伸长值（mm）
	8005	8003	
$10\%\sigma_{con}$	4.54	4.60	50.9
$50\%\sigma_{con}$	22.96	22.98	255
$75\%\sigma_{con}$	34.22	34.32	382

表 4-3　　　　整体张拉时，张拉力、油表读数和理论伸长值的对应关系

空心板跨度 （m）	张拉力 （kN）	油表读数（MPa）				理论伸长值 （mm）
		大顶 1	大顶 2	大顶 3	大顶 4	
		5355	5400	1047	5410	
16	$100\%\sigma_{con}$	24.90	25.22	25.00	25.83	509
	$105\%\sigma_{con}$	26.15	26.46	26.30	27.11	534
20	$100\%\sigma_{con}$	38.48	38.98	38.64	39.92	509
	$105\%\sigma_{con}$	40.41	40.90	40.64	41.90	534

（5）混凝土浇筑。原材料必须符合各项技术标准，经自检和抽检合格后方可使用，特别需要降低砂的含泥量，称量的各种仪器应保持准确，称量的允许误差：水泥和掺和料为±1%，粗、细骨料为±2%，水及外加剂为±1%。混凝土配合比为水泥:砂:石子:水:粉煤灰:减水剂 = 495:436:1308:146:55:9.9。

水泥采用焦作坚固水泥有限公司生产的 525R 普通硅酸盐水泥，性能检验结果列入表 4-4。

表 4-4　　　　　　　　　水 泥 性 能 检 验 结 果

	标准稠度 （mm）	凝结时间 （h:min）		抗折强度 （MPa）		抗压强度 （MPa）	
		初凝	终凝	3d	28d	3d	28d
K13+909 分离式立交桥	43.9	2:22	3:27	7.3	9.8	38.9	70.5
K17+687.3 互通式立交桥	39.5	2:23	3:03	6.6	9.7	39.6	68.3

采用河南信阳产天然河砂，细度模数分别为 3.24 和 2.98。采用焦作产石灰岩碎石，连续级配，最大粒径 20mm。

采用焦作电厂生产的 I 级粉煤灰。

混凝土搅拌采用强制式搅拌机（图 4-9），搅拌时间和程序为：加入粗、细骨料和 70% 拌和水，拌和 1.5min→加入水泥、掺和料，拌和 1.5min→加入减水剂和剩余拌和水，拌和均匀→出料。

图 4-9　单卧轴强制式搅拌机与运输车

混凝土浇筑前应检测拌和物的坍落度（图 4-10），作为混凝土质量的一个控制手段。混凝土浇筑分两次进行，第一次浇筑到内模底面，然后安装内模，第二次浇筑剩余部分，浇筑内模两侧应同时进行，混凝土的浇筑应连续进行，尽可能缩短运输与浇筑周期。如因故间断，其间断时间不得大于前层混凝土的初凝时间，振捣采用插入式振捣器。

图 4-10　混凝土拌和后检测坍落度

混凝土浇筑结束后，应及时对表面进行修整抹面，尽快予以覆盖和洒水养护。洒水次数应能保持混凝土表面处于湿润状态，洒水养护时间一般不少于7d。

混凝土试块制备每片梁不少于6组，试块尺寸为100mm×100mm×100mm（图4-11），严格按规定制作并进行试块管理，分别检测3d、7d、28d的强度，作为指导施工的依据。

图4-11　混凝土试块的制备

（6）混凝土拆模和钢绞线放张。混凝土拆模应在混凝土强度能保证其表面及棱角不致因拆模而受损坏时进行，拆模应对称均衡卸落。

拆模后，应在空心板上注明编号、浇筑日期和相应桥的桩号。

混凝土强度达到设计强度的75%以上时，方可进行钢绞线放张。放张采用千斤顶，放张后用乙炔—氧气切割，切断后立即用防锈漆涂抹钢绞线端头。

（7）空心板成品检查。空心板放张吊出预制槽后应及时进行外观质量检查，以便及时发现问题进行处理。梁体外观要保证平整度，混凝土密实不露筋，无蜂窝、无空洞，端头预应力钢绞线部位混凝土无劈裂现象。

检查合格的空心板梁应将养生留在空心中的水除去，才允许封堵头混凝土。存放时，下垫块位置应与支座的中线位置一致，分层堆放的空心板梁不得超过3层。

4.2.2　实桥空心板混凝土强度评定

1. K13＋909分离式立交桥

施工单位自检取得的空心板混凝土强度数据列入表4-5，监理单位抽检取得的空心板混凝土强度数据列入表4-6。

表4-5　　　　　　　　混凝土抗压强度（MPa）（施工单位自检）

板编号	L1-1	L1-2	L1-3	L1-4	L2-1	L2-2	L2-3	L2-4	L3-1
3d	58.7	57.7	59.2	59.2	67.7	67.7	62.6	62.6	66.8
7d	64.3	61.0	73.4	73.4	75.3	76.0	66.7	81.4	71.9
28d	80.1	85.5	86.7	86.7	96.0	94.1	87.9	91.7	76.0

续表

板编号	L1－1	L1－2	L1－3	L1－4	L2－1	L2－2	L2－3	L2－4	L3－1
56d	83.1	90.3	95.5	95.5	98.3	97.9	96.0	93.9	93.6

板编号	L3－2	L3－3	L3－4	L4－1	L4－2	L4－3	L4－4	L5－1	L5－2
3d	62.9	57.7	68.2	65.3	61.4	59.5	70.0	69.2	70.0
7d	64.6	55.9	77.0	76.3	69.1			75.2	78.3
28d	79.5	67.6	90.0	79.8	81.4	85.5	87.0	80.9	88.6
56d	87.9	86.6	90.7	91.0	87.4	89.0	87.5	91.9	89.9

板编号	L5－3	L5－4	L6－1	L6－2	L6－3	L6－4	L7－1	L7－2	L7－3
3d	66.3	66.7	69.8	63.7	67.0	71.9	76.0	75.5	67.0
7d	73.5	76.6	83.2	72.4	77.2	78.3	79.8	80.1	70.0
28d	88.5	88.4	91.4	84.9	86.6	87.7	93.4	92.0	81.4
56d	92.5	96.9							

板编号	L7－4	L8－1	L8－2	L8－3	L8－4	L9－1	L9－2	L9－3	L9－4
3d	66.2		77.0	71.1	75.4	70.3	68.7	68.1	72.8
7d	77.6	83.2	79.0	80.8	83.3	70.8	71.7	72.0	78.1
28d	86.1	92.6	97.4	92.3	99.8	90.6	90.0	84.2	90.3

板编号	L10－1	L10－2	L10－3	L10－4	L11－1	L11－2	L11－3	L11－4	L12－1
3d	72.8	74.7	70.6	67.0	57.3	63.3			
7d	81.2	74.1	76.6	75.5	69.4	70.5	78.7	75.7	67.5
28d	92.5	93.4	85.5	89.0	78.4	81.2	87.4	85.7	106.7

表 4－6　　　混凝土抗压强度（MPa）（监理单位和公路局质检中心抽检）

板编号	L1－1	L2－3	L5－1	L5－2	L5－3	L5－4	L6－1	L6－2	L6－3
28d	84.6	87.3	90.9	80.8	82.3	87.7	93.6	90.3	85.7

板编号	L6－4	L11－1	L11－2	L11－4
28d	84.2	78.2	82.9	88.2

根据《公路工程质量检验评定标准》（JTJ 071—1998）[76]，按下列条件评定混凝土强度

$$R_n - k_1 S_n \geqslant 0.9 R_k \qquad (4-1)$$

$$R_{min} \geqslant k_2 R_k \qquad (4-2)$$

式中　　n ——统计系列项数，即同批混凝土强度的个数；

R_n ——统计系列均值；

S_n ——统计系列均方差；

R_k ——混凝土强度等级；

R_{min} ——统计系列最小值；

k_1、k_2 ——合格判定系数，由《公路工程质量检验评定标准》（JTJ 071—1998）附表 4 查得：$k_1 = 1.6$，$k_2 = 0.85$。

需要说明的是，现行《公路工程质量检验评定标准》（第一册 土建工程）（JTG F80/1—2004）附录 D，规定的混凝土抗压强度评定与上述是相同的[77]。

本工程空心板梁混凝土强度评定结果：

承包单位自检：$n = 45$，$R_n = 87.6MPa$，$S_n = 6.6MPa$，$R_k = 80.0MPa$，$R_{min} = 67.6MPa$

则

$$R_n - k_1 S_n = 87.6 - 1.6 \times 6.6 = 77.0MPa > 0.9R_k = 0.9 \times 80 = 72.0MPa$$

$$R_{min} = 67.6MPa \approx k_2 R_k = 0.85 \times 80 = 68.0MPa$$

监理单位抽检：$n = 13$，$R_n = 85.9MPa$，$S_n = 4.2MPa$，$R_k = 80.0MPa$，$R_{min} = 78.2MPa$

则

$$R_n - k_1 S_n = 85.9 - 1.6 \times 4.2 = 79.2MPa > 0.9R_k = 0.9 \times 80 = 72.0MPa$$

$$R_{min} = 78.2MPa > k_2 R_k = 0.85 \times 80 = 68.0MPa$$

承包单位和监理单位综合：$n = 58$，$R_n = 87.2MPa$，$S_n = 6.2MPa$，$R_k = 80.0MPa$，$R_{min} = 67.6MPa$

则

$$R_n - k_1 S_n = 87.2 - 1.6 \times 6.2 = 77.3MPa > 0.9R_k = 0.9 \times 80 = 72.0MPa$$

$$R_{min} = 67.6MPa \approx k_2 R_k = 0.85 \times 80 = 68.0MPa$$

因此混凝土强度合格。

2. K17+687.3 互通式立交桥

施工单位自检取得的空心板混凝土强度数据列入表 4－7，监理单位抽检取得的空心板混凝土强度数据列入表 4－8。

表 4－7　　　　　　　　　混凝土抗压强度（MPa）（施工单位自检）

试件编号	L1－1	L1－2	L1－3	L2－1	L2－2	L2－3	L3－1	L3－2	L3－3	L4－1
3d	71.9	69.6	68.4	70.8	73.0	72.4	67.0	72.2	69.4	67.9
7d	79.6	80.3	82.2	79.1	76.6	73.8	77.0	76.0	79.8	74.6
28d	91.2 96.0	89.6 84.6	72.2 95.2	88.0 77.7	85.7 80.0	76.8 83.6	87.7 83.3	90.6 90.3	92.5 95.0	85.2 97.5
56d	112.1	103.4		102.8	103.6	108.8	98.5	107.0	93.1	96.9
试件编号	L4－2	L4－3	L5－1	L5－2	L5－3	L6－1	L6－2	L6－3	L7－1	L7－2
3d	70.7	71.7	74.6	78.5	70.1	62.2	64.3	56.0	66.2	62.1
7d	77.7	80.8	80.1	83.6	77.7	79.8	82.8	86.1	89.3	79.5
28d	80.1 96.3	85.2 98.8	84.2 104.0	85.5 98.0	84.9 96.9	95.3 97.1	83.8 90.3	89.6 90.3	94.2 86.0	83.1 87.9
56d	109.3	109.3	103.7	114.0	94.5					
试件编号	L7－3	L8－1	L8－2	L8－3	L9－1	L9－2	L9－3	L10－1	L10－2	L10－3
3d	63.3	60.5	64.9	63.0	66.4	65.6	63.5	72.5	72.2	74.4
7d	86.1	80.1	78.1	78.7	72.2	83.6	78.9	77.7	77.9	79.3
28d	94.7 89.3	92.8 94.1	93.1 95.2	91.2 89.8	83.2 94.1	95.0 89.0	93.7 93.7	88.8 85.5	84.6 98.8	91.4 91.2
56d		100.1	107.2	89.6	95.0	97.9	84.6	90.3	101.0	96.3

表 4－8　　　　　　混凝土抗压强度（MPa）（监理单位和公路局质检中心抽检）

试件编号	L1－1	L1－2	L1－3	L2－1	L2－2	L2－3	L3－1	L3－2	L3－3	L4－1
28d	90.6 85.8	87.7 80.4	92.3	77.1 93.1	98.2	85.2 98.2	93.4	104.2	91.5	85.2 101.0

试件编号	L4－2	L4－3	L5－1	L5－2	L5－3	L6－1	L6－2	L6－3	L7－1	L7－2
28d	90.9	90.6	97.4 90.9	95.3 90.4	99.1 94.0	95.6 93.4	97.9 94.8	105.8 92.0	98.3 87.7	98.8 101.8

试件编号	L7－3	L8－1	L8－2	L8－3	L9－1	L9－2	L9－3	L10－1	L10－2	L10－3
28d	100.8 101.2	95.0 90.9	89.9 86.1	93.3 84.9	87.6 92.4	96.1 94.7	96.2 91.7	87.1 90.4	87.9 91.4	86.1 89.3

根据《公路工程质量检验评定标准》（JTJ 071—1998）规定的评定混凝土强度方法，即式（4-1）和式（4-2），本工程空心板梁混凝土强度评定结果：

承包单位自检：$n = 60$，$R_n = 89.7\text{MPa}$，$S_n = 6.1\text{MPa}$，$R_k = 80\text{MPa}$，$R_{min} = 72.2\text{MPa}$。

则

$$R_n - k_1 S_n = 89.7 - 1.6 \times 6.1 = 79.9\text{MPa} > 0.9R_k = 0.9 \times 80 = 72.0\text{MPa}$$

$$R_{min} = 72.2\text{MPa} > k_2 R_k = 0.85 \times 80 = 68.0\text{MPa}$$

监理单位抽检：$n = 53$，$R_n = 92.7\text{MPa}$，$S_n = 5.8\text{MPa}$，$R_k = 80\text{MPa}$，$R_{min} = 77.1\text{MPa}$。

则

$$R_n - k_1 S_n = 92.7 - 1.6 \times 5.8 = 83.4\text{MPa} > 0.9R_k = 0.9 \times 80 = 72.0\text{MPa}$$

$$R_{min} = 77.1\text{MPa} > k_2 R_k = 0.85 \times 80 = 68.0\text{MPa}$$

承包单位和监理单位综合：$n = 113$，$R_n = 91.1\text{MPa}$，$S_n = 6.0\text{MPa}$，$R_k = 80\text{MPa}$，$R_{min} = 72.2\text{MPa}$。

则

$$R_n - k_1 S_n = 91.1 - 1.6 \times 6.0 = 81.5\text{MPa} > 0.9R_k = 0.9 \times 80 = 72.0\text{MPa}$$

$$R_{min} = 72.2\text{MPa} > k_2 R_k = 0.85 \times 80 = 68.0\text{MPa}$$

因此混凝土强度合格。

4.2.3　实桥空心板抽样静载检验

1. 现场试验装置及测试仪表

现场试验装置采用混凝土配重，使用手动千斤顶在板跨中两点加载的方式，如图 4－12 所示，对千斤顶压力表进行荷载率定分级[78-80]。在板支座、1/8 跨、1/4 跨、跨中截面各布置 2 块百分表测量挠度，用放大镜肉眼观测是否出现裂缝。现场试验场景如图 4－13 所示。

2. K13＋909 分离式立交桥

从 45 块空心板中抽取 8 块进行静载试验，试验结果列入表 4－9。可见板的使用性能完全满足设计要求。

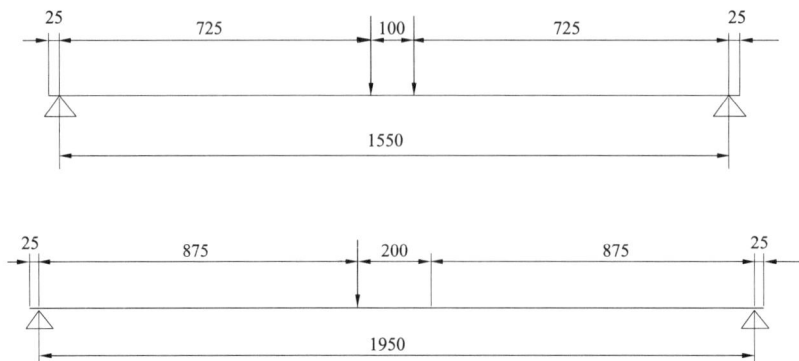

图 4-12　现场试验加载方式

图 4-13　空心板现场试验场景

表 4-9　　　　　　　　　　　　跨径 16m 空心板检验结果

板编号	跨中最大荷载（kN）	计算挠度（mm）	实测挠度（mm）	裂缝及损伤	备注
L3-4	80	17.9	15.6	无	
L4-31	80	17.9	15.7	无	
L6-2	80	17.9	16.6	无	
L7-3	80	17.9	15.8	无	试验跨中弯矩相当于计算弯矩的 1.01 倍
L10-4	80	17.9	16.5	无	
L12-1	80	17.9	16.7	无	
L3-2	80	17.9	16.4	无	
L3-3	80	17.9	15.9	无	

3. K17+687.3 互通式立交桥

从 30 块空心板中抽取 5 块进行静载试验，试验结果列入表 4-10。可见板的使用性能完全满足设计要求。

表 4-10　　　　　　　　跨径 20m 空心板检验结果

板编号	跨中最大荷载（kN）	计算挠度（mm）	实测挠度（mm）	裂缝及损伤	备注
L1-3	90	38.3	34.0	无	试验跨中弯矩相当于计算弯矩的 1.06 倍
L2-1	90	38.3	32.3	无	
L2-2	90	38.3	36.5	无	
L2-3	90	38.3	35.8	无	
L3-1	90	38.3	36.4	无	

4.3　高效预应力混凝土空心板桥整桥试验研究

4.3.1　试验目的及内容

1. 试验目的

（1）本研究是国内首次在桥梁工程中应用 C80 高强混凝土，并采用了高均匀延伸高强钢绞线作为结构延性保障的新设计概念，也是首次采用单板宽度 1.2m 的空心板桥。因此，通过整桥试验测定空心板的控制断面应力和变形，可以验证设计理论，验证桥梁实际工作状况与设计的符合性。

（2）测定桥梁动力系数与自振频率，以评价桥梁的动力特性。

（3）综合评价桥梁的工程质量，为桥梁竣工验收提供必要的资料，并为今后同类桥梁的设计、施工积累资料和经验。

（4）为高效预应力混凝土空心板定型和系列化设计与生产提供必要的科研依据。

2. 研究内容

（1）进行焦作至巩义黄河公路大桥及连接线工程中"K17+687 互通式立交桥"单跨整桥静载试验。测定空心板的控制断面在试验荷载下的应力和变形，对空心板桥梁设计理论进行验证。

（2）进行焦作至巩义黄河公路大桥及连接线工程中"K17+687 互通式立交桥"单跨整桥动载试验。测定桥梁动力系数与自振频率，评价桥梁的动力特性。

4.3.2　实桥静载试验研究

1. 试验装置及测试仪表

（1）混凝土应变测试。本桥共由 15 块空心板组成，根据结构的反对称性，在其中的 1 号～8 号板的每块板跨中截面底表面横向布置 5 片混凝土应变片、1/4 跨中截面底表面横向布置 3 片混凝土应变片。单块板的应变片的具体位置及标识如图 4-14 所示,其中应变片 S-1、S-3、M-1、M-5、N-1 及 N-3 距离较近板边的距离均为 5cm,应变片 S-2、M-3 和 N-2 位于单块板的纵向中心线上,应变片 M-2 和 M-4 分别位于应变片 M-1 和 M-3、M-3 和 M-5 连线的中点上。

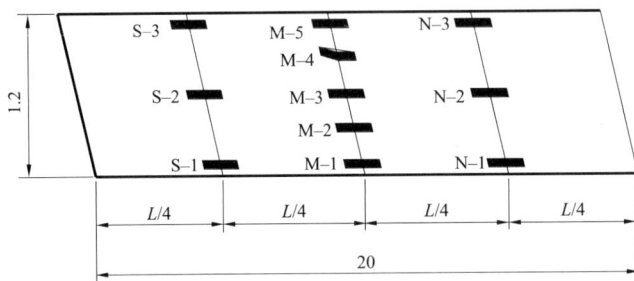

图 4-14　单块板的板底面应变片布置(尺寸单位:m)

(2)桥梁挠度测试。在被测 1 号~7 号板的底部跨中处分别布置一个位移计,共布置了 7 个位移计测试桥梁跨中挠度。

(3)数据采集。采用全自动数据采集处理系统。

(4)荷载的布置方式。采用相当于汽—超 20 荷载级别的改造重型"解放牌"汽车进行加载试验。汽车平面尺寸如图 4-15 所示,按两级施加荷载的各轮轴重如图 4-16 和图 4-17 所示。

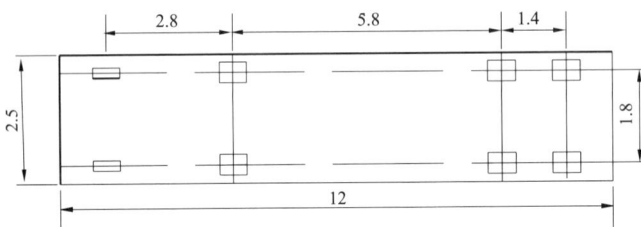

图 4-15　加载汽车的平面尺寸(尺寸单位:m)

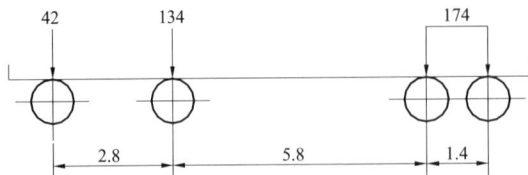

图 4-16　第一级加载的汽车荷载示意图(荷载单位:kN,尺寸单位:m)

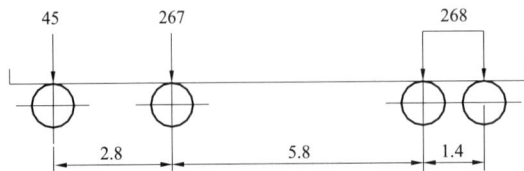

图 4-17　第二级加载的汽车荷载示意图(荷载单位:kN,尺寸单位:m)

汽车按图 4-18 所示的三条线路行进加载，线路一和线路三距离相近的隔离墩和防撞护栏为 0.5m，线路二为半幅桥梁的中心线。当仪器进行初读后，开始进行正式试验。

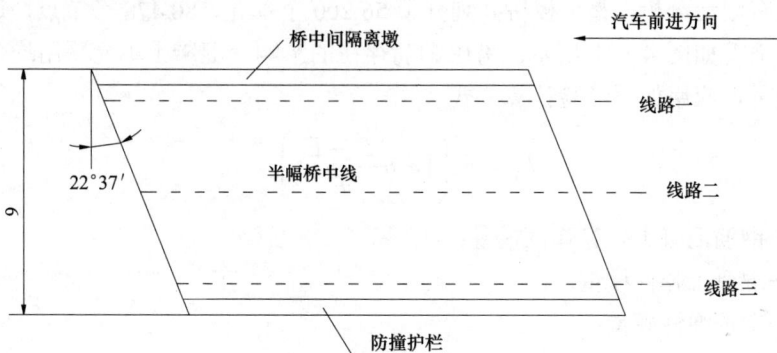

图 4-18　汽车加载行驶路线示意图

如图 4-19 所示，汽车在第一级加载条件下，车轮纵轴线 A 沿路线一上桥，当汽车中轮 A_2 行进到路线一的 $L/2$、$3L/4$、$7L/8$ 时，分别在持荷几分钟后进行数据采集。沿路线一走完后，汽车回到原来的初始位置，然后，汽车中线沿路线二上桥，当汽车中线上的 C_2 点到达路线二的 $L/2$、$3L/4$、$7L/8$ 时，分别进行数据采集。沿路线二走完后，汽车同样也回到原来的初始位置，最后，车轮纵轴线 B 沿路线三上桥，当车轮 B_2 行进到路线三的 $L/2$、$3L/4$、$7L/8$ 时，分别进行数据采集。这样就完成了第一级加载的全过程。第二级加载的全过程同第一级。每级加载过程中，汽车都要在 9 个关键点停下持荷，位置及编号如图 4-20 所示。

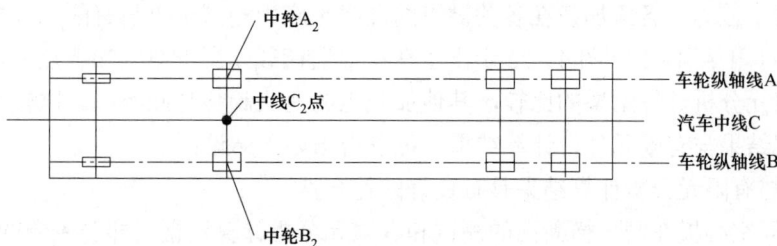

图 4-19　汽车车轮的标识

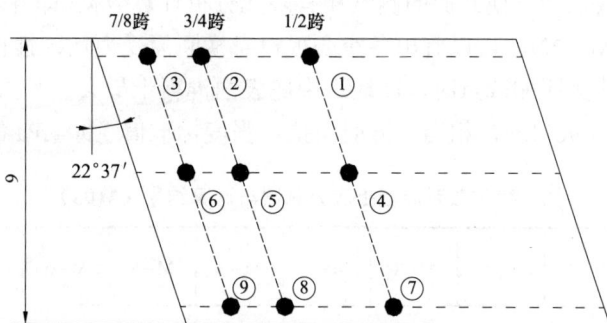

图 4-20　汽车加载关键点的位置

2. 测试成果分析

（1）有限元分析。为了验证测试结果，采用 ANSYS5.7.1 对本试验桥进行了整桥单跨三维混凝土弹性有限元分析，整个板桥共划分了 56 200 个单元，80 478 个节点，边板和一块中板的网格划分情况如图 4-21 所示。考虑钢筋存在的影响，混凝土单元采用均化的钢筋混凝土折算弹性模量，应用如下经验计算公式

$$E_R = E_c \left(1 + \mu \frac{E_s - E_c}{E_c} \right) \tag{4-3}$$

式中　　E_R ——钢筋混凝土折算弹性模量；

　　　　E_c ——混凝土弹性模量；

　　　　E_s ——钢筋弹性模量；

　　　　μ ——配筋率。

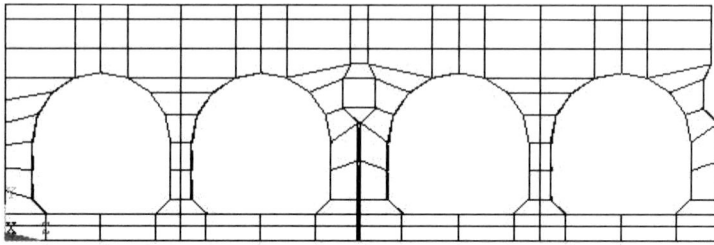

图 4-21　边板和一块中板的有限元网格划分

（2）混凝土应力。各级加载在各关键点的混凝土应力测试结果与有限元分析计算结果依次列入表 4-11 和表 4-12，图 4-22 示出了在第二级荷载作用下第四加载点的混凝土应力测试结果与有限元分析计算结果的比较，其他加载点的变化趋势与此类似。比较图表显示的混凝土应力测试结果与有限元分析计算结果，可以得出如下结论：

1）试验与有限元分析计算结果具有良好的符合性。

2）从不同空心板在同一横断面的测试和有限元分析计算数据（即各表中的同列数据），可以看出各空心板受力具有良好的协调性，桥梁结构整体性能良好。

3）从同一空心板在同一横断面的测试和有限元分析计算数据（即各表中的同一行数据中应变片编号均为 S、M、N），可以看出各空心板自身横断面受力均匀性良好。

4）在第一级加载第四加载点时，D 板跨中底表面混凝土最大拉应力测试值为 1.36MPa，有限元分析计算值为 1.90MPa，相当于混凝土抗拉强度标准值 3.90MPa 的 35%～49%。

表 4-11　　　　　　　第一级加载时混凝土应力测试与计算结果（MPa）

板号	应变片	S-1	S-2	S-3	M-1	M-2	M-3	M-4	M-5	N-1	N-2	N-3
		第一加载点										
A	试验	—	-0.11	-0.11	—	—	0.19	-0.10	—	—	-0.06	-0.09
	电算	0.45	0.42	0.41	0.56	0.56	0.55	0.55	0.54	0.43	0.42	0.40

续表

板号	应变片	S-1	S-2	S-3	M-1	M-2	M-3	M-4	M-5	N-1	N-2	N-3
B	试验	-0.01	-0.02	-0.14	—	-0.14	-0.12	0.13	-0.13	-0.05	-0.03	-0.03
B	电算	0.45	0.43	0.42	0.58	0.57	0.56	0.56	0.56	0.41	0.41	0.40
C	试验	—	0.80	-0.26	-0.12	-0.11	0.03	-0.10	-0.02	-0.06	—	—
C	电算	0.46	0.45	0.43	0.60	0.60	0.60	0.59	0.59	0.41	0.42	0.42
D	试验	-0.19	—	-0.25	0.10	0.08	0.14	0.08	0.11	-0.53	0.06	0.05
D	电算	0.47	0.47	0.43	0.62	0.63	0.66	0.63	0.62	0.45	0.48	0.48
E	试验	-0.38	-0.33	-0.35	0.26	0.33	0.24	-0.05	0.24	—	0.12	0.05
E	电算	0.44	0.47	0.38	0.65	0.68	0.75	0.70	0.68	0.52	0.61	0.59
F	试验	-0.14	-0.24	-0.05	0.36	—	0.28	0.21	0.19	0.23	-0.01	0.04
F	电算	0.37	0.42	0.33	0.70	0.77	0.88	0.81	0.78	0.61	0.69	0.57
G	试验	-0.18	-0.18	—	—	0.20	0.21	0.21	0.20	0.11	0.07	0.04
G	电算	0.32	0.36	0.28	0.78	0.83	0.94	0.83	0.82	0.54	0.60	0.51
H	试验	-0.36	-0.34	—	0.36	—	—	0.16	-0.10	—	—	0.05
H	电算	0.29	0.30	0.26	0.73	0.70	0.68	0.65	0.64	0.49	0.50	0.51

⋮

第二加载点

板号	应变片	S-1	S-2	S-3	M-1	M-2	M-3	M-4	M-5	N-1	N-2	N-3
A	试验	—	0.22	0.19	—	—	0.04	-0.17	—	—	-0.58	-0.61
A	电算	0.46	0.43	0.43	0.50	0.50	0.49	0.49	0.49	0.32	0.32	0.31
B	试验	0.32	0.33	0.02	—	-0.24	-0.25	-0.13	-0.27	-0.53	-0.54	-0.53
B	电算	0.49	0.46	0.46	0.52	0.52	0.52	0.52	0.52	0.30	0.30	0.29
C	试验	—	1.17	0.02	-0.44	-0.35	-0.27	-0.34	-0.25	-0.16	—	—
C	电算	0.53	0.52	0.52	0.56	0.57	0.57	0.57	0.57	0.28	0.29	0.28
D	试验	-0.02	—	-0.06	-0.15	-0.16	-0.09	-0.35	-0.20	-0.59	0.13	0.11
D	电算	0.57	0.59	0.57	0.63	0.64	0.67	0.66	0.66	0.26	0.29	0.26
E	试验	0.11	-0.19	0.14	0.07	0.29	0.07	-0.26	0.48	—	0.43	0.34
E	电算	0.61	0.68	0.64	0.72	0.76	0.82	0.78	0.78	0.23	0.29	0.25
F	试验	0.04	-0.04	0.20	0.15	—	0.08	0.03	0.12	0.37	0.31	0.30
F	电算	0.65	0.81	0.71	0.81	0.82	0.91	0.80	0.75	0.22	0.30	0.26
G	试验	-0.06	-0.11	—	—	0.20	0.19	0.19	0.18	0.48	0.28	0.22
G	电算	0.69	0.84	0.69	0.73	0.75	0.80	0.72	0.67	0.26	0.33	0.32
H	试验	-0.20	0.41	—	0.70	—	—	0.22	0.00	—	—	0.35
H	电算	0.60	0.54	0.48	0.65	0.65	0.67	0.65	0.64	0.33	0.37	0.39

⋮

续表

板号	应变片	S-1	S-2	S-3	M-1	M-2	M-3	M-4	M-5	N-1	N-2	N-3
						第三加载点						
A	试验	—	0.55	0.53	—	—	0.45	0.30	—	—	0.15	0.21
A	电算	0.37	0.35	0.35	0.36	0.36	0.36	0.36	0.36	0.22	0.22	0.21
B	试验	0.60	0.57	0.50	—	0.27	0.28	0.39	0.25	0.21	0.22	0.19
B	电算	0.40	0.38	0.39	0.38	0.38	0.38	0.38	0.38	0.20	0.21	0.20
C	试验	—	0.89	0.77	0.29	0.76	0.52	0.35	0.54	0.22	—	—
C	电算	0.45	0.44	0.44	0.41	0.41	0.42	0.42	0.42	0.18	0.19	0.18
D	试验	0.76	—	0.76	0.56	0.51	0.60	0.53	0.50	0.37	0.12	0.10
D	电算	0.51	0.51	0.48	0.44	0.46	0.48	0.47	0.47	0.16	0.18	0.17
E	试验	0.87	0.83	0.94	0.68	0.87	0.65	0.29	1.19	—	0.26	0.18
E	电算	0.51	0.53	0.45	0.49	0.51	0.56	0.52	0.51	0.14	0.17	0.15
F	试验	0.53	0.60	0.50	0.49	—	0.60	0.50	0.58	-0.35	0.00	0.11
F	电算	0.44	0.51	0.42	0.52	0.58	0.67	0.63	0.62	0.13	0.17	0.15
G	试验	0.72	0.69	—	—	0.33	0.36	0.37	0.35	0.20	0.12	0.15
G	电算	0.41	0.48	0.41	0.61	0.66	0.75	0.69	0.68	0.15	0.19	0.17
H	试验	0.53	1.06	—	1.02	—	—	0.30	0.01	—	—	0.23
H	电算	0.40	0.42	0.39	0.62	0.61	0.61	0.59	0.59	0.19	0.22	0.22
						第四加载点						
A	试验	—	0.28	0.29	—	—	2.04	-0.07	—	—	-0.25	-0.30
A	电算	0.63	0.60	0.56	0.85	0.85	0.84	0.83	0.83	0.64	0.63	0.62
B	试验	0.36	0.35	-0.16	—	-0.12	-0.18	0.04	-0.16	-0.24	-0.23	-0.20
B	电算	0.56	0.55	0.49	0.84	0.85	0.87	0.84	0.83	0.65	0.67	0.66
C	试验	—	1.80	-0.07	-0.54	-0.20	-0.31	-0.41	-0.26	0.01	—	—
C	电算	0.47	0.49	0.38	0.85	0.89	0.97	0.92	0.94	0.69	0.78	0.71
D	试验	-0.35	—	-0.49	-0.17	-0.23	-0.11	-0.48	-0.27	-0.05	0.27	0.22
D	电算	0.36	0.41	0.30	0.96	0.97	1.05	0.95	0.92	0.70	0.76	0.64
E	试验	-0.18	-0.69	-0.13	0.09	0.38	0.05	-0.36	1.45	—	0.49	0.26
E	电算	0.29	0.33	0.25	0.89	0.91	1.00	0.87	0.81	0.59	0.65	0.56
F	试验	-0.58	-0.66	0.07	0.32	—	-0.12	-0.27	0.00	-1.27	-0.03	-0.02
F	电算	0.25	0.27	0.22	0.73	0.71	0.73	0.69	0.67	0.52	0.56	0.56
G	试验	-0.63	-0.63	—	—	0.06	0.08	0.09	0.09	0.21	0.06	0.01
G	电算	0.23	0.22	0.19	0.58	0.57	0.55	0.56	0.56	0.50	0.49	0.54
H	试验	-0.59	-0.28	—	1.03	—	—	0.00	-0.25	—	—	0.07
H	电算	0.19	0.18	0.16	0.48	0.47	0.44	0.45	0.45	0.46	0.44	0.48

续表

板号	应变片	S-1	S-2	S-3	M-1	M-2	M-3	M-4	M-5	N-1	N-2	N-3
第五加载点												
A	试验	—	1.20	1.17	—		2.43	0.21	—	—	0.30	0.29
A	电算	0.77	0.73	0.71	0.85	0.84	0.84	0.84	0.84	0.45	0.46	0.45
B	试验	1.29	1.36	0.79	—	0.08	-0.05	0.61	0.08	0.34	0.38	0.38
B	电算	0.75	0.75	0.71	0.88	0.88	0.90	0.88	0.88	0.41	0.44	0.42
C	试验	—	1.16	1.03	-0.45	-0.18	-0.30	-0.35	-0.24	0.63	—	—
C	电算	0.76	0.85	0.83	0.92	0.95	1.02	0.94	0.91	0.37	0.43	0.38
D	试验	0.46	—	0.29	-0.31	-0.34	-0.21	-0.69	-0.40	0.71	0.91	0.85
D	电算	0.86	0.93	0.79	0.90	0.91	0.98	0.87	0.81	0.35	0.44	0.38
E	试验	0.92	-0.06	0.80	0.13	0.55	0.14	-0.20	1.87	—	1.25	0.99
E	电算	0.77	0.86	0.66	0.76	0.78	0.84	0.75	0.70	0.36	0.46	0.42
F	试验	-0.40	-0.46	0.73	0.81	—	-0.01	-0.11	0.28	-1.20	0.40	0.57
F	电算	0.58	0.57	0.49	0.66	0.68	0.72	0.68	0.66	0.41	0.47	0.48
G	试验	-0.66	-0.40	—	—	0.33	0.40	0.49	0.50	0.78	0.50	0.40
G	电算	0.41	0.39	0.35	0.61	0.61	0.60	0.61	0.61	0.44	0.44	0.49
H	试验	-0.38	-0.09	—	1.58	—		0.27	0.11	—	—	0.50
H	电算	0.30	0.27	0.25	0.53	0.53	0.50	0.51	0.51	0.42	0.40	0.44
⋮												
第六加载点												
A	试验	—	1.62	1.59	—	—	3.72	1.49			0.69	0.76
A	电算	0.67	0.63	0.61	0.63	0.63	0.63	0.63	0.63	0.30	0.30	0.30
B	试验	1.67	1.62	1.43	—	1.48	1.34	1.13	1.42	0.73	0.75	0.73
B	电算	0.66	0.64	0.59	0.65	0.66	0.68	0.66	0.66	0.26	0.29	0.27
C	试验	—	0.44	2.18	1.34	1.62	1.72	1.45	1.86	0.49	—	—
C	电算	0.59	0.62	0.52	0.68	0.71	0.77	0.72	0.72	0.23	0.27	0.23
D	试验	2.24	—	2.27	1.74	1.60	1.72	1.63	1.51	0.95	0.39	0.29
D	电算	0.50	0.59	0.48	0.73	0.78	0.88	0.82	0.81	0.20	0.25	0.22
E	试验	2.36	2.26	2.35	1.47	1.77	1.39	0.86	3.41	—	2.04	0.44
E	电算	0.45	0.54	0.44	0.78	0.82	0.92	0.82	0.79	0.20	0.26	0.23
F	试验	1.25	1.50	1.17	0.89	—	1.19	1.03	1.31	-1.97	0.70	0.97
F	电算	0.42	0.47	0.41	0.69	0.69	0.71	0.67	0.65	0.23	0.27	0.27
G	试验	1.28	1.62	—	—	0.78	0.93	0.94	0.92	0.89	0.84	0.86
G	电算	0.36	0.34	0.32	0.56	0.55	0.53	0.54	0.54	0.27	0.28	0.32
H	试验	1.74	1.93	—	2.01	—	—	0.86	0.65	—	—	1.04
H	电算	0.27	0.24	0.22	0.46	0.45	0.42	0.43	0.44	0.29	0.29	0.32
⋮												

应变片 板号		S-1	S-2	S-3	M-1	M-2	M-3	M-4	M-5	N-1	N-2	N-3
第七加载点												
A	试验	—	1.10	1.04	—	—	4.22	2.03	—	—	0.97	1.01
A	电算	0.69	0.66	0.58	1.28	1.31	1.36	1.32	1.35	0.97	0.98	0.90
B	试验	1.10	1.06	0.97	—	1.94	1.82	1.01	1.81	0.86	0.87	0.93
B	电算	0.51	0.50	0.41	1.27	1.24	1.26	1.18	1.15	0.86	0.90	0.82
C	试验	—	0.77	2.03	2.00	2.23	2.43	2.02	2.53	0.45	—	—
C	电算	0.36	0.37	0.29	1.05	1.04	1.07	0.98	0.94	0.74	0.79	0.75
D	试验	2.36	—	2.35	2.28	2.16	2.29	2.46	2.11	0.60	0.20	0.13
D	电算	0.28	0.28	0.22	0.83	0.82	0.82	0.79	0.77	0.70	0.72	0.72
E	试验	1.99	2.52	2.03	1.66	1.86	1.58	0.98	4.03	—	1.43	0.05
E	电算	0.22	0.21	0.18	0.66	0.65	0.63	0.62	0.61	0.64	0.63	0.66
F	试验	1.48	1.79	0.64	0.40	—	1.40	1.20	1.40	−3.26	0.73	0.84
F	电算	0.18	0.16	0.15	0.52	0.51	0.49	0.49	0.50	0.56	0.53	0.57
G	试验	1.75	2.03	—	—	0.63	0.80	0.68	0.63	0.58	0.58	0.77
G	电算	0.15	0.13	0.12	0.43	0.41	0.38	0.40	0.41	0.48	0.45	0.51
H	试验	2.15	2.34	—	1.65	—	—	0.74	0.48	—	—	0.93
H	电算	0.12	0.10	0.10	0.35	0.34	0.31	0.32	0.32	0.43	0.40	0.42
⋮												
第八加载点												
A	试验	—	1.16	1.06	—	—	4.65	1.71	—	—	0.81	0.83
A	电算	1.43	1.47	1.42	1.48	1.49	1.50	1.43	1.39	0.66	0.70	0.71
B	试验	1.21	1.19	1.06	—	1.60	1.48	0.76	1.45	0.74	0.75	0.88
B	电算	1.36	1.34	1.18	1.29	1.30	1.35	1.24	1.19	0.64	0.72	0.70
C	试验	—	0.96	1.97	1.63	1.79	2.00	1.64	2.13	0.45	—	—
C	电算	1.09	1.09	0.86	1.06	1.08	1.14	1.06	1.02	0.64	0.73	0.72
D	试验	2.13	—	2.06	1.93	1.85	1.98	2.10	1.80	0.43	0.28	0.24
D	电算	0.75	0.74	0.62	0.94	0.96	1.00	0.96	0.94	0.67	0.72	0.73
E	试验	1.66	2.12	1.78	1.41	1.65	1.35	0.73	3.97	—	1.44	0.08
E	电算	0.53	0.49	0.43	0.84	0.84	0.84	0.83	0.82	0.65	0.65	0.68
F	试验	1.19	1.46	0.55	0.38	—	1.19	0.97	1.21	−3.83	0.68	0.74
F	电算	0.37	0.34	0.31	0.71	0.70	0.67	0.68	0.69	0.58	0.56	0.61
G	试验	1.39	1.63	—	—	0.59	0.75	0.62	0.58	0.53	0.49	0.68
G	电算	0.27	0.24	0.23	0.59	0.57	0.53	0.56	0.57	0.52	0.49	0.56
H	试验	1.73	1.94	—	1.57	—	—	0.67	0.40	—	—	0.82
H	电算	0.20	0.17	0.16	0.47	0.47	0.43	0.44	0.45	0.48	0.45	0.48
⋮												

续表

板号 \ 应变片		S-1	S-2	S-3	M-1	M-2	M-3	M-4	M-5	N-1	N-2	N-3
第九加载点												
A	试验	—	0.95	0.87	—	—	4.91	1.82	—	—	0.64	0.73
A	电算	0.97	0.94	0.84	1.12	1.15	1.18	1.16	1.18	0.37	0.40	0.41
B	试验	0.92	0.91	0.89	—	1.77	1.63	0.93	1.61	0.59	0.62	0.69
B	电算	0.76	0.80	0.68	1.12	1.14	1.19	1.14	1.13	0.37	0.41	0.40
C	试验	—	1.66	1.89	1.82	2.30	2.31	1.84	2.42	0.23	—	—
C	电算	0.60	0.66	0.57	1.04	1.05	1.12	1.02	0.98	0.37	0.42	0.41
D	试验	2.10	—	2.10	2.11	2.00	2.12	2.30	1.93	0.14	0.10	0.06
D	电算	0.51	0.53	0.45	0.85	0.84	0.84	0.80	0.78	0.39	0.43	0.43
E	试验	1.61	2.27	1.90	1.43	1.66	1.34	0.56	4.23	—	1.35	0.01
E	电算	0.39	0.36	0.32	0.66	0.65	0.64	0.63	0.63	0.40	0.42	0.44
F	试验	1.25	1.53	0.55	0.34	—	1.19	0.96	1.23	-4.34	0.65	0.72
F	电算	0.28	0.25	0.23	0.52	0.51	0.49	0.50	0.51	0.39	0.38	0.41
G	试验	1.48	1.76	—	—	0.61	0.78	0.62	0.58	0.48	0.48	0.69
G	电算	0.20	0.17	0.17	0.43	0.41	0.38	0.40	0.41	0.36	0.34	0.39
H	试验	1.83	2.04	—	1.55	—	—	0.72	0.40	—	—	0.85
H	电算	0.14	0.13	0.12	0.34	0.33	0.31	0.32	0.32	0.33	0.31	0.34

表 4-12　　　　第二级加载时混凝土应力测试与计算结果（MPa）

板号 \ 应变片		S-1	S-2	S-3	M-1	M-2	M-3	M-4	M-5	N-1	N-2	N-3
第一加载点												
A	试验	—	0.38	0.44	—	—	—	0.18	—	—	0.34	0.29
A	电算	0.76	0.72	0.70	0.96	0.94	0.93	0.93	0.92	0.71	0.70	0.67
B	试验	0.49	0.18	0.58	—	0.34	0.44	0.51	0.38	0.34	0.42	0.34
B	电算	0.77	0.73	0.72	0.98	0.97	0.96	0.96	0.96	0.68	0.68	0.66
C	试验	—	—	0.66	0.51	0.19	0.76	0.52	0.63	0.39	—	—
C	电算	0.79	0.77	0.74	1.02	1.02	1.03	1.02	1.01	0.68	0.70	0.69
D	试验	0.72	—	0.47	0.84	1.22	0.88	0.77	0.77	1.51	0.39	0.28
D	电算	0.79	0.79	0.72	1.08	1.10	1.14	1.10	1.09	0.73	0.79	0.78
E	试验	0.64	0.91	0.64	0.79	0.97	0.82	0.41	—	—	0.31	0.28
E	电算	0.72	0.76	0.62	1.16	1.21	1.32	1.24	1.23	0.84	0.99	0.95
F	试验	0.44	0.46	0.23	0.66	—	0.86	0.81	0.81	—	0.85	0.46
F	电算	0.60	0.68	0.53	1.27	1.39	1.60	1.47	1.43	0.98	1.11	0.92
G	试验	0.35	0.55	—	—	0.64	0.67	0.67	0.63	0.40	0.45	0.50
G	电算	0.53	0.60	0.47	1.41	1.51	1.72	1.50	1.48	0.88	0.97	0.84
H	试验	0.38	0.38	—	0.57	—	—	0.65	0.71	—	—	0.50
H	电算	0.49	0.49	0.42	1.30	1.24	1.19	1.15	1.12	0.81	0.84	0.86

⋮

应变片 板号		S-1	S-2	S-3	M-1	M-2	M-3	M-4	M-5	N-1	N-2	N-3
第二加载点												
A	试验	—	0.51	0.59	—			0.54	—	—	0.39	0.34
A	电算	0.77	0.72	0.72	0.82	0.81	0.81	0.81	0.81	0.52	0.52	0.50
B	试验	0.74	0.41	0.71	—	0.40	0.48	0.66	0.52	0.41	0.48	0.39
B	电算	0.82	0.78	0.79	0.86	0.86	0.85	0.86	0.86	0.48	0.49	0.47
C	试验	—	—	0.94	0.48	0.47	0.82	0.49	0.63	0.53	—	—
C	电算	0.90	0.88	0.89	0.92	0.93	0.94	0.94	0.94	0.45	0.48	0.45
D	试验	1.19	—	0.83	0.83	1.18	0.88	0.68	0.71	2.02	0.63	0.51
D	电算	0.99	1.02	1.00	1.03	1.05	1.09	1.07	1.07	0.42	0.47	0.43
E	试验	1.20	1.92	1.13	0.61	0.72	0.68	0.27	—	—	0.79	0.69
E	电算	1.08	1.21	1.14	1.17	1.22	1.33	1.26	1.26	0.38	0.46	0.40
F	试验	0.81	0.81	0.61	0.66	—	0.74	0.76	0.81	—	1.49	0.94
F	电算	1.19	1.48	1.30	1.31	1.32	1.47	1.29	1.22	0.36	0.48	0.42
G	试验	0.49	0.80	—	—	0.72	0.74	0.77	0.79	0.79	0.81	0.75
G	电算	1.26	1.54	1.28	1.18	1.21	1.31	1.18	1.10	0.41	0.54	0.51
H	试验	0.52	0.46	—	0.77	—	—	0.77	0.79	—	—	0.63
H	电算	1.08	0.95	0.85	1.08	1.08	1.10	1.08	1.07	0.53	0.60	0.63

⋮

应变片 板号		S-1	S-2	S-3	M-1	M-2	M-3	M-4	M-5	N-1	N-2	N-3
第三加载点												
A	试验	—	0.46	0.50	—	—	0.45	0.91	—	—	0.39	0.36
A	电算	0.60	0.56	0.56	0.58	0.58	0.57	0.58	0.58	0.35	0.35	0.34
B	试验	0.49	0.55	0.50	—	1.01	0.85	0.58	0.91	0.41	0.38	0.43
B	电算	0.65	0.62	0.63	0.61	0.61	0.61	0.61	0.61	0.32	0.33	0.32
C	试验	0.33	—	1.01	0.78	0.94	1.06	0.78	0.72	0.56	—	—
C	电算	0.74	0.72	0.73	0.65	0.66	0.67	0.67	0.67	0.29	0.31	0.29
D	试验	1.11	—	0.82	1.15	1.41	1.14	1.22	1.03	—	0.42	0.35
D	电算	0.83	0.84	0.80	0.71	0.73	0.76	0.74	0.74	0.26	0.29	0.26
E	试验	0.58	1.22	1.19	0.81	0.65	0.82	0.07	—	—	0.46	0.36
E	电算	0.84	0.88	0.75	0.78	0.82	0.89	0.83	0.81	0.22	0.28	0.24
F	试验	0.56	0.60	0.24	0.70	—	0.84	1.10	1.10	—	0.31	0.44
F	电算	0.73	0.86	0.72	0.83	0.92	1.07	1.00	0.99	0.21	0.28	0.24
G	试验	0.70	0.77	—	—	0.62	0.70	0.71	0.69	0.38	0.41	0.42
G	电算	0.69	0.82	0.70	0.97	1.04	1.19	1.09	1.08	0.23	0.31	0.28
H	试验	0.66	0.92	—	0.72	—	—	0.61	0.70	—	—	0.40
H	电算	0.69	0.72	0.68	0.98	0.97	0.97	0.94	0.94	0.30	0.35	0.36

⋮

续表

板号	应变片	S-1	S-2	S-3	M-1	M-2	M-3	M-4	M-5	N-1	N-2	N-3
						第四加载点						
A	试验	—	0.64	0.65	—		1.12	0.86	—	—	0.56	0.56
A	电算	1.07	1.02	0.95	1.47	1.46	1.45	1.44	1.43	1.07	1.05	1.04
B	试验	0.81	0.74	0.54	—	0.84	0.76	0.79	0.86	0.61	0.56	0.63
B	电算	0.95	0.93	0.81	1.47	1.48	1.51	1.47	1.46	1.07	1.11	1.08
C	试验	0.51	—	0.89	0.74	0.64	1.25	0.83	0.97	0.75	—	—
C	电算	0.77	0.80	0.63	1.52	1.59	1.73	1.66	1.70	1.13	1.27	1.15
D	试验	0.82	—	0.61	1.26	1.36	1.28	1.22	1.10	—	0.49	0.42
D	电算	0.59	0.66	0.49	1.75	1.76	1.90	1.73	1.67	1.14	1.25	1.05
E	试验	0.51	0.79	0.90	0.95	0.82	0.87	0.38	—	—	0.55	0.44
E	电算	0.47	0.54	0.40	1.62	1.65	1.81	1.56	1.46	0.97	1.07	0.93
F	试验	0.36	0.41	0.23	0.60	—	0.76	0.88	0.84	—	0.28	0.52
F	电算	0.42	0.45	0.36	1.29	1.26	1.27	1.20	1.17	0.87	0.95	0.94
G	试验	0.44	0.44	—	—	0.49	0.51	0.52	0.49	0.36	0.38	0.32
G	电算	0.38	0.37	0.32	1.01	0.99	0.95	0.96	0.96	0.84	0.83	0.92
H	试验	0.36	0.68	—	0.50	—	—	0.39	0.46	—	—	0.31
H	电算	0.32	0.30	0.27	0.82	0.81	0.76	0.77	0.77	0.79	0.75	0.82
						⋮						
						第五加载点						
A	试验	—	0.84	0.80	—	—	0.79	0.97	—	—	0.64	0.65
A	电算	1.32	1.26	1.22	1.39	1.38	1.38	1.38	1.38	0.73	0.74	0.73
B	试验	0.98	1.08	0.72	—	0.94	0.85	0.83	0.84	0.75	0.74	0.81
B	电算	1.31	1.31	1.26	1.43	1.44	1.48	1.44	1.43	0.67	0.72	0.67
C	试验	0.51	—	1.25	0.61	0.67	1.03	0.59	0.68	1.08	—	—
C	电算	1.35	1.53	1.52	1.48	1.54	1.65	1.52	1.48	0.60	0.70	0.62
D	试验	1.24	—	0.94	0.95	1.06	0.99	0.88	0.79	—	0.92	0.88
D	电算	1.57	1.69	1.45	1.46	1.48	1.60	1.41	1.32	0.56	0.71	0.62
E	试验	0.62	0.96	1.00	0.68	0.57	0.66	0.06	—	—	0.98	0.83
E	电算	1.41	1.57	1.20	1.24	1.27	1.38	1.23	1.15	0.58	0.73	0.68
F	试验	0.52	0.51	0.43	0.70	—	0.70	0.88	0.92	—	0.58	0.85
F	电算	1.04	1.01	0.86	1.09	1.12	1.19	1.14	1.11	0.65	0.76	0.77
G	试验	0.45	0.44	—	—	0.59	0.62	0.66	0.64	0.59	0.53	0.48
G	电算	0.72	0.67	0.61	1.02	1.02	1.01	1.03	1.04	0.70	0.71	0.79
H	试验	0.27	0.55	—	0.65	—	—	0.52	0.53	—	—	0.43
H	电算	0.52	0.46	0.43	0.90	0.89	0.85	0.86	0.87	0.69	0.66	0.72
						⋮						

板号	应变片	S-1	S-2	S-3	M-1	M-2	M-3	M-4	M-5	N-1	N-2	N-3
						第六加载点						
A	试验	—	0.71	0.66	—		0.28	0.81	—	—	0.38	0.39
A	电算	1.10	1.05	1.01	1.01	1.01	1.02	1.02	1.02	0.48	0.49	0.47
B	试验	0.76	0.92	0.53	—	0.82	0.73	0.80	0.77	0.43	0.41	0.46
B	电算	1.09	1.07	0.99	1.04	1.06	1.09	1.06	1.06	0.42	0.46	0.43
C	试验	-0.47	—	0.83	0.59	0.43	1.19	0.64	0.76	0.65	—	—
C	电算	1.00	1.05	0.88	1.08	1.13	1.23	1.15	1.14	0.37	0.43	0.38
D	试验	0.87	—	0.64	1.18	1.31	1.14	1.06	0.96	—	0.49	0.46
D	电算	0.86	1.02	0.84	1.16	1.24	1.40	1.30	1.28	0.33	0.41	0.35
E	试验	0.37	0.79	0.75	0.81	0.69	0.73	-0.03	—	—	0.62	0.52
E	电算	0.78	0.94	0.79	1.23	1.29	1.46	1.30	1.25	0.33	0.41	0.37
F	试验	0.36	0.34	0.34	0.63	—	0.59	0.81	0.85	—	0.22	0.52
F	电算	0.74	0.83	0.74	1.11	1.10	1.14	1.07	1.05	0.37	0.44	0.44
G	试验	0.25	0.29	—	—	0.51	0.50	0.57	0.56	0.45	0.41	0.32
G	电算	0.63	0.60	0.56	0.90	0.89	0.87	0.88	0.88	0.44	0.46	0.51
H	试验	0.05	0.35	—	0.58	—	—	0.38	0.54	—	—	0.30
H	电算	0.46	0.41	0.39	0.75	0.74	0.70	0.71	0.72	0.47	0.46	0.51
						⋮						
						第七加载点						
A	试验	—	0.81	0.62	—	—	0.94	0.51	—	—	0.86	0.83
A	电算	1.15	1.10	0.97	2.27	2.33	2.42	2.35	2.43	1.59	1.61	1.50
B	试验	0.90	0.95	0.53	—	0.72	0.76	1.01	0.79	0.74	0.73	0.81
B	电算	0.84	0.83	0.67	2.28	2.22	2.25	2.11	2.05	1.43	1.51	1.37
C	试验	-0.21	—	0.50	0.54	0.63	1.11	0.61	0.77	0.87	—	—
C	电算	0.60	0.61	0.47	1.88	1.85	1.89	1.72	1.64	1.24	1.33	1.26
D	试验	0.25	—	0.21	0.80	0.68	0.89	0.69	0.76	—	0.54	0.52
D	电算	0.46	0.46	0.37	1.44	1.42	1.42	1.36	1.32	1.18	1.23	1.23
E	试验	0.24	0.12	0.20	0.68	0.68	0.63	0.36	—	—	0.55	0.43
E	电算	0.37	0.35	0.30	1.13	1.11	1.08	1.06	1.05	1.09	1.08	1.13
F	试验	0.06	0.02	0.06	0.43	—	0.52	0.53	0.47	—	0.14	0.46
F	电算	0.30	0.28	0.25	0.90	0.88	0.83	0.85	0.85	0.96	0.91	0.98
G	试验	-0.06	-0.01	—	—	0.35	0.33	0.32	0.30	0.34	0.29	0.25
G	电算	0.25	0.22	0.20	0.73	0.71	0.65	0.69	0.70	0.83	0.76	0.86
H	试验	-0.12	-0.13		0.25	—	—	0.22	0.30	—		0.22
H	电算	0.20	0.17	0.16	0.59	0.58	0.54	0.55	0.55	0.73	0.68	0.72
						⋮						

续表

板号	应变片	S-1	S-2	S-3	M-1	M-2	M-3	M-4	M-5	N-1	N-2	N-3
						第八加载点						
A	试验	—	1.31	1.01	—	—	0.81	0.98	—	—	0.95	0.95
A	电算	2.16	2.26	2.19	2.22	2.23	2.24	2.14	2.08	0.98	1.05	1.06
B	试验	1.50	1.55	0.96	—	0.75	0.74	0.91	0.73	0.87	0.90	1.07
B	电算	2.04	1.95	1.69	1.93	1.95	2.02	1.86	1.79	0.97	1.09	1.06
C	试验	0.23	—	1.09	0.49	0.54	1.00	0.55	0.68	1.16	—	—
C	电算	1.53	1.51	1.19	1.60	1.62	1.70	1.59	1.53	0.97	1.10	1.09
D	试验	0.64	—	0.58	0.79	0.81	0.92	0.76	0.82	—	0.72	0.67
D	电算	1.04	1.01	0.85	1.41	1.42	1.47	1.41	1.39	1.02	1.09	1.11
E	试验	0.50	0.40	0.51	0.74	0.74	0.72	0.53	—	—	0.67	0.53
E	电算	0.72	0.67	0.59	1.23	1.22	1.22	1.20	1.20	0.98	0.98	1.02
F	试验	0.23	0.20	0.15	0.51	—	0.62	0.70	0.65	—	0.11	0.56
F	电算	0.51	0.46	0.42	1.03	1.01	0.97	0.99	0.99	0.88	0.84	0.91
G	试验	0.06	0.15	—	—	0.43	0.40	0.41	0.38	0.40	0.36	0.31
G	电算	0.38	0.33	0.31	0.85	0.82	0.76	0.80	0.82	0.78	0.72	0.83
H	试验	-0.01	0.01	—	0.36	—	—	0.29	0.26	—	—	0.28
H	电算	0.28	0.24	0.23	0.68	0.67	0.62	0.64	0.64	0.70	0.66	0.71
						第九加载点						
A	试验	—	1.03	0.83	—	—	1.35	1.21	—	—	0.64	0.67
A	电算	1.65	1.61	1.45	1.80	1.84	1.89	1.86	1.88	0.60	0.65	0.66
B	试验	1.10	1.15	0.70	—	1.06	1.05	1.20	1.07	0.59	0.56	0.67
B	电算	1.31	1.39	1.19	1.79	1.82	1.90	1.82	1.80	0.59	0.66	0.65
C	试验	0.87	—	0.89	0.83	0.95	1.48	0.94	1.12	0.73	—	—
C	电算	1.05	1.16	1.01	1.66	1.68	1.79	1.64	1.57	0.60	0.67	0.66
D	试验	0.72	—	0.68	1.14	1.11	1.18	1.04	1.07	—	0.46	0.46
D	电算	0.91	0.94	0.82	1.36	1.35	1.36	1.29	1.26	0.63	0.69	0.70
E	试验	0.54	0.65	0.73	0.79	0.70	0.73	0.54	—	—	0.59	0.45
E	电算	0.68	0.64	0.57	1.07	1.06	1.05	1.03	1.03	0.65	0.67	0.70
F	试验	0.36	0.36	0.24	0.53	—	0.63	0.73	0.67	—	0.04	0.47
F	电算	0.48	0.43	0.40	0.86	0.85	0.82	0.83	0.83	0.62	0.61	0.67
G	试验	0.22	0.31	—	—	0.41	0.41	0.42	0.40	0.32	0.29	0.25
G	电算	0.34	0.30	0.29	0.70	0.68	0.63	0.67	0.68	0.58	0.54	0.63
H	试验	0.20	0.21	—	0.39	—	—	0.31	0.36	—	—	0.25
H	电算	0.25	0.21	0.20	0.57	0.56	0.51	0.53	0.53	0.54	0.51	0.55

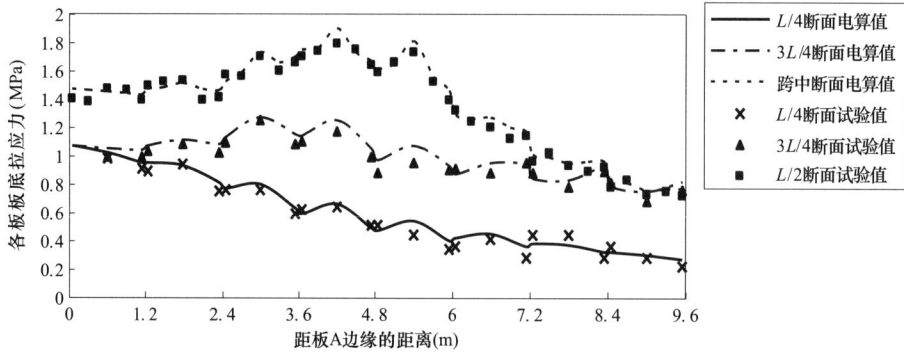

图4-22 第二级荷载作用在第四加载点时混凝土应力测试结果与有限元分析结果

按铰接板理论计算本桥在汽车荷载作用下各板的横向分布影响线，可以求得各板的横向分布系数（表4-13）。可以看出，第一加载点时，板 F 和板 G 的横向分布系数最大，同时板 C、D、E 和 H 的横向分布系数也较大；第四加载点时，板 B、C、D 和 E 的横向分布系数较大；第七加载点时，板 A、B、C 和 D 的横向分布系数较大。试验测试和有限元分析得出的应力图中，相应加载点处较大的拉应力也出现在这些板块，说明按铰接板理论计算与有限元分析和整桥试验结果符合，从而验证了铰接板理论计算方法的可靠性。

表 4-13 各板的横向分布系数

板号	加 载 点		
	1	4	7
板 A	0.063	0.099	0.152
板 B	0.066	0.103	0.144
板 C	0.072	0.110	0.130
板 D	0.081	0.113	0.109
板 E	0.093	0.107	0.089
板 F	0.100	0.092	0.073
板 G	0.098	0.075	0.059
板 H	0.086	0.062	0.049

（3）跨中挠度。表 4-14 和表 4-15 列出了各板跨中挠度测试结果与有限元分析计算结果。图 4-23 绘出了第二级荷载作用下，各板跨中挠度测试结果与有限元分析计算结果（仅以跨中加载时的 1、4、7 加载点为例）。由图表可见，跨中挠度的测试结果和有限元分析计算结果具有良好的符合性；跨中挠度的测试结果和有限元分析计算结果具有良好的符合性，跨中最大挠度仅在 3mm 左右。

表 4-14　　　　　　　　　　第一级加载时跨中挠度测试与计算结果（MPa）

板号	加载点	1	2	3	4	5	6	7	8	9
A	试验	-0.61	-0.86	-0.81	-1.12	-1.44	-1.29	-2.14	-2.37	-2.11
A	电算	-0.86	-0.78	-0.58	-1.39	-1.37	-1.05	-2.06	-2.47	-1.80
B	试验	-0.69	-0.97	-0.93	-1.20	-1.54	-1.43	-2.00	-2.23	-2.04
B	电算	-0.95	-0.88	-0.66	-1.48	-1.49	-1.15	-1.91	-2.36	-1.72
C	试验	-0.86	-1.19	-1.15	-1.40	-1.77	-1.65	-1.82	-2.06	-1.90
C	电算	-1.06	-1.00	-0.76	-1.55	-1.59	-1.25	-1.71	-2.16	-1.59
D	试验	-1.08	-1.45	-1.43	-1.49	-1.91	-1.78	-1.61	-1.87	-1.71
D	电算	-1.18	-1.14	-0.86	-1.54	-1.61	-1.29	-1.44	-1.88	-1.37
E	试验	-1.15	-1.59	-1.56	-1.27	-1.64	-1.55	-1.16	-1.36	-1.23
E	电算	-1.28	-1.26	-0.97	-1.43	-1.52	-1.24	-1.17	-1.56	-1.13
F	试验	-1.09	-1.52	-1.47	-0.97	-1.29	-1.21	-0.80	-0.97	-0.88
F	电算	-1.31	-1.32	-1.03	-1.22	-1.33	-1.09	-0.93	-1.25	-0.90
G	试验	-0.91	-1.30	-1.27	-0.75	-1.01	-0.93	-0.59	-0.71	-0.66
G	电算	-1.24	-1.27	-1.01	-0.99	-1.10	-0.90	-0.73	-0.98	-0.70

表 4-15　　　　　　　　　　第二级加载时跨中挠度测试与计算结果（MPa）

板号	加载点	1	2	3	4	5	6	7	8	9
A	试验	-0.99	-1.30	-1.04	-1.90	-2.37	-2.11	-3.30	-3.72	-3.19
A	电算	-1.45	-1.28	-0.93	-2.37	-2.27	-1.71	-3.53	-3.70	-2.94
B	试验	-1.13	-1.56	-1.18	-2.07	-2.62	-2.39	-3.11	-3.53	-3.11
B	电算	-1.62	-1.45	-1.06	-2.52	-2.47	-1.87	-3.29	-3.50	-2.82
C	试验	-1.34	-1.91	-1.45	-2.37	-2.98	-2.76	-2.82	-3.23	-2.87
C	电算	-1.81	-1.66	-1.22	-2.65	-2.64	-2.03	-2.93	-3.18	-2.60
D	试验	-1.58	-2.28	-1.71	-2.40	-3.05	-2.83	-2.39	-2.78	-2.47
D	电算	-2.01	-1.88	-1.39	-2.65	-2.69	-2.10	-2.47	-2.75	-2.25
E	试验	-1.67	-2.42	-1.87	-2.02	-2.64	-2.46	-1.70	-2.00	-1.80
E	电算	-2.18	-2.09	-1.56	-2.45	-2.54	-2.03	-2.00	-2.27	-1.86
F	试验	-1.71	-2.48	-1.77	-1.60	-2.13	-1.99	-1.24	-1.46	-1.32
F	电算	-2.24	-2.19	-1.66	-2.08	-2.22	-1.78	-1.59	-1.81	-1.49
G	试验	-1.31	-2.00	-1.50	-1.24	-1.64	-1.56	-0.94	-1.11	-1.02
G	电算	-2.13	-2.11	-1.63	-1.69	-1.84	-1.47	-1.24	-1.42	-1.16

距A板边缘距离(m)

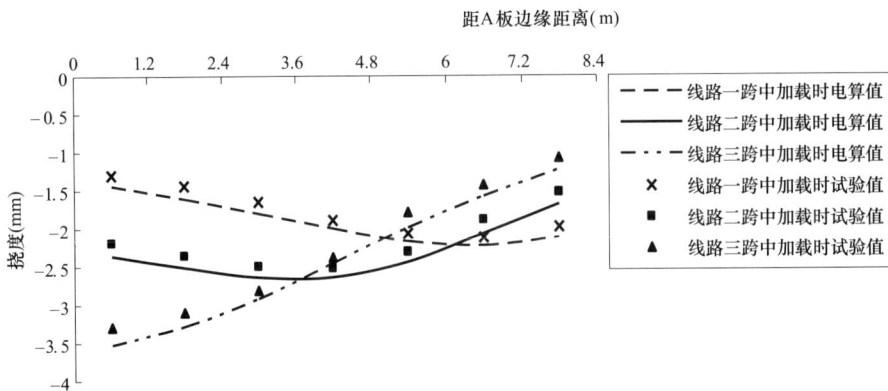

图4-23 第二级荷载作用在第1、4、7加载点时各板跨中挠度测试与有限元分析结果

4.3.3 实桥动载试验研究

1. 测试设备与试验方法

（1）测试设备。动载测试车辆全重150kN。测试仪器为东方振动研究所生产的振动测试仪。

（2）试验方法。当车辆在桥上行驶时，由于动力响应，桥梁的动内力及运动较相同静载时大，通常用冲击系数来衡量这种动力影响的大小，以综合反映桥梁结构的动力性能，是确定车辆动荷载对桥梁动力作用的主要系数。桥梁的自振频率是综合反映桥梁结构自身特性和状态的参数。如果其自振频率发生了变化，也就说明桥梁的刚度发生了变化，同时它也是进行地震校核的重要指标。

试验动载车辆以10km/h、20km/h、30km/h、40km/h、50km/h、60km/h的均匀车速在桥上行驶，在跨中布置两个振动测点，测试桥梁结构的强迫振动响应，根据所测得的振动响应，分析各车速行驶下的动力系数及其自振频率。

2. 试验成果分析

（1）冲击系数。所测得的桥梁的振动响应典型曲线如图4-24和图4-25所示，其冲击系数实测见表4-16。根据上述测试结果，不同车速时桥梁的冲击系数是不同的，车速在40km/h行驶时，其冲击系数为最大，量值为1.21。

表4-16　　　　　　　　　　　桥梁冲击系数测试结果表

次数	车速（km/h）	冲击系数
1	10	1.09
2	20	1.13
3	30	1.14
4	40	1.21
5	50	1.19
6	60	1.11

SAMPLE FREQUENCY =　100 SAMPLE POINTS　=　1024

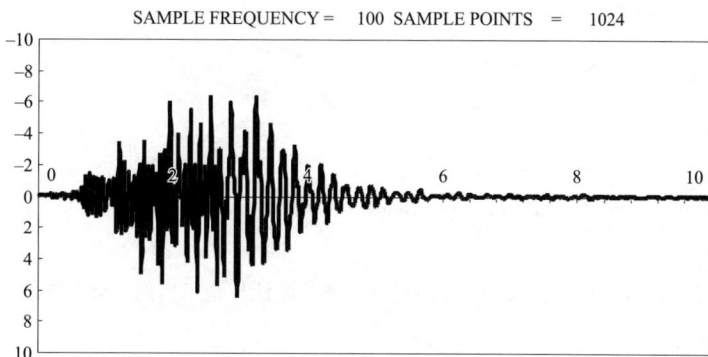

图 4-24　桥梁的振动响应典型曲线

SAMPLE FREQUENCY =　100 SAMPLE POINTS　=　1024

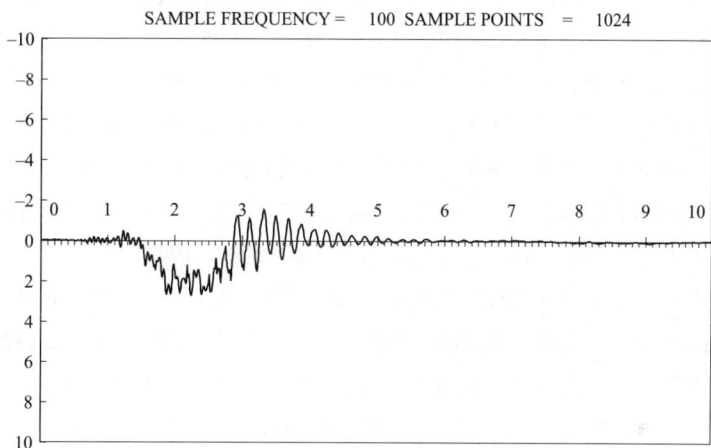

图 4-25　桥梁的振动响应典型曲线

根据规范 JTJ 023—1985 的规定，本桥冲击系数为 1.19，可见试验测试结果与计算结果基本相同。因此，本课题高效预应力混凝土空心板梁设计采用的冲击系数是合理的。

（2）自振频率。利用行车余振进行 FFT 分析，得到的各车速行驶下桥梁的一阶竖向自振频率详见表 4-17。由于测量误差和其他因素的影响，各车速下所测得得自振频率稍有不同，但大部分在 5.27Hz 左右。因此判定桥梁一阶竖向自振频率可取 5.27Hz。

表 4-17　　　　　　　　　　桥梁自振频率测试结果表

序号	车速	自振频率（Hz）
1	10	5.36
2	20	5.27
3	30	5.27
4	40	5.27
5	50	5.21
6	60	5.27

参 考 文 献

[1] 中国土木工程学会高强混凝土委员会. 高强混凝土结构设计与施工指南 [M]. 北京：中国建筑工业出版社，1994.

[2] 中国土木工程学会高强混凝土委员会. 高强混凝土结构设计与施工指南 [M]. 2 版. 北京：中国建筑工业出版社，2001.

[3] CECS104：99. 高强混凝土结构设计与施工规程 [M]. 北京：中国标准出版社，1996.

[4] 陈肇元，朱金铨，吴佩刚. 高强混凝土及其应用 [M]. 北京：清华大学出版社，1992.

[5] 冯乃谦. 高性能混凝土 [M]. 北京：中国建筑工业出版社，1995.

[6] 吴中伟，廉惠珍. 高性能混凝土 [M]. 北京：中国铁道出版社，1999.

[7] 陈肇元. 高强与高性能混凝土的发展及应用 [J]. 土木工程学报，1997，30（5）：3−11.

[8] 李家康，王巍. 高强混凝土的几个基本力学指标 [J]. 工业建筑，1997，（8）：50−54.

[9] 杨稚华. 钢管混凝土及高强混凝土在万县长江公路大桥设计中的应用 [C]. 中国公路学会桥梁和结构工程学会 1994 年桥梁学术讨论会论文集. 北京：人民交通出版社，1994.

[10] 郭佩玲，陈翠红，王元. C80 高强混凝土的研究与应用 [J]. 混凝土，1997，（6）：27−32.

[11] 胡洲冠，易绍华，吴广林. C80 泵送混凝土的研制 [J]. 混凝土，1998，（5）：8−12.

[12] 俞瑞堂. 高强混凝土在预应力混凝土桥梁中的应用 [J]. 国外桥梁，1999，（3）：64−67.

[13] 左明福. 厄勒海峡大桥的设计与施工 [J]. 中国港湾建设，2001，（1）：5−9.

[14] 徐元锡. 高性能混凝土在北欧的应用 [J]. 中国港湾建设，2001，（1）：1−4.

[15] 赵筠. 国外高强混凝土的生产与应用 [J]. 混凝土，2000，（5）：52−57.

[16] 吴中伟. 绿色高性能混凝土与科技创新 [J]. 建筑材料学报，1998，1（1）：1−7.

[17] GBJ 10—1989. 混凝土结构设计规范 [S]. 北京：中国建筑工业出版社，1989.

[18] JTJ023−1985. 公路钢筋混凝土及预应力混凝土桥涵设计规范 [S]. 北京：人民交通出版社，1985.

[19] GB 50010—2002. 混凝土结构设计规范 [S]. 北京：中国建筑工业出版社，2002.

[20] GB 50010—2010. 混凝土结构设计规范 [S]. 北京：中国建筑工业出版社，2010.

[21] JTG D62—2004. 公路钢筋混凝土及预应力混凝土桥涵设计规范 [S]. 北京：人民交通出版社，2004.

[22] JGJ 55—2011. 普通混凝土配合比设计规程 [S]. 北京：中国建筑工业出版社，2011.

[23] 丁新新，卢亚召，韩冰等. Influence coefficient of fly−ash for determination of binder strength in mix proportion design of concrete [C]. Architectural Engineering and New Materials，DEStech Publications，Inc. 2015，pp. 115−123.

[24] 丁新新，卢亚召，韩冰等. Experimental study on tensile properties of high- performance concrete with machine−made sand and fly−ash [C] Architectural Engineering and New Materials，DEStech Publications，Inc. 2015，pp. 164−172.

[25] 李凤兰，潘丽云，刘春杰等. 机制砂混凝土概论 [M]. 北京：中国水利水电出版社，2014.

[26] 刘春杰，丁新新，卢亚召等. 高强机制砂混凝土抗压性能试验研究 [J]. 华北水利水电大学学报（自然

科学版），2014，35（5）：51-55.

[27] 李秋义，全洪珠，秦原. 再生混凝土性能与应用技术［M］. 北京：中国建材工业出版社，2010.

[28] 李晓克，郭琦，赵顺波. 全再生骨料混凝土配合比设计与试验研究［J］. 华北水利水电学院学报（自然科学版），2013，34（4）：53-56.

[29] 赵顺波，郭琦，李广欣等. Basic mechanical properties of concrete with machine-made sand and recycled coarse aggregate［J］. Applied Mechanics and Materials，Vols. 357-360，（2013）：pp.1102-1105.

[30] Russel H. G. Long-term properties of high-strength concretes［J］. Concrete Technology Today，1993，14（3）：1-4.

[31] 高宇甲，闫磊源，赵顺波. Effect of pore structure on elastic modulus of high-strength pumping concrete［C］. Architectural Engineering and New Materials，DEStech Publications，Inc. 2015，pp. 93-101.

[32] 赵顺波，高宇甲，陈记豪等. C50 泵送混凝土抗压强度和弹性模量时变性试验研究与应用［J］. 混凝土，2015，（1）：98-101.

[33] 丁新新，李长永，徐阳洋等. Experimental study on long-term compressive strength of concrete with manufactured sand［J］. Construction and Building Materials，108（2016）：67-73.

[34] 赵顺波，丁新新，赵明爽等. Experimental study on tensile strength development of concrete with manufactured sand［J］. Construction and Building Materials，138（2017）：247-253.

[35] 李凤兰，罗俊礼，赵顺波. 不同骨料高强混凝土自收缩性能试验研究［J］. 港工技术，2009，（1）：35-37.

[36] 李凤兰，罗俊礼，赵顺波. 不同骨料的高强混凝土徐变性能试验研究［J］. 长江科学院院报，2009，26（2）：45-47.

[37] 朱龙. 预应力钢丝、钢绞线标准体系的发展［J］. 建筑技术，1997，28（3）：191-193.

[38] GB 5224—1985. 预应力混凝土用钢绞线［S］. 北京：中国标准出版社，1985.

[39] GB/T 5224—1995. 预应力混凝土用钢绞线［S］. 北京：中国标准出版社，1996.

[40] GB/T 5224—2003. 预应力混凝土用钢绞线［S］. 北京：中国标准出版社，2003.

[41] GB/T 5224—2014. 预应力混凝土用钢绞线［S］. 北京：中国质检出版社，2014.

[42] 范立础，卓卫东. 桥梁延性抗震设计［M］. 北京：人民交通出版社，2001.

[43] JTG/T B02-01—2008. 公路桥梁抗震设计细则［S］. 北京：人民交通出版社，2008.

[44] CJJ 166—2011. 城市桥梁抗震设计规范［S］. 北京：中国建筑工业出版社，2011.

[45] 李晓克，刘世明. V 型墩连续刚构桥［M］. 北京：中国水利水电出版社，2014.

[46] 李晓克，刘世明，杨竹林. 预应力混凝土连续箱梁桥设计实例分析［M］. 北京：中国电力出版社，2015.

[47] 刘世明，李晓克. 独塔部分斜拉桥设计实例分析［M］. 北京：中国电力出版社，2016.

[48] 张利梅，赵顺波，黄承逵. Relationships between material properties and section ductility of prestressed high-strength concrete beam［C］. Proceedings of the 8th International Symposium on Structural Engineering for Young Exports. Science Press，China，May，2004，pp. 189-194.

[49] 张利梅，赵顺波，黄承逵. 预应力高强混凝土梁延性性能分析与试验研究［J］. 工程力学，2005，22（3）：166-171.

[50] 张利梅，赵顺波，黄承逵. 高效预应力混凝土梁挠度试验与计算方法［J］. 大连理工大学学报，2005，45（1）：96-101.

［51］ 张利梅，赵顺波，黄承逵. 高效预应力混凝土梁受力性能试验研究［J］. 东南大学学报，2005，35（2）：288－292.

［52］ 张利梅，赵顺波，黄承逵. 预应力高强混凝土梁抗裂度和裂缝宽度试验研究［J］. 建筑结构，2004（8）：45－48.

［53］ 张利梅，赵顺波，黄承逵. 钢筋混凝土材料性能与受弯构件的延性［J］. 建筑技术开发，2005（1）：13－15.

［54］ 张波，赵顺波. 预应力混凝土梁受力全过程有限元分析［J］. 华北水利水电学院学报（自然科学版），2007，28（2）：47－49.

［55］ 张波，尤琪，赵顺波. 高效预应力混凝土梁受力性能非线性有限元分析［J］. 信阳师范学院学报（自然科学版），2007，（1）：116－119.

［56］ 唐克东，傅建，赵顺波. 高效预应力混凝土 T 型梁非线性数值分析［J］. 长江科学院院报，2010，27（7）：73－75.

［57］ JTJ021—1989. 公路桥涵设计通用规范［S］. 北京：人民交通出版社，1989.

［58］ JTG D60—2004. 公路桥涵设计通用规范［S］. 北京：人民交通出版社，2004.

［59］ 王伯惠. 高速公路立交的设计要领和一些问题［C］. 见：中国公路学会桥梁和结构工程学会 1994 年桥梁学术讨论会论文集. 北京：人民交通出版社，1994.

［60］ 夏永明，严萍，杨毅文. 低高度梁和低高度 SRC 梁研究—平原地区高速公路桥型问题［C］. 见：中国公路学会桥梁和结构工程学会 1994 年桥梁学术讨论会论文集. 北京：人民交通出版社，1994.

［61］ 黄立光，何占魁. 无粘结部分预应力空心板梁桥设计及经济性分析［C］. 见：中国公路学会桥梁和结构工程学会 1994 年桥梁学术讨论会论文集. 北京：人民交通出版社，1994.

［62］ 李文伦. 无粘结部分预应力空心板梁桥的设计研究与实践［C］. 见：中国公路学会桥梁和结构工程学会 1997 年桥梁学术讨论会论文集. 北京：人民交通出版社，1997.

［63］ 胡兆同，陈万春. 桥梁通用构造及简支梁桥［M］. 北京：人民交通出版社，2001.

［64］ 美国各州公路和运输工作者协会制订（齐济平等译）. 美国公路桥梁设计规范［S］. 北京：人民交通出版社，1995.

［65］ 张习贤，赵顺波，王健等. 高效预应力高强混凝土在桥梁工程中的应用［C］. 中国公路学会桥梁和结构工程学会 2000 年桥梁学术讨论会论文集，北京：人民交通出版社，2000：623－630.

［66］ 赵顺波，张习贤，胡增团等. 高效预应力混凝土空心板梁系列优化设计研究［J］. 公路交通科技，2004（8）：49－52.

［67］ 赵顺波，盖占方，胡志远. 高强混凝土的配制与基本性能［J］. 华北水利水电学院学报（自然科学版），2000，21（2）：14－17.

［68］ 赵顺波，张利梅，李凤兰. 预应力高强混凝土空心板梁优化设计与试验研究［J］. 土木工程学报，2002，35（4）：6－11.

［69］ 刘春杰，赵顺波，张宏森. 预应力高强混凝土空心板梁施工技术与质量评价［J］. 工业建筑，2002，（增刊）：472～478.

［70］ 赵顺波，刘春杰. Construction and quality evaluation of prestressed high－strength concrete hollow slabs［J］. Applied Mechanics and Materials，Vols. 90－93 （2011）：1092－1095.

［71］ 李长永，王慧，赵顺波. 互通式立交匝道桥静动载试验研究［J］. 华北水利水电学院学报（自然科学版），2008，29（3）：25－29.

［72］ 李长永，赵顺波，张习贤，等. 高效预应力混凝土空心板桥整桥受力分析与试验研究［J］. 交通科技，2004（6）：4－7.

［73］ 徐光辉，胡明义. 公路桥涵设计手册：梁桥（上册）［M］. 北京：人民交通出版社，1996.

［74］ JTJ 041—2000. 公路桥涵施工技术规范［S］. 北京：人民交通出版社，2000.

［75］ JTG/T F50—2011. 公路桥涵施工技术规范［S］. 北京：人民交通出版社，2011.

［76］ JTJ 071—1998. 公路工程质量检验评定标准［S］. 北京：人民交通出版社，1998.

［77］ JTG F80/1—2004. 公路工程质量检验评定标准：第一册 土建工程［S］. 人民交通出版社，2004.

［78］ GB 50152—1992. 混凝土结构试验方法标准［S］. 北京：中国建筑工业出版社，1993.

［79］ GB 50152—2012. 混凝土结构试验方法标准［S］. 北京：中国建筑工业出版社，2012.

［80］ 赵顺波，赵瑜，靳彩等. 工程结构试验［M］. 郑州：黄河水利出版社，2001.